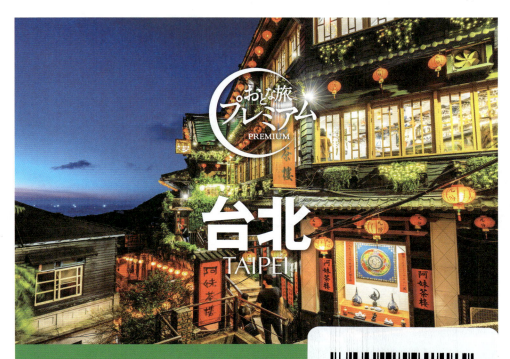

# 台北
## TAIPEI

おとな旅プレミアム

### 日本からの✈フライト時間
1時間30分〜4時間20分

### 台北の空港
**桃園国際空港** MAP 付録P.2 A-1
台北車站（駅）へMRT快速で約35分

**台北松山空港** MAP 付録P.8 C-1
台北車站（駅）へタクシーで約15分

### ビザ
90日以内の観光なら不要

### 時差
東京
| 0 | 1 | 2 | 3 | 4 | 5 | 6 | 7 | 8 | 9 | 10 | 11 | 12 | 13 | 14 | 15 | 16 | 17 | 18 | 19 | 20 | 21 | 22 | 23 |

台北
| 23 | 0 | 1 | 2 | 3 | 4 | 5 | 6 | 7 | 8 | 9 | 10 | 11 | 12 | 13 | 14 | 15 | 16 | 17 | 18 | 19 | 20 | 21 | 22 |

### 通貨と換算レート
台湾元（圓）
〈ニュー台湾ドル（NT$）とも〉

1元（NT$）=4.74円（2024年4月現在）

### チップ
基本的に不要 ▶P.169

### 言語
台湾華語（台湾国語）、
台湾語（閩南語）、客家語

# 台北
## CONTENTS

台北へ出発！ … 4
出発前に知っておきたい … 8
 台北のエリアと主要スポット … 8
 滞在のキホン … 10
 NEWS & TOPICS … 12
至福の台北 モデルプラン … 14

## 台北でぜったいしたい9のコト … 19
### BEST 9 THINGS TO DO IN TAIPEI

- 01 夜市を食べ歩く … 20
- 02 とっておきが多すぎる！台北スイーツ … 26
- 03 小籠包6つの名店 … 34
- 04 3大カルチャースポット … 40
- 05 6つのパワースポット … 46
- 06 台北は朝がいい … 50
- 07 台湾の魂 国立故宮博物院 … 54
- 08 旅情あふれる九份への旅 … 58
- 09 十分で憧れのランタンを上げる … 64

## GOURMET & CAFE … 65
### グルメ＆カフェ

食べたいものを食べる！ … 66
絶品ローカルフード10店 … 68
 麺 … 68   ご飯 … 70
食べ歩きグルメプチ図鑑 … 72
名店の台湾ごはん10店 … 74
 街場の王道 … 74
 とっておき高級店 … 76
百花繚乱 中国各地の逸品料理5店 … 78
素食＆ベジタリアン料理の店4選 … 80
「熱・旨」な火鍋事情4店 … 82
台北クラフトビール厳選3店 … 84
奥深き台湾茶の世界へ … 86
 台湾茶を知る … 86
 お茶を楽しむ … 88
レトロな街並みに映えるリノベカフェ … 90
台湾コーヒーを味わう、素敵な時間 … 92
レトロなカフェで癒やされる … 94

## SHOPPING … 95
### ショッピング

欲しいものはここにある！ … 96
色彩豊かな花布を探しに … 98
キュートなMIT＆台湾デザイン雑貨見つけた … 100
ぬくもりの台湾民芸を探す … 102
注目のナチュラル系コスメショップ … 104
台湾のお茶文化を日本で追体験 … 106
セレクトショップで味みやげ … 108
こだわりのイチオシ食品・調味料 … 110
定番パイナップルケーキ … 112
開運グッズピックアップ … 114

## AREA WALKING … 115
歩いて楽しむ

大稲埕・迪化街 … 116
永康街(康青龍) … 120
中山駅・赤峰街 … 124
西門町 … 126
萬華(龍山寺) … 128
東区・信義区 … 130
富錦街 … 134
台湾の歴史を歩く … 136

## BEAUTY & HEALTH … 141
ビューティ&ヘルス

ご褒美タイムは台湾極上スパで … 142
変わりダネマッサージに挑戦 … 144
漢方系ショップ … 146
カミ技! 台湾式シャンプー … 147
変身写真館でイメチェン … 148

## ONE DAY TRIP … 149
台北からのワンデー・トリップ

台北近郊の街へ出かけよう … 150
淡水 … 152
猫空 … 154
北投温泉 … 156
鶯歌 … 158

## HOTEL … 160
ホテル

スタイリッシュなデザインホテル … 160
ホテルリスト … 162

旅の基本情報 … 163
インデックス … 173

### 本書の使い方

●本書に掲載の情報は2024年3～4月の取材・調査によるものです。料金、営業時間、休業日、メニューや商品の内容などが、本書発売後に変更される場合がありますので、事前にご確認ください。
●本書に紹介したショップ、レストランなどとの個人的なトラブルに関しましては、当社では一切の責任を負いかねますので、あらかじめご了承ください。
●料金・価格は「元」で表記しています。また表示している金額とは別に、税やサービス料がかかる場合があります。
●電話番号は、市外局番から表示しています。日本から電話をする場合には→P.163を参照ください。
●営業時間、開館時間は実際に利用できる時間を示しています。ラストオーダー(LO)や最終入館の時間が決められている場合は別途表示してあります。
●休業日に関しては、基本的に旧正月、年末年始、祝祭日などを除く定休日のみを記載しています。

#### 本文マーク凡例

☎ 電話番号
交 最寄り駅、バス停などからのアクセス
Ⓜ 地下鉄駅
所 所在地 (Ⓗはホテル内にあることを示しています)
休 定休日
料 料金
HP 公式ホームページ
J 日本語が話せるスタッフがいる
JJ 日本語のメニューがある
E 英語が話せるスタッフがいる
EE 英語のメニューがある
予 予約が必要、または望ましい
C クレジットカードが利用できる

#### 地図凡例

★ 観光・見どころ
血 博物館・美術館
卍 寺院
★夜 夜市・朝市
E エンターテインメント
N ナイトスポット
R 飲食店
C カフェ・茶芸館
SC 複合施設・ショッピングセンター
S ショップ
ES エステ・マッサージ
H 宿泊施設
i 観光案内所
🏖 ビーチ
♨ 温泉
✈ 空港
🚏 バス停
B 銀行

# TAIPEI

MIT GOODS

デザイン◎なアイテムが
ターゲット

好,丘(→P.101)など、
MIT(メイドイン台湾)の
雑貨を扱う店が人気

饒河街観光夜市(→P.25)

レトロモダンな路地をぶらり気ままにおさんぽ

西門町・西門紅楼(→P.127)

TOWN WALK

昔ながらの問屋街・迪化街に新しいカフェや雑貨店が増加中(→P.116)

映える台北!カメラがフル稼働!

RENOVATION SPOT

伝統的な眷村住宅を改修した文化の発信地、四四南村(→P.45)

台北101(→P.133)と信義エリアの高層ビル群

## 出発前に知っておきたい
### 街はこうなっています！
# 台北のエリアと主要スポット

どこに何がある？どこで何する？

グルメやショッピング、歴史スポットなど、遊びどころが豊富な台北。異なる特徴をもつ各エリアの魅力を紹介。

華山1914文創園区など、リノベスポットにも注目

### A 重要な観光スポットが点在する
**士林・天母**
士林・天母 ● シーリン・ティエンムー

学生街の士林には、台北最大の夜市の士林夜市と国立故宮博物院がある。天母は外国人の多く住む閑静な高級住宅街。高級レストランやブティックが並ぶ。

### B 新旧が交じり合うレトロな商店街が広がる
**大稻埕・迪化街** ▶P116
大稻埕・迪化街 ● ダーダオチョン・ディーホアジエ

個性あふれる台北の下町

下町の大稻埕には、大通りの迪化街を中心に台北最大の問屋街が広がる。茶葉や乾物、漢方などの老舗が並び、19世紀末の商館をリノベーションしたショップや複合ビルも増加中。

### C 路地裏でお気に入りのお店探し
**中山駅・赤峰街** ▶P124
中山站・赤峰街 ● ヂョンシャン・チーフォンジエ

中山は緑も多い繁華街

大通りの中山北路に高級ホテルが並び、ヘアサロンやカフェが多く集まる。すぐ隣の赤峰街は、町工場の集まる庶民的な裏路地。ユニークな雑貨店やカフェが進出し話題を集めている。

### D 「台北の渋谷」はサブカルの発信地
**西門町** ▶P126
西門町 ● シーメンディン

西門紅楼に立ち寄って

ランドマークは築約100年の西洋風レンガ建築「西門紅楼」。カジュアル系やサブカル系など、多くのアパレルショップや小吃店がひしめく、若者に人気のショッピングタウン。

台北はココ

## 台北ってこんな街

旅の玄関口となる台湾最大の都市。国立故宮博物院や台北101、夜市などの観光名所が点在し、小籠包やマンゴーかき氷、タピオカドリンクなど人気の台湾グルメが大集結。都会的な繁華街のすぐ隣に古い街並みが残り、レトロな建物を生かしたリノベスポットがあちこちで流行中。

### 西洋の薫りがするおしゃれストリート

**E 富錦街** ▶P134
富錦街 ● フージンジエ

密かに注目の人気タウン

台北松山空港の南に広がる閑静な住宅街。かつての米軍タウンで、街路樹の並ぶ通りは瀟洒な西洋風。モダンなカフェやハイセンスなショップが集まり注目を集めているエリア。

### 夜まで賑わうトレンドタウン

**F 東区・信義区** ▶P130
東區・信義區 ● ドンチュー・シンイーチュー

路地が縦横に走る東区は、女子に人気の最旬ファッションや雑貨がプチプラで手に入る「台北の裏原宿」。新都心の信義区は台北101がそびえ、大型施設が集中する流行発信地。

### いろいろなものが集まる台北の玄関口

**G 台北駅周辺**
台北車站 ● タイペイチョーヂャン

台湾最大のターミナル駅だけに、構内や地下街はショッピングモールやフードコートが充実。駅周辺は買い物＆グルメスポットが集まる繁華街で、総統府などの歴史建築スポットも点在。

### 3つのおしゃれ＆グルメスポットが広がる

**H 永康街（康青龍）** ▶P120
永康街（康青龍）● ヨンカンジエ（カンチンロン）

食べ歩きが楽しい街

雑貨店や人気グルメ店が並ぶ永康街とその南の青田街、龍泉街を合わせたエリアが康青龍と呼ばれている。閑静な住宅街の青田街は隠れ家的なカフェやショップ、学生街の龍泉街は手ごろなお店が多い。

### 下町人情あふれる街

**I 萬華（龍山寺）** ▶P128
萬華（龍山寺）● ワンホア（ロンシャンスー）

台北発祥の地とされる下町で、伝統料理の人気店も多い。古い街並みを生かした店も並ぶ。

出発前に知っておきたい　台北のエリアと主要スポット

# まずはこれをチェック！
# 滞在のキホン

通貨や物価、気候など、旅行前に知っておくと便利な台湾の基本情報をまずはチェックしておこう。

### 台湾の基本

- **地域名(国名)**
  台湾(中華民国)
  Taiwan
- **首都**
  台北
- **人口**
  約2334万人
  (2023年7月推計)
  台北の人口は約266万人
- **面積**
  約3万5980km²
- **言語**
  台湾華語(台湾国語)、
  台湾語(閩南語)、客家語
- **宗教**
  仏教、道教、キリスト教、
  儒教など
- **政体**
  民主共和制
- **元首**
  頼清徳 総統
  (2024年5月〜)

### ✈ 日本からの飛行時間
❖ **直行便で日本各地から1時間30分〜4時間程度**

日本各地から直行便が就航しており所要1時間30分〜4時間。郊外に桃園国際空港、市内に台北松山空港があり、台北松山空港への直行便は羽田発着のみ。

桃園国際空港　MAP 付録P.2 A-1
台北松山空港　MAP 付録P.8 C-1

### 💴 為替レート&両替
❖ **1元(NT$)＝4.75円。銀行、両替所を利用**

通貨単位はニュー台湾ドル(新台幣)で、表記はNT$。台湾元とも呼ばれ、日常的には元で表示されることが多い。硬貨や紙幣には圓と表記されている。両替は空港や銀行、大手ホテルやデパート、免税店などの両替所で可能。個人経営の両替所は少ない。

### ✿ パスポート&ビザ
❖ **90日以内ならビザは不要**

パスポートは台湾到着時に残存有効期間が滞在日数以上あれば有効。観光目的で滞在90日以内ならビザは不要。ただし、台湾出境時の予約済み航空券(または乗船券)を所持する必要がある。それ以上の滞在日数の場合は、日本の台北駐日経済文化代表処でビザを申請。

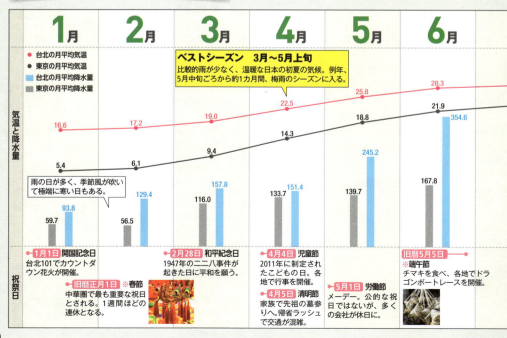

## 日本との時差
❖ 日本との時差は−1時間。日本が正午のとき、台北は午前11時となる

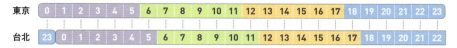

## 言語
❖ 基本は台湾華語（台湾国語）

台湾で日常的に使われる「中国語」は、台湾華語（台湾国語）と呼ばれる。中国の普通話（北京語）にほぼ通じるが一部語彙や表現が異なり、文字は簡略化されていない伝統的な漢字（繁体字）を使用する。また、中国・福建省で話される閩南語を基とする台湾語を話す人も多い。観光地やホテルでは日本語が通じることがある。

## 物価&チップ
❖ 物価は日本に近づいている。チップは不要

食費や公共交通は日本よりも低いが全体的に同程度に近づいている。チップの習慣はなく、ホテルやレストランはサービス料が加算されている。特別な要望に応じてもらったときなどは、50元程度のチップを渡そう。

## 交通事情
❖ MRTとタクシーを併用して観光しよう

地下鉄（一部地上）のMRT（捷運）が市内を縦横に走っており、安いうえに外国人観光客にも利用しやすくて便利。タクシーも日本に比べれば安いので、MRTと組み合わせて観光に利用したい。路線バスも発達しているが、旅行者にはわかりにくく台湾旅行の上級者向き。

## 台湾の民国暦
❖ 辛亥革命の翌年、1912年が民国元年

台湾では西暦ではなく民国暦を日常的に使っている。中国大陸で辛亥革命が起きた翌年、中華民国が成立した1912年を民国元年としている。お店のレシートや食品の賞味期限、硬貨の発行年にも民国暦が使われている。民国暦に1911を足すと西暦になる。

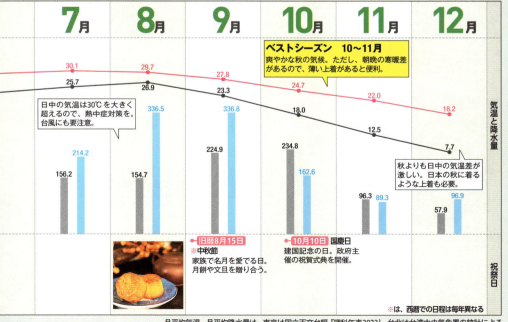

月平均気温、月平均降水量は、東京は国立天文台編『理科年表2023』、台北は台湾中央気象署の統計による

# TAIPEI 2020-2024
# NEWS & TOPICS
## 台北のいま！最新情報

ハズせない街のトレンド！

新しいカルチャーを取り入れ独自に進化する台北の人気スポットが目白押し！

## 普通じゃ物足りない！
### 個性派カフェが増加中

カフェブームが続く台北ではメニューもスタイルも進化した新感覚の体験型カフェが増えている。

### 大人小学 古文具
大人小學 古文具　ダーレンシャオシュエ グーウェンジュー

**東門駅** MAP付録P.11 D-2

インテリアデザイナーのオーナーが設計した古民家カフェ。落ち着いた雰囲気の店内にはいたるところにユニークな仕掛けがあり、子どもに返ったような気分が味わえる。

☎09-2271-1979 🚇淡水信義線／中和新蘆線・東門駅から徒歩6分 所台北市信義路二段86巷62号 営14:00〜18:00(FBにて告知) 休月〜木曜 E×E ※FBにて予約

⇒伊豆山葵芥末茶奶180元。ワサビ味のミルクティー

⇒香水花漾白糕200元。イチゴジャム入りパンナコッタ

⇒店内にはオーナーが買い集めた貴重な古文具が多数

一見大人びた雰囲気の店内には遊び心がいっぱい

### 嶼人カフェ
嶼人Café　ユィーレンカフェ

**南京三民駅** MAP付録P.5 F-2

自然環境や健康に配慮したビーガンカフェ。植物性ミルクや天然スパイスを使用したヘルシーな料理やスイーツの数々が楽しめ、食事時には地元の若者で満席になる。

☎02-2748-0069 🚇松山新店線・南京三民駅から徒歩5分 所台北市南京東路五段250巷2弄39号 営12:00〜20:00 休水・木曜 E×E

⇒オーツミルクのチャイ香料奶茶150元、ビーガン仕様のケーキは季節ごとにフルーツが変わる

都会にできた緑豊かなオアシスのようなカフェ

⇒たくさんの観葉植物に囲まれたテラス席もおすすめ

### 威叔茶荘
威叔茶莊　ウェイシューチャーデュアン

**猫空** MAP P.154

茶芸館で有名な観光地猫空にオープンしたる新スタイルのカフェ。3階建てのガラス張りの店内で緑豊かな大自然に囲まれながら、自家栽培の台湾茶や食事が楽しめる。

☎09-3321-9509 🚇文湖線・動物園駅からバス棕15で15分、圓山下車すぐ 所台北市指南路三段40巷36号 営11:00〜20:00 休水曜 E×E ※FBにて予約

⇐文山包種茶、烏龍茶など自家製台湾茶を提供。300元〜

⇒ロープウェイ駅までは遠いが、ハイキングにおすすめ

日常を忘れリラックス、雨の日の景色もおすすめ

## 東区にできた商業施設
### 新光三越ダイヤモンド・タワーズ

ダイヤモンドをイメージしたタワーは日本人建築家丹下憲孝氏によるもの。店舗の半分以上が台湾ブランドで、ハイクラスのブティックやミシュランを獲得したレストランが軒を連ねる。夜は光り輝き幻想的な雰囲気に。

**東区** MAP付録P.12 B-1

新光三越 DIAMOND TOWERS
シングアンサンユエダイヤモンド・タワーズ

☎02-2721-6688 🚇文湖線／板南線・忠孝復興駅からすぐ 所台北市忠孝東路三段268号 営11:00〜21:30(金・土曜、祝前日は〜22:00) 休無休 J E×E

**2023年10月オープン**

駅から近く便利。建物からは東区が一望できる

# 天空のグルメ天国が台北101にオープン

台湾のシンボルタワー101にハイセンスなレストランがオープン。どの店も人気なので予約を忘れずに！

台北101 ▶P.133

## 饗・ア・ジョイ
饗 A Joy　シャンアジョイ

信義 MAP付録P.13 F-2

2023年7月オープン

台湾食材をふんだんに使用した300種類以上の料理を提供するビュッフェレストラン。名店のスイーツや世界一のバリスタ監修のコーヒーなどこだわりのグルメが並ぶ。

☎02-8101-0111　台北101 86F
11:30～15:00 18:00～21:30 土・日曜、祝日11:30～14:00 14:45～17:15 18:00～21:30　無休　E・E
www.ajoy.com.tw（予約は2カ月前～）

↑1人3280元＋サービス料10％

⇒台北の景色が一望できるフロアで至福のひとときを

## 富錦樹台菜香檳 101旗艦店
フージンシュータイツァイシャンピン101チージーエンディエン

信義 MAP付録P.13 F-2

2023年1月オープン

151坪の広々としたフロアでは、一流のシェフたちが腕をふるう姿を見ることができる。個室も7部屋用意されているので、プライベート空間での食事も可能。

☎02-8101-7770　台北101 5F
11:30～21:30（金・土曜は～22:00、全日LO20:30）　無休　J・E・E

⇒ミシュラン獲得の創作台湾料理、店舗限定メニューも

⇒台湾伝統工芸の手編みの藤をイメージ

## シンプル・カッファ・ソラ
Simple Kaffa Sola

信義 MAP付録P.13 F-2

バリスタの世界大会WBCで優勝経験のあるオーナーによるコーヒーブランド「興波咖啡」の旗艦店。88階からの絶景を眺めながら極上のコーヒーを味わえる。

☎02-8101-0099　台北101 88F
10:00～20:00　無休　E・E
※窓際は予約が必要 tinyurl.com/ycxp6z8x

2023年1月オープン

⇒台湾の自然をイメージした開放的な雰囲気の店内

↑アフォガード「阿芙卡朵」240元（右）、不知春とアールグレーをブレンドしたラテ「茶香拿鐵」240元

---

## 新しいリノベスポット
### 榕錦時光生活園区

日本統治時代の刑務所官舎をリノベーションした商業施設。100mほどの長く連なる日本建築にはカフェや日本式の居酒屋、雑貨店など計16店が並ぶ。季節ごとに装飾が変わる美しい街並みは写真撮影スポットとしても人気。

永康街 MAP付録P.11 D-3

榕錦時光生活園区
ロンジンシーグアンシンフオエンチュー
☎02-2321-8896　淡水信義線／中和新蘆線・東門駅から徒歩8分　台北市金華街167号
11:00～20:00、屋外24時間　無休

2022年9月オープン

⇒散歩やサイクリングをする人も、地元民の憩いの場に

## 新しく生まれ変わった
### 南門市場 へ行こう！

台北市民の台所南門市場がリオープン！清潔感のある明るい館内には日本では見られない野菜やフルーツも。活気あふれる雰囲気の中で台湾人の生活を覗くことができる。乾物や調味料も売っているのでおみやげにおすすめ！

中正紀念堂駅 MAP付録P.10 C-2

南門市場　ナンメンシーチャン
☎02-2321-8069　淡水信義線／松山新店線・中正紀念堂駅からすぐ　台北市羅斯福路一段8号　7:00～19:00（店により異なる）　月曜

2023年11月オープン

⇒中正紀念堂から歩いていけるのでぜひ立ち寄りたい

## 子どもも大人も楽しめる！
### 国立台湾博物館鉄道部園区

日本統治時代の総督府鉄道部庁舎と鉄道工場があった場所にできた博物館。台湾の鉄道の歴史を知ることができる。かつての台北駅周辺を再現した鉄道模型は一見の価値あり。

北門駅 MAP付録P.6 B-3

國立臺灣博物館鐵道部園區
グオリータイワンボーウーグワンティエダオブーユエンチュー
☎02-2558-9790　松山新店線・北門駅からすぐ　台北市延平北路一段2号　9:30～17:00（チケット販売は～16:30）　月曜（連休、祝日の場合は営業）　100元（学生、6～12歳、65歳以上は半額50元）

2020年7月オープン

⇒歴代の切符など、当時の貴重な資料が展示されている

⇒2階部分が木造のレンガ作りの庁舎

**出発前に知っておきたい NEWS & TOPICS**

# TRAVEL PLAN TAIPEI
## 至福の台北 モデルプラン

**とびっきりの 2泊3日**

おいしいものを食べ、伝統を体験し、最旬トレンドもキャッチしたい。
台北を満喫し尽くしたい人のための、よくばりプランをご提案。

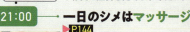
Shave Ice
↑大人気のかき氷も忘れずに！

### 旅行には何日必要？

初めての台北なら
**2泊3日** 以上

出発日・帰国日で各半日程度を移動に費やしてしまうため、最低2泊3日は必要。人気の九份にも余裕をもって訪れることができる。

### プランの組み立て方

❖ **初めての訪問なら、王道スポットを中心に**
夜市、九份、国立故宮博物院など、滞在・見学に時間を要するスポットをメインにして、合間にグルメやカフェ、ショップ巡りなどを挟むとプランが立てやすい。

❖ **市内の移動はMRT（捷運）とタクシーで効率よく**
台北市内の移動は、鉄道網が発達しているので便利。グループ旅行や近距離の移動なら、タクシーを使うのもおすすめ。

❖ **午前中は大型施設を中心に訪れよう**
カフェやショップなどは、営業開始時間がお昼近くの場合が多い。早めに営業を開始する大型施設・観光スポットを午前中にあてると、時間が有効に使える。朝市訪問や朝食にもこだわれば、旅もより充実。

❖ **レストランの予約は早めに**
どうしても行きたい高級店や人気店は、まずお店の予約が取れることを確認してから航空券やホテルを手配したほうがいい。

---

【移動】日本➡台北

## DAY 1

早めの便で台北に到着したら、さっそく台湾グルメに舌鼓を打ち、夜は士林市場へ出かけよう。

**午前中** ───▶ **台北到着**

MRTで15〜55分

桃園国際空港から台北市内はMRT快速で約35分、台北松山空港からは約15分。

**12:30** ───▶ **中山駅界隈のホテルにチェックイン**

MRTで約10分

ホテルは中山駅や南京復興駅周辺をはじめ、市内各所にある。MRTの2線乗り入れがある西門駅なども便利。

**13:00** ───▶ **永康街でランチ** ▶P.120

東門駅からMRT淡水信義線で9分、中山駅へ。駅からすぐ

まずは台北屈指の人気タウン・永康街へ。マストで行きたい台湾料理の名店から台湾旅を始めよう。

↑鼎泰豊（左）や永康牛肉麺（右）など名店揃い

**15:00** ───▶ **赤峰街のオシャレスポットへ** ▶P.124

雙連駅からMRT淡水信義線で6分、劍潭駅へ。駅からすぐ

レトロな街並みにおしゃれなセレクトショップが点在。イマドキ台湾をリサーチしながらおみやげ探しを。

←↑若者に人気の店が集まる

**19:00** ───▶ **士林夜市で屋台グルメ食べ歩き** ▶P.22

劍潭駅からMRT淡水信義線で市内へ戻る

台湾随一の規模の夜市が広がる士林へ。麺や揚げ物など人気メニューを食べ歩いたら、ゲームや雑貨の屋台も見てまわりたい。

**21:00** ───▶ **一日のシメはマッサージ** ▶P.144

一日の最後は達人によるマッサージで締めたい。日本では見慣れない変わったマッサージも一興。

Night Market

【移動】台北市内 ⇒ 九份 ⇒ 台北市内

# DAY 2

市内の人気スポットを巡り、午後から九份も訪れる盛りだくさんな一日を過ごす。

**Market**

> マーケットでは台湾の日常が間近に感じられる

> マンゴー、パパイアなど南国フルーツも

### 7:00 ─ 双連朝市で台北の素顔にふれる ▶P.50

雙連駅からMRT淡水信義線で3分。台北車站から板南線で龍山寺駅まで5分。駅から徒歩3分

地元の人が集まる朝市は、お手軽屋台の種類も豊富。ローカル気分を味わいながら朝ごはんを食べよう。

↑珍しい商品や活気あふれる人々、ディープな台湾の様子は見るだけでも楽しい

### 9:00 ─ 最強パワースポット 龍山寺で幸運祈願 ▶P.46

台北最古の寺院で、100以上の神仏を祀る。作法にのっとってお参りすれば、心願成就も叶うはず。

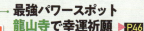
→周辺には庶民的な小吃のお店がいっぱい

**Temple**

## プランの組み立て方

### ❖ 台北の朝を楽しむ

台北滞在中は、朝食はホテルでとるよりも、外食をするのがおすすめ。伝統的な朝食といえば、鹹豆漿、焼餅、油條など。朝市を訪れたら、その周辺で食べるのがいい。また、おしゃれなカフェなどで、台湾風に味付けされたサンドイッチ（三明治）を食べるのも楽しい。

↑朝から行列の阜杭豆漿

### ❖ 台北のパワースポットどこがおすすめ

イチオシは「ご利益のデパート」とも呼ばれる龍山寺、縁結びの台北霞海城隍廟。ともに市内中心部にあり、アクセスも良好。また郊外なら、淡水を訪れるのとセットで関渡宮、猫空の指南宮なども訪れてみたい。

龍山寺駅からMRT板南線で5分。台北車站から淡水信義線で台北101/世貿駅まで15分。駅からすぐ

迪化街にある大稲埕城隍廟も台湾一の縁結びスポットとして人気

### 10:30 ─ 台湾のシンボル! 台北101へ ▶P.133

2004年に完成した高さ約500mを誇る世界有数の超高層ビル。展望台に上がって台湾の景色を一望したい。

**Building**

→ショッピングモールやオフィスが入る

89階の展望台は、360度全面ガラス張り!

タクシーで10分

出発前に知っておきたい 至福の台北 モデルプラン

15

## 12:00 松山文創園区で最旬雑貨をGET! ▶P40

レトロな雰囲気をそのまま残した、今話題のリノベスポット。園内を散策しながら、センスのいいデザイナーズ雑貨やおしゃれなカフェを楽しみたい。

台北市区管理所からバス1062系統で約1時間。もしくは台鉄・東部幹線で約1時間(→P.59)

たばこ工場の跡地がアートと文化の発信地に

*Renovation Spot*

## 16:00 待望の九份で夜景ベストショットを狙う ▶P58

日没までに九份へ足を延ばそう。幻想的でロマンティックな夜景は、太陽が沈み始める夕方頃から見るのがおすすめ。

↑天井や柱も当時のまま

↑雑貨も揃う誠品書店の大型店も

十分でのランタン上げなどとセットになったツアーに参加するのもあり

*Old Street*

↑茶芸館で景色を眺めながらくつろぐのが◎

独特な景観と歴史を持ち、街中がフォトジェニック

バス965・1062系統もしくは台湾・東部幹線で約1時間30分

## 22:00 クラフトビールで一日の疲れを癒やす。乾杯! ▶P84

クラフトビールは台湾でもブーム到来。台湾の醸造所で作られたオリジナルビールは、ビール好きなら外せない!

陳皮など珍しい味も飲み比べできる

→台湾が世界に誇るビールブランド、金色三麦
→常時約20種がオンタップの掌門精醸啤酒 永康店

### プランの組み立て方

❖ **九份と台北市内のアクセスここに注意して**

週末には国内外の観光客が大勢つめかける九份。道路渋滞も発生しがちなので、平日の訪問がおすすめ。また九份から台北市内へ戻る場合は、バスが混み合うので、日没後、なるべく早めに九份老街バス停から乗車するのがベター。

Retro Town

漢方店には初心者向けの商品もある

乾物、茶葉などの問屋が軒を連ねる

リバーサイドには、コンテナを使ったマーケットもある

【移動】台北市内 ➡ 日本

# DAY 3

最終日は、観光のハイライト・国立故宮博物院を訪れて、最後にとっておき台湾料理を食べ納めよう。

## 7:00 バリエーション豊かな台北朝ごはん ▶P52

朝ごはんを家の外で食べるのが一般的な台湾では、おいしい朝ごはんの店が充実。

中山駅からMRT淡水信義線で9分。士林駅からバスで約15分

↑自家製の食パンでたっぷりの具を挟んだ豊盛号のサンドイッチ

↑台湾の豆乳スープ鹹豆漿は朝食メニューの定番

## 9:00 国立故宮博物院で中国王朝の至宝を鑑賞！ ▶P54

【アドバイス】
士林駅ではバス停の案内を見て故宮行きに乗車。タクシー利用もあり。

世界四大美術館のひとつ、中国歴代皇帝のコレクションを多数展示する国立故宮博物院へ。古代から近代にわたる、貴重な美術品の数々を存分に見ることができる。

清代に作られた『翠玉白菜』は必見

バスで15分、士林駅からMRT淡水信義線で8分。雙連駅から徒歩10分

## 12:00 レトロ商店街 迪化街をおさんぽ ▶P116

雑貨や漢方グッズなど、問屋街やリノベスポットで台湾らしいおみやげを探そう。

森高砂咖啡館（→P93）でこだわりの台湾産コーヒーを味わう

## 13:30 旅の最後は台湾料理を食べ納め ▶P74

食材に恵まれ、独自に発展した台湾料理。最後に本場の味を堪能しよう。

【アドバイス】
人気店、高級店はできるだけ早めに予約を入れておこう。

MRTで15～55分

夕方 台北松山空港 ● 桃園国際空港から日本へ

出発前に知っておきたい

至福の台北 モデルプラン

## 好みのままに。アレンジプラン

魅力いっぱいの台湾には、まだまだ人気スポットがたくさん。好みに合わせて行き先をチョイスしよう。

### ひと足延ばし、ちょっと遠くへ電車旅

#### 地方の街へ プチトリップ ▶P.149

台北から30分～1時間ほどで行くことができる日帰り旅行も、台湾旅の定番。温泉や古民家を巡りながら、はたまた広大な自然を眺めながら、ゆったりとした時間が流れる郊外の台湾も楽しみたい。

←緑に囲まれた茶芸館、邀月茶坊で憩いのひとときを(猫空)

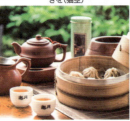

日本の温泉文化の影響が残る北投温泉

### 台湾茶をおいしくいただく工夫を知る

#### 茶芸の本場で 伝統的なお茶を極める ▶P86

伝統文化ながら比較的カジュアルに楽しめる台湾茶。好みの茶器を探したり、茶芸館で本格茶芸を体験したい。

茶苑CHA-ENではゆっくりとお茶を選ぶことができる

### とびきりの台湾料理が食べたい

#### 高級レストランで 台湾の極上を満喫 ▶P76

贅沢な食材をふんだんに使用し、粋を凝らした調理法で客人をもてなす名店たち。トップオブ台湾の味に舌鼓。

諸外国の影響を受け独自に発展した料理

→豊かな山海の幸を生かした豊富なメニューが持ち味

### 体も心も磨く美容法

#### 健康・美容にこだわった とくべつな一日 ▶P141

ご当地コースを用意する高級スパから、伝統的な民間療法、食材にまで、台湾には美容に効くあれこれがいっぱい。内側からきれいを目指そう。

意一堂国医薬行で初心者でも気軽に漢方が試せる

↑肉を使わない素食の名店、祥和蔬食。四川風ベジタリアン料理が人気(P.80)

↑中国伝統の施術方法を取り入れた台北セレブに評判の高級スパも

包丁を使った刀療はインパクト抜群！

# BEST 9 THINGS TO DO IN TAIPEI

## 台北で ぜったいしたい 9のコト

### Contents

- 01 夜市を食べ歩く ▶P.20
- 02 とっておきが多すぎる！台北スイーツ ▶P.26
- 03 小籠包6つの名店 ▶P.34
- 04 3大カルチャースポット ▶P.40
- 05 6つのパワースポット ▶P.46
- 06 台北は朝がいい ▶P.50
- 07 台湾の魂 国立故宮博物院 ▶P.54
- 08 旅情あふれる九份への旅 ▶P.58
- 09 十分で憧れのランタンを上げる ▶P.64

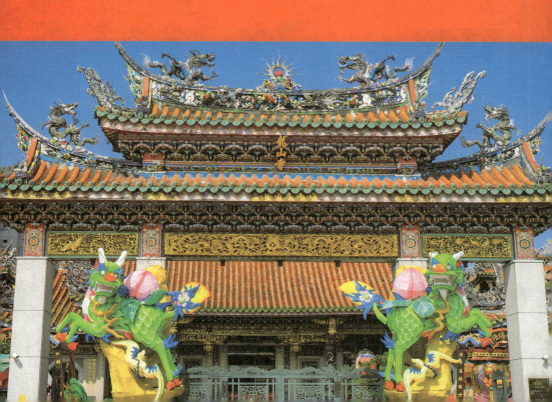

週末の士林夜市は大混雑！人気店は早めの攻略を

はぐれたときに待ち合わせがしやすい慈誠宮

士林夜市

# 01 NIGHT MARKET

## 夜市の基本を知るQ&A！

**Q 夜市って、何？**

A 台湾各地で開かれる屋台街。安くておいしいグルメ、日用品や衣類、雑貨、ゲームや占いの屋台が軒を連ね、まるでお祭りを思わせる賑わいぶり。もともとは寺廟の周辺に参詣客相手の屋台が集まったのが始まりとされる。規模はさまざまで、士林夜市が台北最大規模だ。

**Q 営業日・営業時間は？**

A 基本的に年中無休で、夕方17時頃から深夜0時頃まで。とりわけ週末は深夜まで混み合う。

**Q 注意すべきことは？**

A トイレがないところが多いので、コンビニや駅などで済ませておきたい。また両替所がないため、小銭や小額紙幣を用意しておくこと。スリはあまり多くないが油断は禁物。置き引きも同様だ。人が多いので、はぐれたときのために集合場所を決めておこう。

### 台北夜市MAP

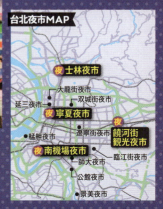

台北でぜったいしたい9のコト

01 夜市を食べ歩く

## 夜市でより楽しく過ごすために
### 事前に知っておくと便利な豆知識をご紹介！

ツウがナビ

**行列の店に並んでみよう！**
地元の人たちが行列をつくる店はおいしい証拠！回転は速いので、ローカルに交じって積極的に並んでみよう。

**オーダーは指さしでOK**
言葉が通じなくても、店頭のものやメニューなどを指さしてジェスチャーで伝えれば、たいていの場合は問題ない。

**ウェットティッシュがあると便利**
食べ歩きには必須。直接手で持つグルメも多いので、ウェットティッシュやハンドタオルを持っていくこと。

**お酒・アルコールはあるの？**
ほとんどの店がお酒を扱っていない。持ち込み可能な店が多いので、飲みたい人は事前にコンビニなどで買っていこう。

**お店で値引き交渉は可能？**
一般の店舗に比べ、露店はまとめ買いなどで値引きしてくれることが多い。電卓やメモ帳＆筆記用具があれば便利だ。

BEST 9 THINGS TO DO IN TAIPEI

### 台北夜市の代名詞・台北屈指のスケール
# 士林夜市で王道グルメを堪能

剣潭駅を出てすぐに広がる無数の露店と大勢の人出に驚愕。
夜市の中心は、複合施設の士林市場だ。

士林市場の1階にはさまざまなゲームが並ぶ

台湾随一のスケール感！
夜祭り気分で楽しんで

**ここがポイント**

**台北最大規模の夜市**
MRT剣潭駅からすぐのアクセスの良さと規模の大きさで世界中の観光客が集まる

**台湾全土のグルメが集結**
伝統の小吃から流行最先端のスイーツまであらゆるジャンルのグルメが揃う

**地下の美食区は必見！**
賑やかな美食区では売り込みをする台湾人たちの熱気を肌に感じることができる

路地の賑わいも夜市ならでは

## 士林夜市

士林夜市 シーリンイエシー
**士林** MAP付録P.3 A-2

観光名所にもなっている、台北で一番大きな夜市。通りやエリアごとに、グルメ、衣類、雑貨、ゲームなどの店が並んでおり、連日深夜まで大盛況。中央にある士林市場にはフードコートのような美食区があるほか、トイレやコインロッカーもあり便利。土・日曜や祝日には歩けないほど混み合うので平日が狙い目。スリなどの安全面も気をつけよう。

🚇 淡水信義線・剣潭駅からすぐ ⏰ 17:00頃～24:00頃 🚫 無休

↑観光客で夜通し賑わう地下美食区

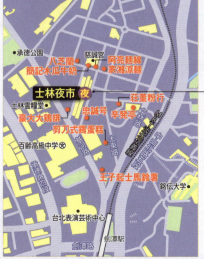

ここは **士林夜市**の中の **士林市場**

巨大アーケードのような複合施設「士林市場」が夜市の中心だ。地下1階が「美食区」というグルメ屋台が集まったフロア。フードコートのようになっていて、テーブルで食べることができる。1階はショップやゲーム屋台等が集まったフロア。

※美食区は改装のため2024年6月まで休業

# 01 NIGHT MARKET

## 士林夜市の**テッパングルメ**
### 行列必至の人気屋台グルメを徹底攻略！

台北でぜったいしたい9のコト

01 夜市を食べ歩く

**ボリューム満点！アツアツのうちにかぶりつきたい**

**豪大大鶏排**
**大鶏排 90元**
顔の大きさほどあるビッグサイズのフライドチキン、辛さは調節できる

**家湘涼麺**
**伝統涼麺（小）55元**
常に満席の人気店。ヘルシーな台湾式冷やし中華はタレがポイント

**阿亮麺線**
**麺線 50元**
旨みたっぷりのスープが自慢。サイドメニューの台湾風おでんもおすすめ

**とろけるチーズを豪快にかけた人気メニュー！**

**王子起士馬鈴薯**
**王子綜合起士 100元**
ハム、チキン、ツナ、卵、パイナップル、コーンなどをのせたベイクドポテト

**辛発亭**
**咖啡雪片 90元**
元祖雪花氷の店としても有名。口の中でとろけるふわふわ食感のかき氷

**荘董粉行**
**古早味芭楽風味 90元**
たっぷりの角切りフルーツやタピオカが入った昔ながらの台湾デザート

**八芝蘭**
**大腸包小腸 65元**
台湾風ウィンナーをサンドした9種の味のもちもち食感ライスドッグ

**剪刀式鶏蛋糕**
**鶏蛋糕 50元**
動物やおもちゃ、乗り物をかたどった楽しさ満載のカステラ焼き

**簡記木瓜牛奶**
**木瓜牛奶 50元**
慈誠宮入り口にある人気のパパイヤミルク屋台、なめらか＆濃厚な味

**忠誠号**
**鶏蛋蚵仔煎 85元**
甘辛ソースがポイント。中にはプリプリのカキがたっぷり

➡1階にはおみやげにぴったりのプチプラ商品やゲームコーナーがある

**グルメとエンタメどっちも楽しめるお祭りエリアだよ**

### 士林市場 こんなお楽しみも
美食区横のエリアには1回100元でエビ釣りが楽しめるブースも。地元の人に交じっていろいろな遊びが楽しめるので、一晩中いても飽きない。

BEST 9 THINGS TO DO IN TAIPEI

## 台北フリークに人気のある穴場的夜市
# ロコ感あふれる南機場夜市

グルメ重視ならイチオシ、と評する人も多い夜市。
外国人観光客は多くはないが、風情もあり楽しめる。

### 南機場夜市
南機場夜市 ナンジーチャンイエシー
龍山寺 MAP 付録P.10 A-3

100以上のグルメ屋台や小吃がひしめくが、全体の規模はこぢんまりとしていてのんびり散策できる。名物は餃子ストリートの水餃子。日本語はあまり通じないが、穏やかなローカルムードを楽しみたい人や台北リピーターにおすすめ。

交 M板南線・龍山寺駅から徒歩15分
営 17:00頃〜23:00頃 休 無休

基隆黒輪はスープのおかわりできますよ！

大人気の餃子は必食

ゆったりとした地元の夜市

### ここがポイント

**ディープ＆ローカル**
どの駅からも離れているからこそ出会える世界。とにかく地元の人が多い！

**地域密着安ウマグルメ**
味や価格が観光地化されておらず、レベルの高いグルメが安く楽しめる。

**あふれんばかりの地元愛**
地元の自治会が運営しており、協力して盛り上げようという熱意が満々。

正面入口にある山内鶏肉の鶏肉飯を求めて行列ができる

他の夜市と比べて、店員も客も親しみやすい雰囲気

金・土曜の夜は大混雑。人気店は早めに開店する傾向あり

### 南機場夜市のテッパングルメ

## 餃子だけではない！
## 魅惑のローカル小吃

**暁迪**
**筒米糕 40元**
台湾の筒おこわ。甘辛オレンジソースをかけて

**八棟圓仔湯**
**酒醸甜蛋湯 芝麻圓 110元**
自家製酒麹が香り立つ、温かい白玉スイーツ

**暁迪**
**冬瓜排骨酥湯 55元**
口の中でホロホロ崩れるスペアリブの絶品スープ

**美蘭阿姨果汁**
**綜合 60元**
南機場の名物オバちゃんのフレッシュジュース

**基隆黒輪 120元**
好きな具材を指さし注文でOK！台湾風おでん。写真の分量で120元。単品は15元〜

南機場夜市 夜
忠義国小
暁迪
八棟圓仔湯
基隆黒輪
美蘭阿姨果汁

# 01 NIGHT MARKET

**道の中央に席を設け、座って食べられる屋台も多い**

### ここがポイント
活気のある新旧グルメ
移り変わりが激しいと同時に、老舗の屋台も多い。海鮮が多いのも特徴

## 松山慈祐宮の門前に広がる
# 歴史ある饒河街観光夜市
士林夜市と肩を並べるほどの賑わいをみせる人気夜市。ミシュランのビブグルマンに選ばれたお店もある！

### 饒河街観光夜市
饒河街観光夜市
ラオフージエグワンアンイエシー
**松山駅** MAP 付録P3 B-2

士林夜市に次ぐ人気の夜市で、約600ｍの通りに大小の店がひしめく。テーブルのあるグルメの屋台をはじめ、雑貨や占い屋台など種類が豊富。夕方から混み始め、週末の夜には多くの観光客やローカルで賑わいを見せる。

Ⓜ松山新店線・松山駅からすぐ ☎17:00頃～翌1:00頃 休無休

**ライトアップされ大賑わい　一本道で迷う心配もなし**

### 饒河街観光夜市のテッパングルメ
**大規模な観光夜市ながら味はミシュランレベル**

**陳董薬燉排骨**
全薬燉排骨 90元
カップから飛び出す骨つき肉が迫力満点の薬燉排骨

**福州世祖胡椒餅**
胡椒餅 60元
サクサクの中にスパイシーな具がたっぷり

**東発号**
麺線 70元
福徳宮の裏手にある老舗の麺線。油飯もオススメ

**下港**
臭豆腐 70元
揚げたものは臭いが少なくて食べやすい

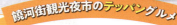

---

## 市内中心部にある便利な夜市
# 寧夏夜市の名物グルメ
行列のできるコスパ良好ローカルフード。
台北中心部にあり、ロケーションも抜群。

### 寧夏夜市
寧夏夜市
ニンシアイエシー
**雙連駅** MAP 付録P6 B-2

味もコスパも優秀な台湾の伝統的屋台料理が集結。南京西路沿いの一本道なので攻略しやすく、両脇に並ぶ屋台も路面店も含めて名店が多い。また、屋台は番号がついているので探しやすい。

Ⓜ淡水信義線・雙連駅から徒歩10分 ☎18:00頃～24:00頃 休無休

**グルメが充実した人気夜市　行列店に並んで間違いなし**

### ここがポイント
中心部の一大グルメ圏
民生西路沿いもあわせて名物グルメが多く、探索しがいのある夜市

### 寧夏夜市のテッパングルメ
**屋台、路面店ともハイレベル　地元の人も大勢つめかける**

**猪肝栄仔**
総合湯 75元
豚レバーとガツ、つみれの入ったあっさりスープ

**劉芋仔**
香酥芋丸 25元（上）
蛋黄芋仔 35元（下）
寧夏夜市で最長行列の大人気タロイモ団子

**馥陽鍋貼水餃**
鍋貼 70元（10個）
台湾らしい長方形の焼き餃子

**方家**
鶏肉飯 50元
やわらかチキンと旨ダレの名物丼ご飯

人気の炭火焼き微笑碳烤は、1本15元～

## 02 SWEETS

こちらも CHECK!

**MENU**
珍珠奶茶刨冰 260元
鉄観音茶を使用したタピオカミルクティーのかき氷

バラエティ豊かな進化系の雪花氷に注目！

### Mr.雪腐
Mr.雪腐 Mr.Chef ミスターシェフ
公館 MAP 付録P4 C-4

リボン状に削られた美しい雪花氷は、氷そのものに台湾産フルーツなどの天然食材を用いたり、果肉のトッピングを添えたりと、新しい発想から生まれたメニューが人気。ドライアイスを使った水果優格火鍋も名物。

↑カフェのようなおしゃれな店内。2階席もある

☎02-2363-5200 ❷松山新店線・公館駅から徒歩8分 ㊟台北市羅斯福路三段244巷21号 ⏰12:00〜22:00(LO) 休無休
JEE

台北でぜったいしたい9のコト

**MENU**
西瓜双響炮 120元
赤・黄2種の花蓮産スイカを用いたこだわりの一品
夏季限定

果汁の爽やかな甘さが広がる 2色スイカの雪花氷

02 台北スイーツ

**MENU**
濃抹茶 260元
京都の抹茶かき氷と客家伝統の白玉団子のコラボ

**MENU**
焼冰草莓 280元
台湾産のイチゴのかき氷にブリュレをトッピング
冬季限定

**MENU**
焼冰莓果 290元
甘酸っぱいブルーベリーとラズベリーのかき氷

**MENU**
焼冰提拉米蘇 280元
3種のリキュールを使用したティラミス風かき氷

こちらも CHECK!

台18珍奶は、お店の一番人気です！

**MENU**
台18珍奶 90元
高級台湾紅茶を使用したタピオカミルクティー雪花氷

**MENU**
百香優格 120元
ヨーグルト味の氷にパッションフルーツと練乳をかけて

かき氷の中に入れる素材にもこだわってます！

↑草莓生乳金銅焼 160元。イチゴがたっぷり入ったふんわり食感のどら焼き

※季節・店舗(支店)により、取り扱いのないメニューがある場合があります

# BEST 9 THINGS TO DO IN TAIPEI

## 種類豊富なメニューが
## お手ごろ価格で味わえる
## 黒岩黒砂糖剉氷

黒岩黒砂糖剉氷
ヘイイエンヘイシャータンツオビン
行天宮駅 MAP付録P.7 E-1

店名にも掲げている黒糖かき氷をはじめ、雪花氷、豆花、ドリンクなど、幅広いメニューを提供。かき氷、雪花氷、豆花は、すべて手作りという25種類のトッピングから選んで、お好みの味を楽しむこともできる。

☎02-2536-2122 交中和新蘆線・行天宮駅から徒歩3分 所台北市錦州街195号 営12:00〜21:30 休不定休
J E 王

やさしい甘さに癒やされるシャリシャリの黒糖かき氷

MENU
芒果牛奶氷160元
氷の中にマンゴーたっぷり!
上から練乳をかけている

こちらもCHECK!

MENU
抹茶雪花氷100元
雪花氷に、小豆・杏仁豆腐のトッピングをチョイス

入口で注文。白と水色を基調とした店内もカワイイ

---

こちらもCHECK!

MENU
珍珠奶茶氷150元
パンナコッタがのったタピオカミルクティーかき氷

一人でも入りやすい雰囲気。前に慶城公園が広がる

フレッシュマンゴーにマンゴーソースがけ!

MENU
芒果牛奶雪花氷220元
愛文マンゴーを使用。コーンフレークの食感も楽しい
夏季限定

## 伝統スイーツをモダンに
## 口コミで人気拡大中!
## 春美氷菓室

春美氷菓室
チュエンメイビングオシー
南京復興駅 MAP付録P.8 B-2

かき氷をはじめ、豆花や杏仁豆腐などが楽しめる。厳選した台湾食材で作る伝統の味を大切にしながら、ここだけのオリジナリティを加えたメニューが好評。豆類・芋団子・フルーツなどのトッピングは24種類揃える。

☎02-2712-9186 交M文湖線/松山新店線・南京復興駅から徒歩5分 所台北市敦化北路120巷54号 営12:00〜21:00(LO) 休無休
J E E

---

## 地元に愛され続ける
## 創業60余年の老舗
## 台一牛奶大王

臺一牛奶大王
タイーニウナイダーワン
公館 MAP付録P.4 C-4

台湾大学の真向かいにあり、学生にもお手ごろな価格で台湾スイーツを提供。特にほどよい甘さの小豆と、もちもちの湯圓(白玉団子)は、1956年の創業当時から変わらない味にファンが多い。温かいスイーツもある。

☎02-2363-4341 交M松山新店線・公館駅から徒歩8分 所台北市新生南路三段82号 営11:00〜24:00 休無休
J E E

イチゴとマンゴーのスペシャルな組み合わせ

MENU
草莓芒果牛奶氷200元
こぼれ落ちそうなくらいイチゴとマンゴーがたっぷり
夏季限定

こちらもCHECK!

MENU
紅豆小湯圓牛奶氷80元
オーダー率の高い自慢の小豆と白玉の黄金コンビ!

1階と2階に席があり、ゆったりくつろげる

**02 SWEETS**

## 台北でぜったいしたい9のコト
### 02 台北スイーツ

こちらもCHECK!

**MENU**
水果百匯 250元
専門店だからこその種類豊富な旬の果物の盛り合わせ

→ 店内にはフルーツの形のかわいいテーブルを設置

フレッシュフルーツ三昧！
見た目も華やかなかき氷

**MENU**
水果抱抱(ダブル) 320元
フルーツたっぷりのかき氷にジェラート2種をのせて

### 台湾産の新鮮なフルーツや海外の高級フルーツを販売

## 陳記百果園
陳記百果園
チェンジーバイグオユエン
忠孝復興駅 **MAP** 付録P.8 C-4

クリントン元大統領が訪台の際に当店のフルーツでもてなしたという果物専門店。店内では、カットフルーツやかき氷、ジェラート、ジュースなどが味わえ、まさにフルーツ天国！加工品にも高品質なフルーツを使用。

☎02-2772-2010 交 M文湖線／板南線・忠孝復興駅から徒歩10分 所台北市敦化南路一段100巷7弄2号 営 8:00～18:00 休日曜
J J E E

---

### 台湾産の材料にこだわった華やかジェラートが人気

## June 30th
六月三十義式手工冰淇淋
ジューンサーティエス リウユエサンシーイーシーショウゴンビンスーリン
雙連駅 **MAP** 付録P.15 B-1

子どもの誕生日が店名の由来。いくつになっても子ども心を忘れずにと作られたバラの形のジェラートが話題。新鮮な果物や烏龍茶など台湾ならではの味が楽しめる。限定で日本酒や紅茶の名店とコラボした味も販売。

☎09-3344-8713 交 M淡水信義線・雙連駅から徒歩5分 所台北市民生西路45巷11弄18号 営11:00～20:00 休月曜
E E

目でも味でも楽しめる新鮮素材の花型ジェラート

**MENU**
薔薇 130元～
好きな味を選ぶと目の前でバラの形に盛り付けしてくれる

こちらもCHECK!

**MENU**
ライオン 160元～
ミルクからフルーツまで、すべてが新鮮な台湾産

→ 双連朝市にほど近く、市場散策の休憩におすすめ

---

### フワフワ雪花氷が絶品！コスパも最高の人気店

## 氷讃
冰讃 ビンザン
雙連駅 **MAP** 付録P.15 A-2

台湾産の良質なマンゴーが手に入る時期だけオープンし、フルーツは注文が入ってからカットするというこだわりを持つ。氷はかき氷と雪花氷。トッピングはフレッシュな果物のほか、手作りの小豆やプリンも人気。

☎02-2550-6769 交 M淡水信義線・雙連駅から徒歩3分 所台北市雙連街2号 営11:00～22:00 休11月ごろ～4月中旬ごろ、荒天時
J E E

こちらもCHECK!

**MENU**
紅豆牛奶雪花氷 80元
+プリン 10元
甘さ控えめの小豆と懐かしい味のプリンをトッピング

→ 清潔感のある明るい雰囲気。氷だるまの看板が目印

みずみずしいフルーツと雪花氷との絶妙なハーモニー

**MENU**
双拼水果雪花氷 210元
ミルク味の氷に新鮮なマンゴー＆スイカがたっぷり
夏季限定

※季節・店舗(支店)により、取り扱いのないメニューがある場合があります

BEST 9 THINGS TO DO IN TAIPEI

# 伝統スイーツ
豆花や杏仁豆腐、仙草や愛玉を使った素朴な味に舌鼓

*Traditional Sweets*

**MENU**
豆花(トッピング3種) 45元
ツルンとなめらかな舌ざわりで、大豆の甘みを感じる

**MENU**
剉氷(トッピング5種) 45元
黒糖シロップをかけたかき氷に芋圓などをのせて

### 看板のない隠れた名店
## 阿斌芋圓
阿斌芋圓 アービンユィーユエン
台北駅 MAP 付録P.6 B-3

豆花orかき氷を選び、9種類のトッピングからお好みの素材を注文するスタイル。添加物を使わず、毎日早朝から4時間ほどかけて仕込むというスイーツは、素材がもつやさしい味わい。

☎02-2555-6079 交M淡水信義線/板南線・台北車站から徒歩6分 所台北市長安西路220巷5-1号 営10:00～15:30 休日曜 J

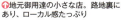

↑地元御用達の小さな店。路地裏にあり、ローカル感たっぷり

### 天然色のアイスとゼリー
## 来特氷淇淋
来特氷淇淋 Right Ice Cream
ライトービンチーリン
國父紀念館駅 MAP 付録P.9 E-4

食材の色合いを生かした自家製アイスや芋くずゼリーの盛り合わせはインパクト大。台湾産フルーツなど素材そのものを味わえる爽やかな甘さでたっぷり食べられる。

☎02-2762-2008 交M板南線・國父紀念館駅から徒歩10分 所台北市八徳路四段36巷54号 営13:00～22:00 休火曜 E

↑楊さん親子が切り盛りするアットホームな店

**MENU**
綜合氷粉粿氷 90元
ゼリーの下に黒糖ソルベ、黒米&緑豆餡つき

**MENU**
Ice 拼盤 210元
レモン氷に好みのアイスを8品トッピング

### 約30種の豊富なトッピング
## 東区粉圓
東區粉圓 ドンチューフェンユエン
東区 MAP 付録P.17 D-4

メニューは、かき氷ベースの冷たいスイーツと、おしるこ・仙草ゼリー・シロップスープ・豆花ベースの温かいスイーツ。看板商品の黒タピオカは、オーダー必須のトッピング。

☎02-2777-2057 交M板南線・忠孝敦化駅から徒歩5分 所台北市忠孝東路四段216巷38号 営11:00～23:00 休無休 J J E E

**MENU**
綜合粉圓氷 75元
黒タピオカ+スタッフおすすめ3種のトッピング

↑東区のなかで最も古い有名スイーツ店

**MENU**
氷豆花 75元
かき氷の上に豆花と3種のトッピングをお好みで

02 **SWEETS**

## 体がよろこぶヘルシースイーツ
### 庄頭豆花担
庄頭豆花担 チュアントウドウホアダン
忠孝復興駅 MAP付録P.8 C-4
一般的な白大豆で作る豆花はもちろん、栄養価の高い黒豆を使用した黒豆花は、ぜひ味わいたい一品。約15種のトッピングにも、紫米やハトムギなどの健康食材を取り入れている。
☎02-8771-6301 ⊗M文湖線／板南線・忠孝復興駅から徒歩10分 ⌂台北市民大道四段73号 ⏰12:00～22:00 ⊘無休 J

↑アンティーク家具などを配したレトロな雰囲気が◎

**MENU**
豆花55元
白豆花を黒糖シロップで。二色芋団子はモチモチ

↑明るいミントグリーンの外観が目を引く

**MENU**
豆漿豆花60元
さっぱり豆乳に黒豆花。トッピング数は制限なし

---

## 無添加の豆花&仙草ゼリー
### 氷霖古早味豆花
氷霖古早味豆花 ビンリングーザオウェイドウホア
雙連駅 MAP付録P.6 B-2
台湾定番の冷たいスイーツを提供して25年余り。豆花や仙草ゼリー、トッピングにいたるまですべて手作りしている。良質な素材と無添加にこだわったやさしい味が自慢。
☎02-2558-1800 ⊗M淡水信義線・雙連駅から徒歩7分 ⌂台北市民生西路210号 ⏰10:00～翌1:00 ⊘無休 J・J

↑店頭にはトッピングがずらり。奥にはテーブル席が

**MENU**
伝統豆花65元
豆乳で作る「豆花」に好きなトッピングを2種

**MENU**
刨氷150元
小豆、パイナップルなどがのった夏季限定かき氷

---

## 3世代にわたって愛される味
### 双連圓仔湯
雙連圓仔湯 シュアンリエンユエンヂャイタン
雙連駅 MAP付録P.15 A-2
地元に親しまれている甘味処。1951年の創業当時からの味を受け継ぎながら、ヘルシー食材を用いた多彩なメニューを提供する。1階・2階があり、全70席完備。
☎02-2559-7595 ⊗M淡水信義線・雙連駅から徒歩3分 ⌂台北市民生西路136号 ⏰10:30～21:30 ⊘月曜 J・E

↑2015年に改装。黒を基調にした落ち着いた雰囲気

**MENU**
穹林露140元
乾燥龍眼、白木耳、ナツメなどが入ったスープ系

**MENU**
関西仙草凍85元
仙草ゼリー＋トッピング3種に練乳をかけて

**MENU**
焼麻糬2個95元
ピーナッツの粉をまぶした油餅は、看板商品！

台北でぜったいしたい9のコト　02 台北スイーツ

# BEST 9 THINGS TO DO IN TAIPEI

## スイーツドリンク

本場のタピオカドリンクに挑戦。
カップのデザインもチェック！

**Sweet Drink**

### Ⓐ お茶系ドリンクが充実
**康青龍 東門永康店**
康青龍 東門永康店
カンチンロン ドンメンヨンカンディエン

永康街 MAP付録P.17 F-1

台北各地に店を広げるドリンクスタンド。茶園から取り寄せる茶葉を使ったドリンクに定評がありメニューは70種類以上。甘さや氷の量が選べ、トッピングも豊富。

☎02-3393-3999 ❖Ⓜ淡水信義線／中和新蘆線・東門駅から徒歩2分 ⌂台北市永康街2-7号 ⏰10:30～21:00 休無休

### Ⓑ SNSで話題のタピオカミルク
**再睡5分鐘**
再睡5分鐘 ザイスイウーフェンジョン

忠孝復興駅 MAP付録P.8 B-4

「タピオカミルクの女神」の名を持つ人気YouTuber滴妹によるドリンクチェーン。「毎日に少しの癒しを」をテーマに質の良い茶葉をベースに作ったドリンクが評判。

☎02-2740-5200 ❖Ⓜ文湖線／板南線・忠孝復興駅から徒歩7分 ⌂台北市大安路一段17号 ⏰11:05(土・日曜12:05)～20:30(金・土曜は～21:00) 休無休

**MENU** Ⓐ 珍珠鮮奶茶 75元
モチモチ食感の2色のタピオカミルクティーはテッパン

**MENU** Ⓐ 格雷冰茶 60元
オレンジ、リンゴ、レモン入り、人気のフルーツティー

**MENU** Ⓐ 粉紅佳人 55元
ライチ、クランベリーにつぶつぶココナッツをプラス

**MENU** Ⓐ 茉莉奶緑芋圓 65元
ジャスミンミルクティーに2種の芋団子をトッピング

**MENU** Ⓑ 棉波午茉緑 75元
ジャスミン緑茶になめらか食感のクリームがマッチ

**MENU** Ⓑ 香芋啵啵 85元
タロイモペーストとタロイモ団子のミルクドリンク

**MENU** Ⓑ 黒糖珍珠好濃鮮奶 75元
コクのある黒糖ソースと濃厚ミルクにタピオカがイン

※台湾では使い捨てプラスチックカップの使用が推奨されていないため、実際に提供されるドリンクは掲載の写真とは異なることがあります。

## 02 SWEETS

**MENU** Ⓒ
翡翠檸檬綠茶(S330㎖) 110元
上質なジャスミン茶と新鮮な台湾産レモン果汁を使用

**MENU** Ⓒ
紅茶拿鐵(S330㎖) 115元
ライチ紅茶にふわふわ仕立てのミルクを合わせたラテ

**MENU** Ⓒ
珍珠奶茶(S330㎖) 100元
香り豊かなミルクティーと特製タピオカが見事にマッチ

**MENU** Ⓓ
荔枝玫瑰 95元
ライチジュースにバラのソースと花びらをプラス
夏季限定

**MENU** Ⓓ
愛文芒果冰沙 95元
台湾産マンゴーを使用した果肉入りの人気フラッペ
夏季限定

**MENU** Ⓓ
莓好時光 115元
台湾産濃厚ミルクと新鮮イチゴのフレッシュドリンク
冬季限定

### 台湾の茶文化革命をリード Ⓒ
### 春水堂 光南店
春水堂 光南店
チュンスイタン グアンナンディエン

台北小巨蛋駅 MAP 付録P.9 D-3
1983年創業。台湾で国民的な人気を誇り、日本にも進出している有名店。当店発祥のタピオカミルクティーをはじめ、厳選したお茶を多様に楽しめるメニューを揃える。
☎02-2578-4399 交松山新店線・台北小巨蛋駅から徒歩6分 所台北市南京東路四段182号 営10:30～21:30 LOはフード90分前、ドリンク10分前 休無休
J E E

### 天然素材のカラフルドリンク Ⓓ
### 大苑子
大苑子 ダーユエンズ

市政府駅 MAP 付録P.13 F-1
季節のフルーツを使用した目でも舌でも楽しめるドリンクがSNSで話題。ライチやマンゴーなど多くのドリンクに台湾産を使用。店名の由来はかつての台湾の地名から。
☎02-2768-0900 交板南線・市政府駅からすぐ 所台北市忠孝東路五段139号 営11:00～21:30 休無休
E E

### ドリンクを自分好みにカスタマイズ！
好きな素材をチョイス！
### 幸福揺揺
幸福揺揺 シンフーヤオヤオ

西門町 MAP 付録P.16 C-2
西門町にオープンした話題の店！ベースのドリンクとタピオカやゼリーなど約20種類のトッピングを選んで自分だけの味と食感が作れる。完成しているドリンクもあるのでどちらでも楽しめる。
☎02-2383-2213 交松山新店線／板南線西門駅から徒歩5分 所台北市成都路54号 営11:00～22:00 金～日曜、祝日12:00～23:00 休無休 E E

**MENU**
幸福揺揺奶茶＋4種の具材 65元
タピオカ、黒糖ゼリーなど、15元分の具材をプラス

**MENU** Ⓓ
繽紛水果茶 75元
人気のフルーツティー。季節によって違う果物を使用

台北でぜったいしたい9のコト

02 台北スイーツ

BEST 9 THINGS TO DO IN TAIPEI

迷う必要なし！これぞ王道！

## 03 小籠包6つの名店

*Soup Dumplings*

台北旅行中に一度は食べておきたい小籠包。あんや皮、スープや調味料に、とことんこだわって逸品を作っています。

味で勝負する心意気

世界が認める小籠包の名店
行列必至の本店で本場の味を

### 鼎泰豊 新生店

鼎泰豐 新生店 ディンタイフォンシンションディエン
永康街 MAP 付録P.11 F-2

全世界13カ国に店舗を持つ超有名店。熟練の技術が生み出す最高級の小籠包はカニみそやトリュフ入り、デザート系などどれを食べても納得の味。各国の言葉を流暢に話す店員が多く味、サービスともに世界レベル。

☎02-2395-2395 ❖淡水信義線／中和新蘆線・東門駅からすぐ ❖台北市信義路二段277号 ⏰11:00(土曜、祝日は10:30)~20:30 ※混雑具合により整理券配布を早めに終えることあり
❌無休 J J € E

➡繁忙時は30分ほど待つこともあるが回転は速い

整理券のQRコードを読み取ってオーダー。店のWi-Fiが利用できる

**皮**
重さは5g、ひだの数は見た目が最も美しい18が厳守されている

**あん**
皮、スープとの黄金比率を守るため16gと定められている

すべてが手作り
できたての味を
召し上がれ！

**スープ**
旨みたっぷりのあっさりスープ、台湾産高級品種の豚肉を使用

### 小籠包のおいしい食べ方！

スープが命の小籠包、おいしさを逃さない本場の食べ方を事前にチェックしよう！

**1 タレを作る**
酢3:醤油1がベストな割合。細かく千切りされたしょうがが加わることでサッパリとした後味に仕上がる。

**2 タレを絡める**
箸でそっと小籠包をタレの入った小皿に取りタレと絡める。レンゲの上にのせしょうがを少量のせる。

**3 スープを味わう**
やけどをしないためにまずは側面からスープをゆっくり吸う。コクのあるスープの味を楽しもう。

**4 いただきます！**
小籠包はなるべくアツアツの状態で食べるのがおすすめ。極上の小籠包は、中のスープが冷めないうちに食べるべし！

小籠包のバリエーションもCheck!

**蟹粉小籠包 400元(10個)**
あんにカニみそ、身、黒豚を使用した旨みたっぷりの小籠包。一口食べるとカニみその風味が口いっぱいに広がる

**絲瓜蝦仁小籠包 360元(10個)**
台湾澎湖産のヘチマを使用したあっさり味の小籠包。エビとヘチマのシャキシャキ食感がたまらない

# 03 SOUP DUMPLINGS

**台北でぜったいしたい9のコト**

**03 小籠包 6つの名店**

## 台湾ナンバーワンの小籠包
### コク旨スープがあふれ出す

**小籠包** 250元（10個）
世界中のグルメの舌を唸らせる看板メニュー。5個入りの注文もできるので一人旅の人も必ず注文したい

**蝦仁焼売** 370元（10個）
ボリュームたっぷりのエビと豚肉の焼売。花をイメージして作ったという目でも楽しめる人気のサイドメニュー

**紅油抄手** 210元（8個）
本店の従業員にもファンが多い秘伝のピリ辛ソースを使用したワンタン。ビールやチャーハンとも相性抜群

↓おみやげに大人気のパイナップルケーキ10個入り400元

---

中正紀念堂から徒歩5分
屋台価格で本格的な味を

## 杭州小籠湯包
杭州小籠湯包　ハンチョウシャオロンタンパオ
東門駅　MAP付録P.11 D-2

創業30年余の地元に愛される人気店。もともとは、串や炒め物を提供する屋台で、そこで始めた小籠包が安くておいしいと評判になり、現在の店をオープン。セイロ系のメニューはもちろん、多彩な料理がリーズナブルに味わえる

☎02-2393-1757　Ⓜ淡水信義線／中和新蘆線・東門駅から徒歩8分　台北市杭州南路二段17号　11:00～14:30　16:30～21:00　無休　J E

↑台湾情緒を感じる店内。壁には屋台当時の写真も

### 薄皮に、あんたっぷり
### 調味料を控えたあっさり味

**小籠湯包** 180元（8個）
具材は、新鮮な豚ミンチとおいしいネギで有名な三星葱。胡椒の風味を少し効かせたバランスのいい味

**南瓜糕** 110元（5個）
カボチャを混ぜた皮でタロイモのあんを包んだかわいいスイーツ。やさしい甘さで食後のデザートにぴったり

**蝦仁焼売** 210元（8個）
着物をまとったような形のエビ焼売。たっぷりのエビともちもち食感の厚めの皮で満足感のある一品

35

03 **SOUP DUMPLINGS**

台北でぜったいしたい9のコト

## 地元の人で賑わう庶民派店
## サイドメニューもおすすめ
# 好公道
好公道 ハオゴンダオ
永康街 **MAP**付録P.17 F-2

小籠包はもちもちした皮と豚肉からあふれる旨い肉汁が特徴。カニみそが香る濃厚な蟹黄小包も評判だ。点心や飲茶以外にも、お粥やデザートなどメニューが充実。店は1階が調理場で、奥の階段を上がると2階が客席になっている。

☎02-2341-6980 交M淡水信義線／中和信蘆線・東門駅から徒歩6分 所台北市永康街28-1号 営9:00～21:00 土・日曜9:00～14:30 17:00～21:00 休水曜
J E E

↑点心以外にもメニュー豊富。2階が客席

### 小籠包 160元（8個）
付けダレはお酢多め、醤油少なめがおすすめ。もっちりした厚めの皮で肉汁をしっかり閉じ込めている

皮はもっちり厚め
手ごろな値段も人気の理由

こちらもおすすめ

### 蟹黄小包 220元（8個）
カニ入り小籠包。あんにはカニの身とカニみそが練り込まれていてコクがあるしっかりとした味付けに

### 重酥葱餅 60元（2個）
まわりに白ゴマをまぶしたネギと豚肉のミンチがたっぷり入ったパイ。皮がサクサクで香ばしい

03 小籠包 6つの名店

旨みたっぷりのスープ
薄い皮からあふれ出す

### 小籠湯包 100元（7個）
7時間かけて煮込んだスープとなめらかな自家製の皮が口の中でとろける絶品小籠包 ※通常は皿で提供

## 手作りにこだわった
## 地元密着超人気店
# 梁山泊小籠湯包
梁山泊小籠湯包 リャンシャンポーシャオロンタンパオ
西門町 **MAP**付録P.17 C-1

繁華街にひっそりたたずむ家族経営の店。仕込みから手作りにこだわり4種のメニューのみで展開。SNSなどで評判となり、開店前から地元客や海外旅行客で長蛇の列ができる。喉ごしの良い黒豆豆乳もぜひオーダーしたい。

☎09-7626-6875 交M松山新店線／板南線・西門駅から徒歩8分 所台北市漢口街二段54-4号 営10:00～15:00 17:00～21:00（売り切れ次第終了）休月・火・木曜
J E E

こちらもおすすめ

### 酸辣湯 40元
ほどよい酸味と辛みのとろとろスープにシャキシャキの野菜の食感が一度に楽しめる人気のスープ

### 玉米湯 40元
コーンたっぷりやさしい味のまろやかなスープ。一口飲むだけでほっとする懐かしい味わい

↑厨房が目の前にあるのでアツアツが提供できる
←家族経営のフレンドリーでアットホームな店

37

# BEST 9 THINGS TO DO IN TAIPEI

## 驚愕!? オリジナリティあふれる変わり種
# 個性派 小籠包コレクション

具や皮にひと工夫凝らし、見た目にもユニークな小籠包。
一見シンプルな料理も、日々進化しています。

### A ミシュラン台湾版で五ツ星
### 点水楼
點水樓／ディエンシュエイロウ
台北小巨蛋駅 MAP 付録P.9 D-3

本格浙江料理が味わえる名店。自慢の小籠包は、黒豚と鶏ガラスープの旨みが凝縮したあんを、透きとおるほど極薄の皮で包んだ逸品だ。

☎02-8712-6689 松山新店線・台北小巨蛋駅から徒歩2分 台北市南京東路四段61号 11:00〜14:30(LO14:00) 17:30〜22:00(LO21:00) 無休

### B いつでも作りたてを提供
### 済南鮮湯包
濟南鮮湯包／ジーナンシエンタンバオ
忠孝新生駅 MAP 付録P.11 F-1

鼎泰豊と同じ師匠に師事し、2008年に独立。注文が入ってからあんを包み、皮のひだは19以上、タレの酢は自家製など、こだわりが満載。

☎02-8773-7596 中和新蘆線・板南線・忠孝新生駅から徒歩3分 台北市済南路三段20号 11:20〜14:30(LO) 17:00〜21:00(LO) 無休

### C 日本に支店を展開する名店
### 京鼎楼
京鼎樓／ジンディンロウ
中山 MAP 付録P.7 D-2

鼎泰豊で修業を積み、2003年に創業。熟練の技をもとに、新たな発想をプラスした多彩なメニューを揃える。店内には137席完備。

☎02-2523-6639 淡水信義線・松山新店線・中山駅から徒歩10分 台北市長春路47号 11:00〜15:00 17:00〜22:30(LOは各30分前) FACEBOOKで確認

**A 桜花蝦小籠包 480元(10個)**
桜エビの豊かな香りが楽しめる新メニュー。天然ビーツの赤と黄ニンジンのオレンジで色付けした皮も美しい

蟹皇小籠包
翡翠小籠包
松露小籠包

**A 七彩小籠包 436元(7個)**
美しい生地はすべて野菜汁などの天然食材の色。見た目だけでなく、ひとつひとつ個性が際立つおいしさ

小籠包
XO醬小籠包
麻辣小籠包
九層塔小籠包

**A 松露小籠包 400元(5個)**
皮はイカ墨でマーブル状に色付け。黒トリュフを贅沢に使用した肉あんは、口の中で上品な香りが広がる

**B 蟹黄圓籠包 340元(8個)**
豚ミンチにカニみそを混ぜた小籠包。海鮮の旨みたっぷりの濃厚な味わいなのでタレをつけなくても美味

## 03 SOUP DUMPLINGS

台北でぜったいしたい9のコト

03 小籠包 6つの名店（個性派 小籠包コレクション）

**B** 絲瓜蝦仁包　300元（8個）
シャキッとした食感のヘチマとエビの組み合わせが絶妙。飽きのこない爽やかな味で何個でも食べられそう

見た目が楽しいと食もすすみます

**D** 特色皇朝小籠包　368元（8個）
オリジナル、緑の高麗人参から時計回りの順番で食べるのがオススメ。どれも味がしっかりしている

**C** 烏龍茶小籠包　270元（10個）
研究を重ねて生み出されたおすすめの一品。皮とあんに烏龍茶の粉末が入っていて、お茶の香りが楽しめる

**E** 上海鉄鍋生煎包　250元（10個）
多めの油で揚げ焼きにしているので、皮はバリバリに。注文を受けてから焼くのでできたてが食べられる

**F** 羅勒鮮蚵湯包　200元（8個）
バジルとカキの小籠包。しょうがなしで食べるのがオススメ。ここでしか食べられないメニュー

**C** 芋泥小籠包　220元（10個）
台中産のタロイモを煮て、牛乳と混ぜ合わせたスイーツ小籠包。まろやかでやさしい甘さに仕上げている

---

**D** カラフルな小籠包が有名
### 楽天皇朝
楽天皇朝　ルーティエンホワンチャオ
信義　MAP 付録P.13 F-1

シンガポール発の洗練された中国料理レストラン。看板メニューは、野菜やフォアグラ、チーズなど天然素材を用いた小籠包。

☎02-2722-6545　交 板南線・市政府駅から徒歩3分　所台北市忠孝東路五段68号4F　営11:00～22:00（日～水曜は～21:30）　休無休　J J E E

---

**E** 老舗が誇る伝統の味
### 高記
高記　ガオジー
大安森林公園駅　MAP 付録P.11 F-2

1949年に永康街で開業した有名店。シックな店内で、店オリジナルの上海風鉄鍋焼き生煎包や、正統派の小籠包を楽しもう。

☎02-2325-7839　交 淡水信義線・大安森林公園駅から徒歩3分　所台北市新生南路一段167号　営10:00（土・日曜8:30）～21:00　休無休　J J E E

---

**F** ていねいに仕込まれた逸品
### 犁園湯包館
犁園湯包館　リーユエンタンバオグワン
南京復興駅　MAP 付録P.8 B-3

おすすめは、バジルとカキを使用した小籠包と、カスタード餡の入ったふわふわの流沙奶黄包。店内は清潔感があり落ち着ける。

☎02-2721-5532　交 文湖線／松山新店線・南京復興駅から徒歩約3分　所台北市南京東路三段256巷24号　営11:30～14:00（LO）16:30～21:00（LO）　休無休　J E

## 04 CULTURAL SPOT

# 松山文創園区の話題のスポットへ

旧工場にはクリエイターによる雑貨店やカフェが並び、"今"の台湾カルチャーを感じることができる。

↑元工場というシンプルな建物の中に、洗練されたアイテムが並ぶ

### 台湾クリエイターのグッズが集結
## 松菸風格店家
**松菸風格店家** ソンイエンフォングーディエンジア

広々とした旧たばこ工場にはブースごとにクリエイターによる作品が売られ、消費者との間をつなぐコミュニティーになっている。商品バリエーションが豊富で来訪者を飽きさせない。

☎02-2765-1388(内線258) ⏰11:00(土・日曜10:00)～19:00 休最終火曜

### 人気店が展開する新形態スイーツ！
## Smille微笑蜜楽
**Smille微笑蜜樂** シーミーレイウェイシャオミールー

↑同じフロア内に微熱山丘も併設されている

↑広々とした心地よい店内にはたくさんの植物が

台湾みやげに絶大な人気を誇るパイナップルケーキの名店"微熱山丘"がプロデュースする新店舗。25cmの長いミルフィーユ"蜜餞酥"が新感覚スイーツとして話題。

☎080-029-2767
⏰11:00～19:00
休無休

→バナナグァバ180元(左)と紅玉りんごのミルフィーユ200元(右)

### 台東発！紅烏龍茶の伝道師
## 紅烏龍合作社
**紅烏龍合作社** ホンウーロンフーズオショー

台湾の東部・鹿野の特産として知られる紅烏龍茶の専門店。完全発酵のため、紅茶のような香りの飲みやすい紅烏龍茶は近年贈答用から自宅用まで幅広い層に人気。

☎なし ⏰11:00～19:00 休最終火曜

↑店内には紅烏龍茶を使用したスイーツも

↑お茶の国際大会で受賞歴もあり、店内で試飲もできる

↑金賞受賞の"日中"と"晨曦"のギフトセット。2060元

↑定番人気の3種が楽しめるティーバッグのセット780元

### 優れたデザインオンリーの店
## 設計点／デザイン・ピン
**設計點／Design Pin** ショージーディエン

グッドデザイン賞をはじめ世界から表彰された台湾人デザイナーの商品を集めた店。広い店内には趣向を凝らしたグッズが並び、まるで博物館に来たような気分になれる。

☎02-2745-8199(内線279)
⏰10:00～18:00 休無休

↑機能性・デザイン性に優れた商品が多いので、プレゼント選びにもぴったり

→環境にやさしく安全性の高い竹製のカップ520元

→森林のなかの羊をイメージしたライト4800元

→干支の動物が自転車に乗った柄の湯呑み850元

→縁起のいい文字をデザインした小鉢1250元

### 誠品生活松菸 ▶P42
**誠品生活松菸** チョンピンションフオソンイエン

### 光一 一個時間 ▶P90
**光一 一個時間** グアンイーイーガシーチエン

台北でぜったいしたい9のコト / 04 3大カルチャースポット

# BEST 9 THINGS TO DO IN TAIPEI

## 世界中の注目を集めるセレクトショップ
## 「誠品」でしゃれたおみやげ探し

本を中心に、おしゃれな台湾アイテムを扱うショップとして展開し話題の誠品書店。個性豊かな店舗のなかでも、とりわけ人気の高いお店を紹介。

➡ センスのよい内装の店内にはありとあらゆる書籍が揃う

### 24時間眠らない クリエイティブ発信基地
### 誠品生活松菸

誠品生活松菸
チョンピンションフオソンイエン
市政府駅 MAP 付録P.9 E-4

台湾のトレンドがたくさん詰まった複合型の商業ビル。各階にメイドイン台湾にこだわったショップが並ぶ。日本人建築家伊東豊雄氏が設計した美しい外観は一見の価値あり。

☎02-6636-5888 交 M板南線・市政府駅から徒歩10分 所台北市菸廠路88号 営3F書店・音楽館24時間、その他店舗により異なる 休無休
E（店舗により異なる）

#### Floor Guide
| 3F | 誠品書店、カフェ、ギフト用商品などの店が揃う |
|---|---|
| 2F | 台湾各地のグルメや特産品を多く扱うフロア |
| 1F | 台湾デザイナーのアパレルショップが並ぶ |
| B2 | 誠品ホール、フードコート、映画館やレストランなど |

### 注目のスポット

#### 厳選クリエイター商品の宝庫
#### エキスポ 2F

誠品生活文創平台 expo
チョンピンションフオウェンチュワンピンタイ

品質を重視したスキンケア商品や日用雑貨が豊富。定期的に商品が変わるので、来るたびに新たな発見を楽しめる。

⬆天然素材使用の大春煉皂の石鹸。漢方、米糠油、烏龍茶などが配合されている。各500元

⬇店員の対応もとてもよく、気持ちよく買い物が楽しめる

⬆カモミールや甘草を配合した髪にやさしい固形シャンプー500元

⬆台湾人デザイナーによる動物の刺繍がかわいいEMJOURのキーホルダー 各380元

⬆甘酸っぱい梅とレモンの組み合わせが爽やかな田月桑時のドライレモン115元

### 人気菓子店の絶品ジェラート
### 海辺走走 B1

海邊走走
ハイビエンゾウゾウ

淡水に本店を置く人気急上昇のエッグロール専門店が展開するジェラートショップ。みやげ用商品も肉鬆やゴマなど豊富なフレーバーが揃う。

⬆白のタイルと植物で飾られた店内

⬇ナッツとクッキーのサクサク食感も同時に楽しめる

⬆ピーナッツペーストが入ったエッグロール16本入り500元

### 欲しい本を探すならココ
### 誠品書店 3F

誠品書店チョンピンシューディエン

雑誌、ノベルをはじめ各種専門書を幅広く扱う。芸術関連書籍エリアは台湾最大級。言語を超えてさまざまなジャンルの書籍が楽しめる。

⬆店員は本のプロフェッショナルが多く、欲しい本があれば見つけてくれる

### 茶籽堂 2F

茶籽堂 Cha tzu tang チャーヅータン
カメリアオイル配合のスキンケアブランド

## 04 CULTURAL SPOT

台北でぜったいしたい9のコト

←中山駅1番出口を出てすぐ目の前にある

話題のグルメやコスメ ファッションブランドが店内に集結！

### 若者が集まる 駅からすぐの流行発信地
## 誠品生活南西

誠品生活南西
チョンピンションフオナンシー
**中山** MAP付録P.15 B-4

台北屈指のショッピングエリアにある店舗。映画館だったアーチ状の内装をそのまま生かした書店フロアが話題に。

☎02-2581-3358 ❽淡水信義線／松山新店線・中山駅からすぐ ❹台北市南京西路14号 ❻11:00～22:00（金・土曜は～22:30、書店は金・土曜は～24:00）店舗により異なる場合あり ❼無休 ❽（店舗により異なる）

#### Floor Guide
| | |
|---|---|
| 5F | 書店、工芸、食品、文具など |
| 4F | カフェ、雑貨、生活用品などの店が揃う |
| 3F | 台湾デザイナーの洋服、話題のスイーツなど |
| 2F | カフェやコスメ、アパレル用品が揃う |
| 1F | 台湾ブランドのスキンケアやアパレルが並ぶ |
| B1 | 日系ショップやフードコートのフロア |

### 注目のスポット

**新旧織り交ぜた商品が揃う**
## エキスポ・セレクト 4F
誠品生活精選 expo SELECT
チョンピンションジンシュエン

台湾レトロを意識したどこか懐かしい内装に、伝統を残しつつ旬のテイストを交ぜ込んだユニークなメイドイン台湾の商品が多数。おしゃれなインテリアもぜひチェックしたい。

→竹の繊維を使用した環境にやさしいFERN ONLYのコースター各120元

→女性の体の悩みに寄り添う飲みやすいLOMOJIの漢方390元

↑明るく広々としたフロアは立地条件もあり買い物客で常に賑わう

## 神農生活×食習 4F P.109
神農生活×食習
シェンノンションフオ×シーシー

↑ジャスミンの香りが心地よい、女兒の練り香水、手指の潤い保護にも使える250元

↑台湾アイテムをモチーフにしたユニークなpppppinsのピン210元

04 3大カルチャースポット

---

## こちらも人気です
台湾の各所にショップを構える誠品グループ。台北にはまだまだ個性豊かなお店がたくさん！

### 駅チカにできた細長い地域密着型書店街
## 誠品R79
誠品R79 チョンピンアールチーシージウ
**中山** MAP付録P.15 B-4

中山駅から雙連駅までの間270mに連なる書店街。文具や雑貨、スイーツのブースもある。

☎02-2563-9818 ❽淡水信義線／松山新店線・中山駅からすぐ ❹台北市南京西路16号B1 ❻10:00（書店以外11:00）～21:30 ❼無休 ❽（店舗により異なる）

↑アートや小説、ビジネス本など幅広く揃う

↓駅直結なのであらゆる客層に利用されている

### 敷地面積1万9000坪を誇るアジア最大の誠品生活
## 誠品生活新店
誠品生活新店
チョンピンションシンディエン

**新店** MAP付録P.3 B-4

台湾固有の植物で作られたワイルドガーデンや児童書フロアなど家族で楽しめるスポットが多数。緑豊かな未来型の都市を再現した大規模店舗。

→店内のところどころに自然を取り入れている

→高さ12mの巨大なアーチ

☎02-2918-9888 ❽松山新店線・七張駅から徒歩10分 ❹新北市新店区中興路三段70号 ❻11:00～21:30（金・土曜は～22:00）❼無休 ❽（店舗により異なる）

43

# BEST 9 THINGS TO DO IN TAIPEI

広場では大道芸人のパフォーマンスや、イベントが開催される

芝生の生えたスペースは地元住民の憩いの場所。読書や散歩をする人も

つるが生い茂った建物はインスタ映えスポットとしても人気!

生まれ変わったフォトジェニックなアート空間

## 最先端アートを牽引する華山1914文創園区

しばらく放置されていた広大な酒造工場が、イベント会場やカフェ、ショップに変貌。台北の中心で新しい台湾文化を発信している。

統治時代の酒造工場をリノベしたおしゃれスポット

### 華山1914文創園区
華山1914文創園區
ホアシャンイージウイースーウェンチュワンユエンチュー
忠孝新生駅 MAP付録P.7 E-4

1914年に造られた酒造工場が台湾の旬を発信する複合型施設に生まれ変わった人気スポット。大人から子どもまで楽しめるショップが多く、地元台湾人の利用客が多い。定期的にイベントが開かれており週末になると多くの人々で賑わう。

☎02-2358-1914 Ⓜ中和新蘆線／板南線・忠孝新生駅から徒歩5分 ⌂台北市八德路一段1号 ◷店舗により異なる ✕無休
Ⓙ Ⓙ Ⓔ Ⓔ 🅿 (店舗により異なる)

↑内装にこだわったおしゃれな店が多い

↑ノスタルジックな建築様式は見る人を惹きつける

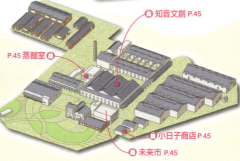

● 知音文創 P.45
P.45 蒸餾室
● 小日子商店 P.45
● 未来市 P.45

44

## 04 CULTURAL SPOT

台北でぜったいしたい9のコト

### 04 3大カルチャースポット

### 注目のスポット

#### 高品質のMIT雑貨が集結
**蒸餾室**
蒸餾室 チョンリウシー

1933年にできた蒸留室をリノベーションし、台湾人デザイナーによる高品質のグッズを扱う店舗が集まるフロアに。アパレルからみやげ物まで幅広く扱う。
☎02-2358-1914 営11:00～21:00 休無休 E

→345創意方程式のパンダのペーパークラフト
→リュックにもなるDYDASHの軽くて便利なバッグ

→昔ながらのコスメが描かれた自做自售のミニポーチ280元

#### 人気雑誌がプロデュース
**小日子商店**
小日子商店 シャオリーズーシャンディエン

台湾のよりよいライフスタイルを提案する雑誌『小日子』が運営する話題の店。シンプルながらどこか味のある雑貨や服が店内に並ぶ。
☎02-3322-1520 営11:00～21:00 休無休 E

→携帯用ろうそくはフローラル(左)とウッディ(右)の香り289元

→小日子オリジナルのポーチ200元。シンプルで使いやすい

#### おしゃれな内装は必見
**未来市**
未来市 ウェイライシー

「未来の店」をテーマに台湾や日本の良質な雑貨や食品を扱う店。鳥籠のように仕切られたブースには、それぞれこだわりの商品が揃う。
☎02-2395-5178 営11:00～21:00 休無休 E

→屋台や食堂で使われている椅子のミニチュア290元

→ラベンダーの香りのマッサージクリーム480元

→鮮やかな水色が目を引く印花楽のポーチ250元

#### 親子で楽しめる木製玩具
**知音文創**
知音文創 チーインウェンチュワン

木のぬくもりを感じながら自然の大切さを学べる木製グッズの人気店。カスタマイズできるオルゴールコーナーや、子どもが遊べるブースがある。
☎02-2341-6905 営11:00～21:00 休無休 E

→ランタン飛ばしをイメージしたオルゴール1580元

→台湾ツキノワグマ家族のユーモアあふれるオルゴール1500元

---

### 台北にはリノベスポットがいっぱい

市内には古い建築物をリノベしたショップやカフェが数多くある。ここでは複合施設を中心に注目スポットを紹介。

#### 高層ビルの合間のレトロ空間
**四四南村** スースーナンツン
信義 MAP付録P.13 E-3

もとは戦中戦後に、中国大陸から渡ってきた外省人が生活した「眷村」のひとつ。昔の面影を残しながら再開発され、話題のショップなどが入る人気スポットだ。
交M淡水信義線・台北101／世貿駅から徒歩5分 所台北市松勤街50号 営店舗により異なる

↑四四南村にある人気ショップ「好, 丘(→P.101)」

→周囲の高層ビルと集合住宅のコントラストがおもしろい

#### 元刑務所官舎がおしゃれに
**榕錦時光生活園区** ▶P13
榕錦時光生活園区 ロンジンシーグアンシャンフオユエンチュー
永康街 MAP付録P.11 D-3

#### リノベブームを牽引する建物
**小芸埕** ▶P.118
小藝埕 シャオイーチョン
迪化街 MAP付録P.14 B-3

#### 日本統治時代の建物を改装
**民芸埕** ▶P.119
民藝埕 ミンイーチョン
迪化街 MAP付録P.14 B-3

#### おしゃれな雑貨店と茶館が入る
**合芸埕** ▶P.119
合藝埕 フーイーチョン
迪化街 MAP付録P.14 B-3

45

BEST 9 THINGS TO DO IN TAIPEI

## Power Spot
強力磁場をこっそり教えます！

### 05 6つのパワースポット

ご利益をもらう　幸運旅

霊験あらたかなパワースポット巡りは台湾観光の定番！
地元の人に愛される歴史ある寺院は見学も楽しみながら、
縁結びや健康など、目的に合わせて神様にお願いしたい。

台北きってのパワースポット

#### 龍山寺
龍山寺 ロンシャンスー
萬華 MAP付録P16 A-1

総合運アップ

1738年に創建された台北最古の古刹。福建省から移住してきた人々により、福建晋江安海龍山寺の分霊として建てられたという。広大な敷地内には、本尊の観世音菩薩をはじめ、恋愛成就・良縁の神の月下老人、学問の神である文昌帝君、孔子や関帝など100以上の神や仏が祀られている。

▶現在の建物は1953年に再建されたもの

☎02-2302-5162 交M板南線・龍山寺駅から徒歩3分 所台北市廣州街211号 営6:00~22:00 休無休 料無料

1600体の龍がらせん状に飾られている。豪華絢爛な装飾は台湾屈指

### 参拝の流れ

**1 龍門から境内へ**
体に付いた厄を払うために、入場は必ず龍門から。現在、参拝客の線香使用は禁止。

**2 まずは神様に挨拶**
前殿で神様に自己紹介をする。氏名、生年月日、住所を伝え、ていねいに挨拶を。

**3 本殿で参拝する**
本尊の観世音菩薩、両側の仏像に参拝。胸の前で両手を合わせ、心を込めて3回拝礼をする。

**4 後殿に進み参拝**
後殿には文昌帝君や月下老人などの神様が祀られている。それぞれの神様に参拝しよう。

## 龍山寺境内を巡る

龍山寺には「神様のデパート」といわれるほどたくさんの神々が祀られている。参拝して運気アップを目指そう。

### 後殿

学問の神「文昌帝君」や子宝の神「註生娘娘」が特に地元で信仰されている。「月下老人」では聖筊（おみくじ）の結果次第で赤い糸がもらえる。

→月下老人に恋愛の願い事を叶えてもらえるかも！？

### 正殿

第二次世界大戦による空襲で正殿が全壊した際、木造の観音菩薩だけが燃えずに済んだ。地元参拝客の心の拠り所となっている。

[境内図: 後殿 / 月老庁 / 華佗庁 / 太歳所 / 正殿 / 油香所 / 鼓楼 / 鐘楼 / 天公炉 / 観音炉 / 観光服務所 / 香燭販売所 / 前殿（三川殿） / 虎門 / 龍門 / 出口 / 前亭 / 入口]

←香炉にはオランダ統治時代を表現した、シルクハットの男性の装飾を見ることができる

### 前殿（三川殿）

前殿には大きな提灯が下がり豪華な彫刻が施されている。龍の入口から入り虎の出口から出ることで災いを避けるといわれている。

大変美しい龍の太鼓を表現した彫刻「抱鼓石」

迫力満点の「銅雕龍柱」が左右それぞれ立っている

---

## 05 POWER SPOT

### おみくじに挑戦

「関聖帝君」と「観世音菩薩」の2カ所におみくじが設置されている。日本とは少し違うので知っておこう。

**1 神様に自己紹介する**
氏名、生年月日、住所を伝え自分の悩みなど聞きたいことを心の中で神様にたずねる。

**2 聖筊を投げる**
半月形の「聖筊」を投げて、おみくじを引けるかどうか神様に判断してもらう。

↑裏と裏NG　↑表と裏OK　↑表と表NG

**3 おみくじを引く**
壺の中にあるおみくじから1本引き出し、書かれている番号をチェックする。

**4 番号を確認**
引いた番号が正しいかもう一度聖筊を投げて神様に聞く。OKが出なければ引き直し。

**5 札をもらう**
おみくじの内容が書かれた札が設置されている棚へ行き番号の引き出しを開け札をもらう。

**6 内容を教えてもらう**
解説所まで札を持って行き、内容を教えてもらう。日本語が話せるスタッフがいることも。

### おみくじの見方

```
龍山寺
關聖帝君籤
第三十六首上吉
謝安石東山高臥
功名富貴自能為　偶蒼先鞭莫問伊
萬里鵬程君有分　吳山頂上好鑽龜
                解
                           　未得其時
                           　切莫推謀
台北市艋舺龍山寺
```

・おみくじの題名が書かれている
・漢詩の内容がまとめられており、神様からのメッセージとされる。一般的な台湾人にも解読は難しいといわれている
・漢詩の良し悪しは、漢字の内容でおおよそ予測できる
・日本の「大吉」のように「上」「下」「中」などで運勢を表している

---

台北でぜったいしたい9のコト　05 6つのパワースポット

# BEST 9 THINGS TO DO IN TAIPEI

## 台北霞海城隍廟
台北霞海城隍廟
タイペイシアハイチョンホワンミャオ

**赤い糸を求めて訪れたい**　**縁結び**

迪化街 MAP 付録P.14 B-3

霞海城隍爺を祀るために1856年に完成した小さな廟。現在では、恋愛の神様である月下老人のご利益を求めて連日多くの参拝客が訪れる。旧暦の5月6日から始まる霞海城隍爺の生誕祭「五月十三迎城隍」は5日間をかけて盛大にお祝いされるもので、台北市の無形文化財にも指定されている。

☎02-2558-0346　松山新店線・北門駅から徒歩10分　台北市迪化街一段61号　7:00～19:00　無休　無料

100元でお参りセットが用意されており参拝は簡単。線香以外を本尊の前の祭壇に置く。さらなる効果を期待する人は恋愛お守りセット300元も

①城隍爺のほかにもさまざまな神が祀られている

↑永楽布業商場のすぐ近く

霞海城隍爺の生誕祭は5日間かけて盛大に開催される

### 参拝の流れ

**1 お参りセットを購入**
本殿の隣にある販売所でお参りセットを購入し、線香以外を本尊の前の祭壇に置く

**2 天の神様に挨拶する**
線香に火をつけ天の神様である「天公」に挨拶し、住所、名前、生年月日、願い事を伝える

**3 本殿で参拝する**
城隍爺をはじめその周辺の神様に参拝する。その際自己紹介と願い事も伝えるのをお忘れなく

**4 境内を巡り参拝**
境内のそのほかの神様に参拝し、そのあと道路側にある香炉に戻り線香を立てる

**5 平安茶をいただく**
クコの実とナツメで作られた「平安茶」を飲む。平安茶には無病息災の意味が込められている

**6 金紙を箱に入れる**
祭壇に置いていた金紙を外に設置された箱の中に入れる。寺院があとで燃やしてくれる

**7 コインをお守りに入れる**
お守りセットを購入した場合はお守りの中に愛と子孫繁栄を意味するコインを入れる

**8 お守りにパワーを注入**
コインの入ったお守り、またはコインと赤い糸を香炉の煙の上で時計回りに3回まわす

## 関渡宮
關渡宮 グワンドゥーゴン

**財運アップを司る天官大帝を祀る**　**金運アップ**

台北郊外 MAP 付録P.2 B-1

台湾北部最古の媽祖廟で、正殿の石壁、石柱、石獅子には歴史をあらわす細かな彫刻がなされており壮観。正殿後部にある財神洞は、山をくり抜いて造られた回廊になっており、さまざまな財神が両側に祀られている。突き当たりには天官大帝が鎮座。凌霄宝殿からは淡水河やお寺全体を見渡すことができる。

☎02-2858-1281　淡水信義線・関渡駅から徒歩15分　台北市知行路360号　6:00～21:00　無休　無料

↑時間があれば、景色のいい裏山の霊山公園も訪れて

↑メインの祭祀空間。中央に鎮座するのが媽祖

財神堂の入口は、正殿の裏手。天井の華麗な装飾にも注目

⑦正殿を入ってすぐ右側の金紙服務処でいただける金運のお守り100元

## 05 POWER SPOT

← 参拝の前には、手洗い場で身を清める

↑迪化街に建てられたのち、1967年に現在の場所に遷移。朝早くからたくさんの参拝客が訪れる。

### 行天宮
行天宮 シンティエンゴン

**名高い関羽に成功を祈る**

**金運アップ**

行天宮駅 MAP 付録P7 F-1

三国志で有名な関羽が祀られている。武将としても高名な関羽は商売繁盛の神として信仰を集めているほか、勝負運のご利益もあるといわれている。おみくじを引く際には、2つの半月形の赤い木片を投げて神様の許可を得てから。日本語のわかる解説員がたくさんいるので、気軽に質問してみよう。

☎02-2502-7924 交 中和新蘆線・行天宮駅から徒歩5分 所 台北市民権東路二段109号 開 4:00～22:00 休 無休 料 無料

魂を取り戻す「収驚」。毎日午前11時30分から無料で受けられる

→本殿向かって左手の発籤詩処でいただけるお守り平安卡

おみくじの引き方は、日本語パンフレットにも詳しい

### 占い横丁
命理大街 ミンリーダージエ

行天宮駅 MAP 付録P7 F-1

行天宮の地下道に占いの店が並ぶ。米粒占いや四柱推命などさまざまな占いが揃うので、気になったお店へ行ってみよう。

↑ほとんどのブースで日本語OK

交 中和新蘆線・行天宮駅から徒歩3分 所 台北市恩主公地下道 開 10:00～19:00くらいまで 休 ブースにより異なる

---

↑大成殿内の「道貫徳明」と記した扁額は馬英九元総統の寄贈

### 孔子廟
孔子廟 コンズーミャオ

**学業成就を願って訪れたい**

**合格祈願**

圓山 MAP 付録P2 A-4

学問を司る孔子を祀る廟。儀門を抜けた先、石畳の中央にたたずむ大成殿の堂々とした作りは圧巻。内部には孔子の位牌が祀られており、蒋介石の書も飾ってある。天井の藻井の細やかな装飾は、ため息がでるほどの美しさ。

☎02-2592-3934 交 淡水信義線・圓山駅から徒歩10分 所 台北市大龍街275号 開 8:30～21:00 休 月曜 料 無料

↑台湾各地にいくつもある孔子廟の総本山

ギフトショップで買える学業お守り

### 保安宮
保安宮 バオアンゴン

**実在の名医を神格化**

**健康長寿**

圓山 MAP 付録P2 A-3

1742年創建、龍山寺・清水巌と並び、台北の三大廟門と呼ばれる。主神は医療・医学の神、保生大帝だが、媽祖、観世音菩薩など道教、仏教のさまざまな神が祀られている。鮮やかな色彩で彩られた建物は、細かな装飾まで美しく、必見。

☎02-2595-1676 交 淡水信義線・圓山駅から徒歩10分 所 台北市哈密街61号 開 6:30～21:00 休 無休 料 無料

入口を入って右手の寺務所か、服務処でいただけるお守り

建築様式は建立者の出身地である福建省の特色が色濃い

49

> 自転車や原付も通るので注意！

> 自家製肉製品や駄菓子を扱う「宜而香」

## 06 **HAPPY MORNING**

台北でぜったいしたい9のコト

### いろんな市場にいってみたい
台北の市場は多様。特徴のある市場がたくさん。

#### 土・日曜限定の産直市場
### 希望広場
希望廣場　シーワングワンチャン
善導寺駅 MAP 付録P.7 D-4
台湾中から野菜や果物の農家が集まる、週末限定開催の常設市場。オーガニック食材も豊富で、ジャムなどの加工品はおみやげに最適。小吃コーナーもあり、食事もできる。
☎02-2393-0801　交板南線・善導寺駅から徒歩3分　所台北市北平東路31号　営10:00〜19:00（日曜は〜18:00）　休月〜金曜

↑作っている人の顔が見え、試食もできるのがいいところ

←手軽に試せるフルーツジュース

↑台湾産はちみつ。味やサイズもいろいろ

↑旬のフルーツは数が多く、そして安いのでマストバイ！

#### 店員さんの売り声が響く
### 東三水街市場
東三水街市場　ドンサンシュエイジエシーチャン
萬華 MAP 付録P.16 B-2
地元の人たちが生鮮品や惣菜を買いに訪れる、アーケード付きの小さな市場。イートインできる店もある。2017年にリニューアルオープンした新富町文化市場からほど近い。
☎交板南線・龍山寺駅から徒歩2分　所台北市三水街70号　営8:00〜15:00頃（店により異なる）　休月曜

↑早い時間のほうが賑わっていておすすめ

---

### 地元で人気の小さな市場　野菜や肉の露店がずらり
## 長春朝市
長春朝市　チャンチュエンチャオシー
南京復興駅 MAP 付録P.8 B-2
100mほどの細い路地に、生鮮食品や惣菜、日用品の店が所狭しと並ぶ。観光客はまばらで、地元の買い物客がほとんど。ローカル色満載で、ディープな台北が体感できる。
交M文湖線／松山新店線・南京復興駅から徒歩5分　所台北市長春路299号　営6:00〜正午過ぎ　休月曜

↓切り花の店もたくさん並ぶ。ホテルの部屋に飾ってみてもいいかも

↑野菜や肉の塊、珍しい魚を見られることも

→おかずが豊富。パック入りで買い物も簡単

### 市場グルメ

近くに屋内施設の長春市場もあり、この周辺に朝食屋が多く集まっている。行き帰りに立ち寄ってみては。

#### 元気広式腸粉
元氣廣式腸粉　ユエンチーグアンシーチャンフェン
南京復興駅 MAP 付録P.8 B-2
米を原料にした生地の中に具材を巻いてタレをかけた腸粉店。台北で見かけるのは珍しい広東料理の一種。
☎0989-219-077　所台北市長春路299号　営11:00〜20:00　休土曜

↓卵、ミンチ肉、青菜を包んだ、もちもちした食感の原味腸粉55元

←宜而香の肉鬆はサクサク＆ふわふわ。ただし日本持ち込みは禁止

↑昔懐かしい台湾の駄菓子。甘納豆のような食感

51

# BEST 9 THINGS TO DO IN TAIPEI

## Breakfast 早餐 in Taipei
## 台北の朝ごはん

### 炭焼きトーストの元祖
### 豊盛号
豐盛號 ホンションハオ

士林駅 MAP付録P.3 A-2

"必ず食べたい台北の朝食店"としてネット上でも呼び声の高い炭焼きサンドの名店。自家製の食パンを使用した種類豊富なサンドイッチは台湾産の食材がたっぷり挟まれている。

☎なし ⊗淡水信義線・士林駅から徒歩5分 ⊕台北市中正路223巷4号 ⊕6:30〜16:00 ⊕無休
J E E

▶ 紅茶牛奶
名物の紅茶ミルクは紅茶の風味と濃厚ミルクが特徴 65元

▶ 花好月圓
ピーナツの粉をかけて食べる揚げ白玉 50元

台湾の自然が生み出す具だくさんの贅沢サンド

▶ 豊盛三明治
台湾産ポーク、卵、新鮮野菜、自家製ポテトサラダの看板サンド 135元

1.地元の家族や海外からの観光客で賑わう店内
2.売り場が隣にあるのでゆっくりと食事ができる
3.豊盛奶酥80元はクリーミーなバターを塗った甘いトースト

### 行列店のサンドイッチ
### 可蜜達
可蜜達 Comida クーミーダー

雙連駅 MAP付録P.15 C-3

豪快な断面&ボリューミーなサンドイッチが人気。卵は有機卵、紅茶は老舗・林華泰のものを使うなど、食材にもこだわる。ホテルが点在するエリアのため観光客も多い。北門に支店がある。

☎02-2523-5323 ⊗淡水信義線・雙連駅から徒歩5分 ⊕台北市林森北路310巷24号 ⊕7:00〜12:00(売り切れ次第終了) ⊕FBで確認 J E E

はみ出すチーズの断面 映えるサンドイッチ

▶ 起士肉蛋双重奏(店内限定)
卵、チーズ、豚ロースパテのサンドイッチ。卵は半熟がオススメ 85元

1.チョコ、豚肉、チーズ、卵が入った可起士肉蛋吐司 90元 2.テイクアウトが多いが、テーブル席もある 3.目の前には中安公園。ベンチもたくさん

52

## 06 **HAPPY MORNING**

台北でぜったいしたい9のコト / 台北は朝がいい

---

### 24時間台湾ごはん
## 来来豆漿
来來豆漿 ライライドウジャン
剣南路駅 MAP付録P.3 B-2

屋台メシとしては珍しい、24時間営業の大衆食堂。台湾小吃から餃子・小籠包まで定番を幅広く提供。中国語しか通じないが、入口にメニュー一覧があるほか、店頭で指さし注文でもOK。

☎02-2797-9253 交M文湖線・剣南路駅から徒歩6分 住台北市内湖路一段93号 営24時間 休無休

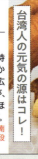

台湾人の元気の源はコレ！

**蛋餅**
薄く焼いた生地でネギと卵を包んだ、台湾朝ごはんの定番
**48元**

1.

2.

3. / 4.

1.庶民的な雰囲気で気軽に立ち寄れる 2.客席は2フロアあり、かなり広い 3.ガッツリごはんからスイーツまで豊富 4.待たずにすぐ食べられるのがいいところ

---

### 朝から大行列の市場メシ
## 阜杭豆漿
阜杭豆漿 フーハンドウジャン
善導寺駅 MAP付録P.7 D-4

週末は外まで行列が絶えない葉山市場内の朝食屋。「鹹豆漿」と焼餅のサンドイッチは並んででも食べたい人気メニューだ。日本語メニューがないので紙に書いて注文するのがスムーズ。

☎02-2392-2175 交M板南線・善導寺駅から徒歩2分 住台北市忠孝東路一段108号 葉山市場2F-28 営5:30〜12:30(売り切れ次第終了) 休月曜

おぼろ豆腐風のやさしい味

**鹹豆漿**
干しエビ、黒酢、塩などに温かい豆乳を注いだ店のイチオシ
**45元**

1. / 2.

3. / 4.

1.市場2階のフードコートへ 2.カウンター上の中国語メニューで食べたい料理をオーダー 3.炭火窯で手焼きする香ばしい「焼餅」 4.玉子焼や油條(揚げパン)などサンドの具は数種類

---

### 朝はお米派におすすめ
## 劉媽媽飯糰
劉媽媽飯糰 リウマーマファントゥアン
古亭駅 MAP付録P.11 D-3

新竹で買いつける菜埔(大根の漬物)を使う、客家風台湾おにぎり。具は肉鬆、煮卵、油條を基本に、バラエティ豊か。注文すると目の前で、巻き寿司のようにギュギュっと握ってくれる。

☎02-3393-6915 交M松山新店線/中和新蘆線・古亭駅から徒歩3分 住台北市杭州南路二段88号 営5:00〜11:30 休月曜

ボリューム満点！客家風台湾おにぎり

**紫米飯糰**
香りのよい黒いもち米は歯ごたえがあり、具も盛りだくさん
**55元**

1. / 2.

3. / 4.

1.赤いのぼりと行列が目印 2.飲み物は黒豆漿が人気 3.かなり大きめなので、シェアしても◎ 4.白米と黒米が半々の海陸総匯飯糰75元。海と陸の食材が包んでありボリューム満点

53

BEST 9 THINGS TO DO IN TAIPEI

本館の中国建築は中国・北京の紫禁城(故宮)がモデル

世界有数の秘宝コレクション

時間がなくてもここだけはハズせない

## 07 台湾の魂 国立故宮博物院
*Palace Museum*

世界でも指折りの規模・コレクションを擁するミュージアムとして名高い。中国美術品の内容では世界随一であり、驚嘆せずにはいられない。脈々と受け継がれてきた中国王朝の至宝をじっくり見ておきたい。

### 国立故宮博物院
國立故宮博物院
グオリーグーゴンボーウーユエン
**士林周辺** MAP付録P3 B-1

中国歴代皇帝が収集した宝物を中心に、約70万点を所蔵する台湾最大の博物館。中国美術品の規模と希少さは世界一といわれる。所蔵品のほとんどは、1940年代末に国民党政権が大陸から移送。1965年に現在の建物での一般公開が始まった。8000年前の玉器から近代の精緻な工芸品まで収蔵品は多岐にわたる。ジャンルや時代ごとに3000〜5000点を展示し、3〜6カ月ごと入れ替えが行われる。

☎02-2881-2021 交M淡水信義線・士林駅からバス255、304番で15分、故宮博物院正面広場前下車すぐ 所台北市至善路二段221号 時9:00〜17:00 休月曜(祝日など開館する場合あり) 料350元 https://www.npm.edu.tw/

**国立故宮博物院の構成**

- 三希堂 P.57
- 多宝格 P.57
- 本館
- 故宮晶華 P.57
- 後楽園
- 創意工房
- 行政ビル
- 天下為公アーチ
- 至善園入口
- 至善路二段

**本館 第一展覧エリア**
『翠玉白菜』や『肉形石』などの有名作品をはじめ、主要なコレクションが揃うメインの展示エリア。常設展示のほかに特別展も開催される。館内には複数のミュージアムショップやカフェもある。

**至善園**(チーシャンユエン)
広大な中国式庭園。池の周りに散策路が設けられ、樹木や季節の花々、中国建築が心を和ませる。無料で入園できる。

**第二展覧エリア**
特別展を不定期に開催している。料金は本館入館料とは別にかかり、金額は特別展の内容によって異なる。

# 07 PALACE MUSEUM

## 国立故宮博物院で絶対見たい2大至宝

**鑑賞のポイント**
イナゴ キリギリス同様、子孫繁栄の願いが込められ、嫁入り道具にぴったり。

みずみずしい白菜 翡翠の色を巧みに利用

**鑑賞のポイント**
キリギリス 緻密な細工に注目。多産であることから、子孫繁栄を象徴。

### 翠玉白菜 展示室302
[清代] 白菜をかたどった翡翠の彫り物。清朝・光緒帝の瑾妃の嫁入り道具とされ、紫禁城・永和宮に陳列されていた。葉先に2匹の虫が彫られている。

**鑑賞のポイント**
白菜 翡翠の白と緑を見事に生かしている。白は妃の清廉潔白を表している。

### 肉形石 展示室302
[清代] 中国料理の東坡肉(豚の角煮)そっくりな石。清朝の雍正帝の宮殿内に陳列されていた。3層になった天然石を加工して肉の塊を再現。

リアルさに職人技が光る まさに「豚の角煮」

**鑑賞のポイント**
皮付きのバラ肉 彩色や加工を施して、つやつやの皮や毛穴まで再現されている。

## 本館フロアマップ

**3F** 玉器と青銅器を中心に展示。『翠玉白菜』『肉形石』『毛公鼎』など、有名な作品が陳列されている必見のフロア。

**2F** 建物の西半分に書画、東半分に陶磁器が展示されている。『汝窯青磁盤』『白磁嬰児枕』など興味深い展示がある。

**1F** 清朝皇帝が愛用した宝物が集められている。凝った技巧の『彫漆牙透花雲龍紋套球』などに注目。

**B1** ミュージアムショップの多宝格がある。

■ インフォメーション ■ ギフトショップ ■ 喫茶室
■ トイレ ■ 授乳室 ■ 手荷物預かり所
■ エスカレーター ■ エレベーター
■ 郵便局 ■ 公衆電話

台北でぜったいしたい9のコト

07 台湾の魂 国立故宮博物院

↑敷地内を散策するのもおすすめ

## information

● **ガイドマップを入手する** チケットを買ったら、入場口手前にある日本語のガイドマップを手に入れよう。展示場所が変わることもあるので、お目当ての作品の場所をチェック。
● **日本語音声ガイドを活用** 専用カウンターで日本語音声ガイド機の貸し出しをしている(150元、要パスポート)。作品についての理解を深めれば、鑑賞がより楽しくなる。
● **ガイドツアーを利用する** 英語の無料ガイドツアーを10時と15時の1日2回実施している。オンライン予約か当日音声ガイドカウンターで申し込もう。中国語ガイドは1日2回実施。
● **撮影時の注意** 展示場内は、一部を除いて写真と動画の撮影が可能。ただし、フラッシュや三脚、自撮り棒の使用は禁止。周りの迷惑にならないように撮影しよう。

● **飲食物・手荷物** 飲食物や大きな荷物は、入場前に手荷物一時預り所へ預けよう。
● **まずは3階へ** エレベーターで3階へ行き、下に降りながら見学するのがスムーズ。鑑賞必須の『翠玉白菜』と『肉形石』の展示室は3階にあるので、まずはじっくり鑑賞を。
● **休憩は館内のレストランで** 本館内のカフェと敷地内には高級中国料理店があるのでランチにおすすめ。展示エリアへの再入場は、チケットのQRコードで。当日有効。
● **おみやげはミュージアムショップで** 有名コレクションをモチーフにした文具や雑貨など、モダンなオリジナルグッズが豊富。

※展示品は不定期で南院や海外の博物館に移動、または入れ替えられていることがあります。

BEST 9 THINGS TO DO IN TAIPEI

故宮に来たら必ず見たい！
# 類なき珠玉の中国美術工芸コレクション

故宮博物館には常に6000点以上の作品が展示されている。
出かける前に知っておきたい必見の宝物の数々をチェックしよう。

*Palace Museum*

### 毛公鼎 展示室305

(西周時代) 中に500文字に及ぶ銘文が刻まれた推定2800年以上前の器。礼器として使われていた。

**鑑賞のポイント**

約35kgある鼎の重厚さとそれを支える3つの足のバランス感は見もの

### 竹絲纏枝番蓮圓盒多宝格

(清代) 竹細工装飾の箱の中に27点の小さな絵画や絵巻物などが収められている。清の乾隆帝が作らせた物。

**鑑賞のポイント**

中身だけでなく細かい彫刻の施された宝箱も必見、閉じた状態を想像するのも◎

### 雕橄欖核舟

(清代) 3.4cmのオリーブの種に船を彫刻した作品。船底には蘇東坡の詩文が刻まれている。

**鑑賞のポイント**
船中に船頭を含む8人の姿が刻まれ、扉を開くと蘇東坡が現れる細かい作りになっている

### 玉人与熊

(清代) 白黒2色からなる1つの天然の翡翠から作られた高さ6cmの可愛らしい作品。

**鑑賞のポイント**

クマと人間が手を合わせて踊っている表情がコミカルで魅力的

**鑑賞のポイント**

6カ所、合計216文字の銘文が細かく刻まれている

### 嘉量 展示室307

(新朝) 皇帝の王莽が作らせた度量衡原器。建国にあたり、度量衡の標準とするために全国に流布させた。

**鑑賞のポイント**

上下の円文と詩の刻印は、古代の遺物の収集に熱心だった清の乾隆帝によるもの

### 鷹紋圭 展示室306
(新石器時代) 龍山文化晩期に作られた儀式用の器物で、形は斧に由来する。表には鳥、裏には女神の浮き彫りがある。※木の台は現在展示されていない

### 快雪時晴帖
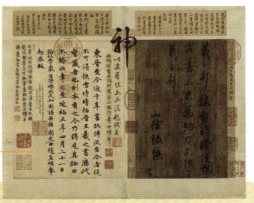
(魏晋南北朝時代) 芸術としての書の祖とされ、後世に大きな影響を与えた「書聖」王義之の作品。王義之の真筆は失われており、これも唐代の模写。

**鑑賞のポイント**

緩急ほどよくゆったりと鷹揚な書風と流麗かつ秀美な趣がある書体が美しい

※展示品は不定期で南院や海外の博物館に移動、または入れ替えられていることがあります。

## 07 PALACE MUSEUM

### 汝窯青磁水仙盆 展示室205
[北宋代] 世界に完品は70点しか現存しないという汝窯で作られた磁器。無傷の状態で保管されているのは貴重。

**鑑賞のポイント**
雨上がりの雲間からのぞく青空の色に例えられる美しいブルーを堪能したい

### 汝窯 蓮花型温碗 展示室205
[北宋代] 天のように淡く澄んだ青が美しい碗。10枚の花びらをつけた蓮の花をかたどっている。

**鑑賞のポイント**
汝窯のなかでも最も優れた作品。瑪瑙を混ぜて作られた色が美しい

### 白瓷嬰児枕 展示室205
[北宋代] 幼児をかたどった白磁製の枕。背中の部分のゆるやかな曲線に頭を置いて使用するユニークな発想の作品。

**鑑賞のポイント**
同じような作品は世界に3点しか現存せず、最も美しいとされる

### 青花穿蓮龍紋天球瓶 展示室205
[明代] 明代初期、宮廷で使用されていたとされる高さ40cmほどの陶磁器。永楽帝の時代に好まれた青花と勇ましい龍が描かれている。

**鑑賞のポイント**
壺に描かれた濃紺の龍が堂々と舞う姿が非常に美しく見る人を惹きつける

### 彫象牙透花雲龍紋套球 展示室106
[清代] 象牙の球体に非常に精巧な彫刻が施されている。内部は24層でそれぞれに透かし彫りがあり、回転させることができる。

**鑑賞のポイント**
120年もの歳月をかけて作られたともいわれている細かい彫刻は圧倒されるほどだ

---

## ミュージアムショップ&レストラン

### 個性的なみやげが見つかる
### 多宝格
多宝格 ドゥオバオグー

本館地下1階。文具や生活雑貨、バッグなど種類豊富。収蔵品をモチーフにした、かわいいオリジナルグッズも多い。

☎02-2881-2021#2254 ⊙9:00～17:00(土・日曜、祝日は～17:30) ㊡博物院の休館日

→パキスタン刺繍のマスキングテープ220元

→花々や孔雀が描かれた華やかな扇子170元

↑展示物である汝窯をミニサイズにしたリアルな置物セット580元

→所蔵されている絵画をモチーフにした華やかなスカーフ

### モダン中華の優雅な内装
### 故宮晶華
故宮晶華 グーゴンジンホア

リージェント・タイペイ系列の中国料理店。『翠玉白菜』などを再現した美しい料理が有名。

☎02-2882-9393 ⊙ランチ11:30～14:30(土・日曜は11:00～15:00) 14:30～16:00 17:30～21:00 ㊡月曜

→故宮の「翠玉白菜」や「肉形石」を食材で表現したコースが人気

### 本館4階の癒やし系レストラン
### 三希堂
三希堂 サンシータン

清の第6代皇帝「乾隆」の書斎をイメージして作られたフロアで創作料理や飲茶が楽しめる。

☎02-2883-9684 ⊙9:00～17:00(16:00LO) ㊡月曜(祝日の場合は営業)

→香港スタイルの飲茶は150元～。本格的な台湾茶もありホッとひと息にぴったり

---

### 台湾の南にあるもうひとつの故宮
### 国立故宮博物院南院
國立故宮博物院南院 グオリーグーゴンボーウーユエンナンユエン

**嘉義**
嘉義県にある故宮博物院の分館。本院の宝物が移動していることも多く、事前に確認を。嘉義の歴史を知る博物館の役割も。

☎05-362-0777 ㊟台湾高速鉄道・高鉄嘉義駅から車で10分 ㊟嘉義県太保市故宮大道888号 ⊙本館9:00～17:00(土・日曜、祝日は～18:00) 景観園5:00～24:00 ㊡月曜(など開館する場合あり) ¥150元 HP south.npm.gov.tw

→水墨画をイメージして建てたという曲線美が美しい壮大な外観

---

台北でぜったいしたい9のコト | 07 台湾の魂 国立故宮博物院

57

BEST 9 THINGS TO DO IN TAIPEI

ノスタルジックな石段と坂道を歩く *Chiufen*

濃密な台湾風情に浸る

## 08 旅情あふれる九份への旅

紅灯籠の赤い光に照らされた、石段沿いの家並みは幻想的で、
100年前の風景のなかにタイムスリップしたかのよう。
茶芸館から望む、夕景に染まる海もまたノスタルジックだ。

©iStock.com/f11photo

### 黄金採掘で栄えた小さな街
### 今では台湾随一の観光地に

　海を望むのどかな田舎の街だった九份が賑わいを見せるようになったのは、金鉱発掘が始まった19世紀末のこと。一攫千金を狙う人々で街は活気づき、日本統治時代の20世紀前半にかけて発展を遂げた。今でも当時の建物がそのまま残るほか五番坑公園には坑道も現存し、ゴールドラッシュ時代の面影が偲ばれる。

　活況を極めた九份だがその後は金の採掘量が減っていき、1971年の閉山を機に衰退。労働者が去り廃坑となった街は、かつての静かな街へと戻った。ところが1989年、この地で撮影された映画『悲情城市』が大ヒットし再び脚光を浴びる。その後はノスタルジックな雰囲気に魅了され、多くの観光客が訪れるように。今では日本人にも人気の、台湾を代表する観光スポットとして賑わいを見せている。

紅灯籠が美しい #豎崎路

往時の面影を残す #昇平戯院

58

08 CHIUFEN

日中と夕方でまったく印象の異なる街並みが広がる

九份のメインストリート #基山街

台北でぜったいしたい9のコト

08 旅情あふれる九份への旅

レトロな茶芸館 #九份茶坊

## 九份へのアクセス

台北市内から九份へのアクセス方法は右記の3パターンが主流。週末は道路渋滞が多いので、瑞芳駅まで台鉄東部幹線を利用するルートが安心だ。台北市街からタクシー利用の場合は所要約1時間、料金1200元〜ほど。九份からの帰路、日没後のバスは非常に混み合うので要注意。

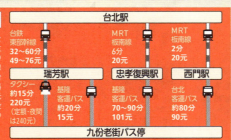

台北駅 — 台鉄東部幹線 32〜60分 49〜76元 / MRT板南線 6分 20元 / MRT板南線 2分 20元
瑞芳駅 — タクシー 約15分 220元(定額・夜間は240元) / 基隆客運バス 約20分 15元
忠孝復興駅 — 基隆客運バス 70〜90分 101元
西門駅 — 台北客運バス 約80分 90元
九份老街バス停

59

# BEST 9 THINGS TO DO IN TAIPEI

## 食べ歩きも、おみやげ探しも
## 賑わう九份を散策

メインストリートは基山街と豎崎路。通り沿いにはおみやげ店や食べ歩きにぴったりな小吃のお店が並び、賑わっている。

### 路地を巡っておみやげ探し
### ノスタルジックな雰囲気に浸ろう

山肌に迷路のような細い路地が続く九份。メインストリートは急な石段が連なる豎崎路で、道の両側に民芸品店や茶芸館が立ち並んでいる。山の中腹からは海も見渡せるので、のんびりとティータイムを楽しみたい。そしてもうひとつの華やかな通りが基山街。こちらは手芸品店のほか名物料理のレストランも充実。おみやげ探しや食べ歩きに最適だ。

↑食べ歩きやショッピングをする人々で賑わう

### 基山街
基山街 ジーシャンジエ

細い路地に商店がひしめくどこか懐かしい繁華街

台湾グルメやスイーツ、みやげ物の店などが軒を連ねており、ローカル感満点。その雰囲気を味わいながら散策するだけでも楽しい。

- 菓風小舗 **E**
- 九份老麺店 **C**
- 茹緑 **D**
- 張記伝統魚丸 **B**

### A 手作りカバンが買える店
### 曼琳工房
曼琳工房 マンリンゴンファン

質の良い牛革製品をメインにリーズナブルな小銭入れから機能性にこだわったお洒落なカバンまで揃う。日本円が使えるのもうれしい。

☎02-2496-6082 ✕九份老街バス停から徒歩7分 新北市基山街121号 ⏰10:00〜19:00 休無休
E(2000元以上)

↑台湾の職人が作ったバッグは使うほどに風合いが増す。5200元

←ユニークな表情の動物をモチーフにした革製のケース各180元

### B 体にじんわり染みわたる味
### 張記伝統魚丸
張記傳統魚丸 チャンジーチュワントンユィーワン

魚丸湯は、魚のすり身で作った団子入りのスープ。自慢の団子は一般的なサイズよりも大きめ。

☎02-2496-8469 ✕九份老街バス停から徒歩3分 新北市基山街23号 ⏰10:30〜19:30(土・日曜は〜20:00) 休無休
J E E

→イカ、キノコと豚肉、ひき肉あん入り団子の3種類が入った綜合魚丸湯60元

→特製のソースをかけて味わう特製乾麺50元

### C あっさり美味な麺料理
### 九份老麺店
九份老麺店 ジウフェンラオミエンディエン

60年近く続く牛肉麺の店。たっぷり牛肉が入った牛肉麺は、八角少なめで日本人にも食べやすい味で人気が高い。

☎02-2497-6316 ✕九份老街バス停から徒歩4分 新北市基山街45号 ⏰11:30〜売り切れ次第終了 休不定休
J E

→胃にやさしい十数種類の漢方と玉ネギ、ニンジンで煮込んだスープが絶品の招牌牛肉麺170元

→ツルンとした食感のワンタン麺80元

08 CHIUFEN

### D 手作りの工芸品の数々
#### 茹縁
茹縁 ルウユエン

竹編みのセイロや木製のキッチングッズなどの生活用品が所狭しと並ぶ。かっさやマッサージ用の棒などの健康グッズも販売している。

☎02-2496-6227 交九份老街バス停から徒歩4分 所新北市基山街18号 営10:00〜19:30 休無休 J E

↑手作りの温かみが魅力のセイロ390元

↑魔除けや金運を呼ぶ効果があるといわれる吉祥獣飾品は各180元

### E おもしろパッケージのお菓子
#### 菓風小舖
菓風小舖 グオフォンシャオプー

羊のロゴマークが目印。化粧品や医薬品のようなパッケージのお菓子が人気。鉱石のような見た目の「石炭チョコ」や「金鉱チョコ」は九份店限定の商品。

☎02-2406-1067 交九份老街バス停から徒歩5分 所新北市基山街86号 営10:00〜18:00 休無休 J E E

↑石炭の町だった九份をイメージして作った九份限定の商品

### F 台湾伝統おやつの老舗
#### 阿蘭草仔粿
阿蘭草仔粿 アーランツァオチャイクー

もち米を使った台湾伝統のおやつである草仔粿(草餅)の名店。古米を使っているため、歯ごたえのよい餅に仕上がる。食べ歩きにもおすすめ。

☎02-2496-7795 交九份老街バス停から徒歩6分 所新北市基山街90号 営9:00〜19:00 休無休 J E

↑草仔粿の具は、あんこ、緑豆、切り干し大根、高菜の4種類で、1個20元で購入できる

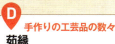

### 九份に泊まる

観光のハイライトは日没前後。帰路の混雑なども考えると、台北に戻らずに九份に宿泊するのもおすすめだ。高級ホテルはないが、数多くの手ごろな価格帯の民宿がある。宿泊を希望する場合は、事前に予約を入れておこう。

### G もちもち食感の芋圓
#### 賴阿婆芋圓
賴阿婆芋圓 ライアーポーユィーユエン

サツマイモ、タロイモ、緑茶などの芋圓(芋団子)50元を用意。冬はおしるこ、夏はかき氷で注文するのがおすすめ。

☎02-2497-5245 交九份老街バス停から徒歩12分 所新北市基山街143号 営8:00〜21:00 休無休 J J E E

↑イートインスペースで落ち着いて食べられるのもうれしい

### 豎崎路
豎崎路 シューチールウ

レトロな茶芸館や食堂が立ち並ぶ、石造りの階段。階段の途中は見晴らしが良く、山々と海が織りなす景色を楽しめる。

赤提灯が揺れる細長い石段は九份のメインストリート

↑夜は赤提灯が灯り、幻想的でフォトジェニックな空間に

台北でぜったいしたい9のコト

08 旅情あふれる九份への旅

# とっておきの時間を過ごす
## レストラン・茶芸館

九份の街並みに欠かせない茶芸館やレストランは、どこも風情があって味わい深い。
天気が良い日は、海を望むテラス席がおすすめ。

100年の歴史を持つ建物で九份で最も古い茶坊だとか

↑ノスタルジックな雰囲気漂う店内でくつろぎの時間を

### 九份茶坊
九份茶坊 ジウフェンチャーファン
**MAP** P.61

店内はアンティークの家具や調度が並ぶ洗練された空間。オーナーの洪志勝さんが「翁山英故居」という古い屋敷を改築して造った。日本語の通じるスタッフがお茶の淹れ方を丁寧に教えてくれる。お茶は5人までシェア可能。

☎02-2496-9063　交九份老街バス停から徒歩10分　所新北市基山街142号　営11:00～20:00　休無休　J E E　※茶水代120元

築100年以上の建物がアートを感じる茶芸館に

**MENU**
1. 梨山烏龍茶 1200元
柑橘の香りがあり、冷めてもおいしく飲める
2. 烏龍茶手工餅乾 100元
まろやかなお茶の香りとミルクが絶妙に融合した自家製クッキー

### 芋仔蕃薯
芋仔蕃薯 ユィーチャイファンシュー
**MAP** P.61

隠れ家のようなレストランで具はオーナーのコレクション。切り干し大根入りのオムレツや野菜の炒め物など、滋味深い台湾の家庭料理に定評がある。種類豊富な中国茶も淹れたてで楽しめる。

☎02-2497-6314　交九份老街バス停から徒歩5分　所新北市市下巷18号　営9:00～22:00　休無休　J E E

シンプルで飽きのこない台湾料理でおもてなし

↑鉱山の中を思わせるようなトンネルの先にある

**MENU**
1. 醃豚肉炒飯 280元
ほどよい塩加減の豚肉を使った名物チャーハン
2. 三杯鶏 420元
鶏肉をゴマ油や醤油で味付けした台湾名物

## 08 CHIUFEN

台北でぜったいしたい9のコト

08 旅情あふれる九份への旅

### MENU
1 貴妃茶 1000元
蜜の香りがすることで有名な烏龍茶

2 台湾果乾 180元
パイナップルのドライフルーツ。季節限定

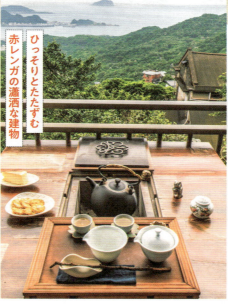

ひっそりとたたずむ赤レンガの瀟洒な建物

↑お茶の淹れ方も日本語で教えてくれるので安心

## 水心月茶坊
水心月茶坊 シュエイシンユエチャーファン
MAP P.61

もとはオーナーのアトリエとして使われていた建物で、随所に芸術品が飾られている。店内に一歩足を踏み入れると豊かなお茶の香りに包まれ、眼前には窓越しに海と山の絶景が広がる。

☎02-2496-7767 交九份老街バス停から徒歩5分 所新北市軽便路308号
営13:30〜19:00 休旧正月の大晦日
J・J・E・E ※茶水代120元

↑九份茶坊の姉妹店としてオープン

↑オリジナルの茶器も販売している

## 阿妹茶楼
阿妹茶樓 アーメイチャーロウ
MAP P.61

映画『千と千尋の神隠し』の世界観を感じると注目された建物は、元は工場だったそう。基隆港を見晴らす3階のテラス席は観光客に大人気。景色を楽しみながらお茶が味わえる。

☎02-2496-0833 交九份老街バス停から徒歩5分 所新北市市下巷20号
営9:00〜21:30(金曜は〜24:00、土曜は〜翌1:00) 休無休
J・J・E・E

↑九份のシンボル・赤い提灯は、阿妹茶楼発祥といわれている

↑九份のイメージカットにもよく登場する有名な茶芸館

↓開放感を重視したテラス席からは九份の街を一望できる。日没直前がおすすめ

異国情緒満点の外観に思わず引き込まれてしまう

↑時間制限がなく、のんびりできる

### MENU
茶套餐 300元
お茶セット。お茶はホット(高山ウーロン茶)とアイス(凍頂ウーロン茶)の2種類で、黒糖餅、らくがん、ごませんべい、甘い梅干しが付く

63

BEST 9 THINGS TO DO IN TAIPEI

*Raise the lantern*

もうひとつ奥にある台湾的ノスタルジー

## 09 十分で憧れのランタンを上げる

幻想的な光景ですっかり有名になったランタン（天燈）フェスティバル。
天渓天燈節以外のときにもランタン上げを実際に体験できる。

天空に舞う
ランタンに思いを託す

↑元宵節（旧暦1月15日）の頃に開催される天渓天燈節では、夜空に無数のランタンが舞う

### のどかなローカル線の街で
### ロマンティックな体験を

平渓線沿いにある小さな旧炭鉱町の十分。元宵節（旧暦1月15日）の頃には伝統行事の天渓天燈節が行われ、願い事を書いたランタンが夜空に幻想的に舞い上がる。十分駅周辺のランタン店では、一年を通してランタン上げの体験が可能で、それを目当てに観光客が訪れる。線路すれすれに商店が並ぶ老街のノスタルジックな風景も十分の魅力。台湾のナイアガラと呼ばれる十分瀑布にも訪れたい。九份と併せて日帰りで楽しめる。

#### 十分へのアクセス

台北駅から瑞芳駅まで台鉄東部幹線で約30〜60分。瑞芳駅で平渓線に乗り換え約30分。十分方面行きは約1時間に1本程度の運行。

### ランタン（天燈）を打ち上げてみよう

↑ランタンはどの店も200元ほど。胡家天燈では願いごとに合わせてさまざまな色のランタンを用意している

←願い事が書かれたランタンが空を飛ぶ様子はとても幻想的だ

平渓線の線路沿いにはランタンの店が数多く並び、実際に自分で空に飛ばすことができる。言葉が通じなくても店員が親切に飛ばし方をレクチャーしてくれる。多くの店が自分のスマホでランタンを上げる瞬間を撮影してくれるので旅の思い出作りにおすすめだ。

#### 胡家天燈
胡家天燈 フージアティエンドン
MAP 付録P2 C-2
☎02-2495-8131 ❖十分駅から徒歩3分 ❖新北市十分街91号
9:00〜19:00 休無休
J E

↑十分老街周辺には吊り橋もある

↑カラフルなランタンが街の随所に飾られている

# YOUR UNFORGETTABLE LUNCH AND DINNER

## グルメ & カフェ

激ウマ多彩な食都の皿

### Contents

- 絶品 **ローカルフード** 10店 ▶P68
- **食べ歩きグルメ** プチ図鑑 ▶P72
- 名店の **台湾ごはん** 10店 ▶P74
- 百花繚乱 **中国各地の逸品料理** 5店 ▶P78
- **素食&ベジタリアン料理** の店4選 ▶P80
- 「熱・旨」な **火鍋** 事情4店 ▶P82
- 台北 **クラフトビール** 厳選3店 ▶P84
- 奥深き **台湾茶** の世界へ ▶P86
- レトロな街並みに映える **リノベカフェ** ▶P90
- **台湾コーヒー** を味わう、素敵な時間 ▶P92
- **レトロなカフェ** で癒やされる ▶P94

## 台北の食事で気をつけよう 食べたいものを食べる!

小籠包、台湾料理、屋台ご飯にかき氷と、台北には名物の食べ物が盛りだくさん!
おいしく楽しく食事ができるよう、基本やマナーを知っておこう。

### 出かけるまえに

#### どんな店を選ぶ?
気取らず手ごろに食事を楽しみたいなら、セルフサービスの自助餐や庶民的な食堂へ。高級レストランは落ち着いて過ごせるのが魅力。街なかには夜市の屋台やテイクアウトの小吃も多く、食べ歩きでローカルムードが味わえる。おしゃれな茶芸館やカフェでお茶と食事をセットでいただくのもおすすめ。

#### レストラン　　餐廳
ツァンティン
伝統料理から創作系まで、地元の豊富な食材を生かした台湾料理を提供する。

#### 食堂　　小吃店
シャオチーディエン
台湾の家庭料理やソウルフードを楽しめる店。名物を店名にしていることも。

#### セルフサービス　　自助餐
ズーチューツァン
並んだお皿から好きな料理を選ぶ。店名に主要な料理名を出していることが多い。

#### 屋台　　路邊攤
ルービエンタン
朝市や夜市などでよく見かける。店ごとに座席が設けられているところもある。

#### カフェ　　咖啡館
カーフェイグワン
古い建物を改装したおしゃれなカフェが多い。予約が必要な人気店も多い。

#### 茶芸館　　茶館
チャーグワン
豊かな香りの台湾茶を堪能。最近はカジュアルに楽しめる店も増えた。

### 予約は必要?
超高級レストラン以外は予約不要の店がほとんどだが、人気店は予約をおすすめしているところもある。一方、行列のできる大衆食堂や屋台は予約できないことが多いが、回転が速いので長時間待たないで順番がまわってくる。

### クーポンでお得に
KKdayやJTBなど旅行会社のオプショナルツアーでクーポンを購入すれば、割安で食事できるうえに、予約することができる。提携店でクレジットカードを支払いに使うことで、デザートのサービスがあることも。各社の優待情報もチェックしておこう。

**KKday**
www.kkday.com/ja

### ドレスコードは?
高級店でなければドレスコードはない。基本のテーブルマナーさえ守れば楽しく食事ができる。

### 台北にもハッピーアワーがある?
クラフトビールを専門に出すバーなどでは、ハッピーアワーを設けている場合もある。

### 入店から会計まで

#### 入店して席に着く
大きなレストランでは最初に人数を確認することも。言葉が通じない場合は、指で示して伝えると指定の席に案内してくれる。

#### 飲み物を注文する
まずはお茶などドリンクを注文する。ローカル食堂では、サービスの水は出ないことがほとんど。高級店は別料金のことも。

#### 料理を注文する
高級店ではメニューを指さす方法でも問題ない。街の安い食堂は店の人が注文を取りにこないので、オーダー票に記入して手渡す。

🔊 注文をお願いします。
我要點菜。
ウォーヤオディエンツァイ。

#### 食後のデザート
デザートはメイン料理を食べたあとに追加注文して問題ない。季節のフルーツが人気だ。

#### 会計する
超高級店以外は、食後レジで精算を。自助餐や大衆食堂、屋台は先払いが一般的で、クレジットカードが使えないところも多い。

🔊 会計をお願いします。
請結帳。
チンジエジャン。

## お店に行ってから

### 最低消費って何？
台湾はチップの習慣がない。しかし100元以上の注文、ドリンク1杯以上の注文、といった最低消費（ミニマムチャージ）を設定している店が多い。

### 持ち込みが自由？
近年庶民的な店でも持ち込みNGの店が増えている。持ち込みしたい場合は店に確認してみよう。

### 台湾セルフサービス事情
街の食堂では、棚やガラスケースに小皿料理（小吃）や飲み物が置かれている。これらは勝手に取ってかまわない。オーダー票がある場合は、数を記入しておこう。ないときは店の人が会計時に加算してくれる。また自助餐など自分で料理を取る店もあるので事前確認しよう。

### メニューの読み方

メニューは食材別や調理法別に記載されている。甜、辣などの味付けを知っておくと便利。

#### 調理方法から読み解く
- 炒（チャオ）…油で炒める
- 煎（ジエン）…少量の油で両面焼く
- 蒸（ヂョン）…セイロなどで蒸す
- 煮（チュー）…熱湯やスープで煮込む
- 滷（ルー）…味付きの煮汁で煮込む
- 燉（ドゥン）…鍋などで煮て味付け
- 溜（リウ）…火を通しあんを絡める
- 炸（ヂャー）…油で揚げる
- 爆（バオ）…強火でサッと炒める

#### 味付けから読み解く
- 甜（ティエン）…甘い
- 酸（スワン）…酸っぱい
- 麻（マー）…山椒の痺れる辛さ
- 辣（ラー）…唐辛子の刺すような辛さ
- 麻辣（マーラー）…ピリピリ辛い

## 知っておきたいテーブルマナー

堅いテーブルマナーはなく、服装も自由。ただしお皿を持って食べないこと、音を立ててすすらないこと、この2点は気をつけて。また台湾では泥酔は恥ずかしいこととされるので、飲酒マナーも守ること。

### たばこは吸っていい？
飲食店に限らず公共の場所の屋内は、特別に許された場所以外すべて喫煙が禁止されている。違反すると罰金が科せられるので要注意。

### 料理を持ち帰りたいときは？
台湾では、食べ残した料理は持ち帰るのが一般的。「打包」と伝えれば専用容器に入れてくれる。また注文時に「外帯（ワイダイ）」と伝えるとほとんどの場合テイクアウトOK。

> 持ち帰りたいのですが。
> 打包。
> ダーパオ。

### 飲酒のマナー
日本のように食事中にアルコールを嗜む習慣があまりない。アルコールを置いていない食堂もあるほど。アルコール持ち込みOKな店もあるので店員に確認してみよう。

### 注文はオーダー票に記入
食堂では、テーブルにオーダー票が置かれている。料理の横に自分で数を記入しよう。

## フルーツの旬を知る

果物が豊富なことで知られる台湾。その代表がマンゴーやライチといった南国フルーツだ。デザートだけでなく、最近は旬の果物を使った創作料理も登場している。

GOURMET & CAFE

## 麺もご飯もお手軽。しかも美味
# 絶品ローカルフード10店

台湾ツウによれば、庶民的・家庭的な店で
いただく、このさりげない料理こそが、台
湾グルメの真骨頂という。

**何杯でも食べたい**
**Noodle**
**麺**
多いのは牛肉麺や麺線。
麺の種類もさまざまで、
店ごとに個性ある味わい

エビの旨みが効いた百年伝承の担仔麺

### 台南家庭料理の名店
### 度小月
度小月 ドゥーシャオユエ
東区 MAP 付録P.17 D-4
漁師だった初代が「小月」といわれる閑散期に天秤棒(担仔)を担いで麺を売り歩いたのが店の始まり。担仔麺ほか台南の家庭的な一品料理を60種類ほど揃える。

レトロな雰囲気の店内には2階席もあり、ネットでの予約も可能

☎02-2773-1244 板南線・忠孝敦化駅から徒歩4分 台北市忠孝東路四段216巷8弄12号 11:00～15:00 16:30～21:00 無休

**担仔麺 50元**
エビの頭でとるスープや自家製肉そぼろ、パクチーなどを中細麺とからめ、お好みで黒酢をかけて

**こちらもおすすめ**
**黄金蝦捲 220元**
ひき肉と新鮮なエビを豚の網脂で包んでサクっと揚げた看板メニューのひとつ

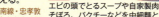

---

**牛肉刀削麺 小160元**
具材は、ほろほろやわらかい牛肉と大根、青菜など。牛骨を長時間煮込んだスープが麺によく絡む

注文が入ってから削る刀削麺はもちもち！

### 手間ひまかけて生地から手作り
### 永康刀削麺
永康刀削麺 ヨンカンダオシャオミエン
永康街 MAP 付録P.17 F-1
創業30年余の人気店。麺は刀削麺or細麺、サイズは大or小から選べるが、小でも結構なボリューム。牛脂、唐辛子ソース、高菜などが自由に使える調味料コーナーも。

☎02-2322-2640 淡水信義線／中和新蘆線・東門駅から徒歩5分 台北市永康街10巷5号 11:00～14:00(LO) 17:00～20:30(LO) 木曜 (土・日曜は予約が望ましい)

店内の壁には、写真付きメニューがあるので注文しやすい

弾力にこだわった自慢の刀削麺！お好みで黒酢をかけて召し上がれ

**炸醤麺 小(刀削麺)70元**
たっぷりの肉味噌とキュウリの千切りがのったジャージャー麺。肉味噌には、干し豆腐も入っている

68

## あっさり系スープのぷりぷりエビワンタン

### 永康街にあるワンタン専門店
## 奇福扁食
奇福扁食 チーフウビエンシー
**永康街** MAP付録P.17 F-1

看板商品のワンタンは、豚肉、エビ、ホタテ、金魚（魚卵とエビを混ぜたもの）の4種類。スープ、スープ麺、そぼろ麺、ピリ辛ラー油のお好みの食べ方でどうぞ。

☎02-2322-2337 ❇M淡水信義線／中和新蘆線・東門駅から徒歩2分 台北市信義区二段243巷2号 10:30〜14:30(LO) 16:30〜20:00(LO) 無休 J E

●観光客も入りやすい店構え。店の前にコンビニがあり、ビール持ち込みもOK

### 鮮蝦扁食湯 ❇ 90元
エビ1匹を包んだワンタン6個入り。豚骨・鶏からとるスープは、毎日食べても飽きないと好評

### 鮮肉扁食乾麺 ❇ 80元
店長おすすめの「豚ワンタンそぼろ麺」。漢方系調味料は使わず、クセのない味に仕上げている

---

### 並んでも食べたい王道の牛肉麺
## 永康牛肉麺
永康牛肉麺 ヨンカンニウロウミエン
**永康街** MAP付録P.17 E-1

四川省出身の初代が1963年に屋台で創業。ローカルから観光客まで幅広く集う老舗だ。スープや牛肉の部位が好みで選べ、自家製キムチなどの小皿料理もある。

☎02-2351-1051 ❇M淡水信義線／中和新蘆線・東門駅から徒歩2分 台北市金山南路二段31巷17号 11:00〜20:30 無休 J E

**こちらもおすすめ▶**
米蒸排骨 150元
麺と合わせて多くの客が注文する骨付きスペアリブとサツマイモのおこわ

### 紅焼牛肉麺 ❇ 小280元
牛肉、牛骨、豆板醤で煮込んだ醤油スープが一番人気。辛くないスープもある

↑座席数が多いので並んでいても待ち時間は比較的短い

---

### 阿宗麺線 ❇ 大75元
麺の下に調味料が入っているので混ぜて食べるのがおすすめ

## カツオのとろみスープとホルモンが細麺に絡む

---

### 西門町名物の立ち食いグルメ
## 阿宗麺線
阿宗麺線 アーツォンミエンシエン
**西門駅** MAP付録P.17 D-2

ストリートフードの激戦地、西門町で人気を誇る露天スタイルの麺線店。メニューは店名の「阿宗麺線」大小のみ。自家製チリソースや黒酢などで好みの味付けを。

☎02-2388-8808 ❇M松山新店線／板南線・西門駅から徒歩3分 台北市峨眉街8-1号 8:30〜22:30（金〜日曜は〜23:00) 無休 J E

カウンターで注文して麺を受け取って！パクチー抜きもOK！

●店の賑わいに交じってローカル気分を満喫しよう

## やわらか大ぶり牛肉とコク深いピリ辛スープ

## GOURMET & CAFE
### 絶品ローカルフード

**シンプルで美味 Bowl of rice ご飯**

鶏肉飯や魯肉飯など、肉や海鮮をのせたご飯は、台湾グルメの定番。

▶ 魯肉飯 ❖ 90元
ジューシーで濃厚なのにしつこくない食べやすさが人気の秘密。ふっくら炊いたご飯も日本人好み

ビールや高粱酒、紹興酒など台湾の酒もいろいろありますよ！

豚の脂身がとろける こだわりの高級魯肉飯

#### 伝統の家庭料理を丁寧に
### My灶
My灶 マイザオ

松江南京駅 MAP 付録P.7 E-3

台湾の昔ながらのおふくろの味が居酒屋スタイルで楽しめる。豚の皮と脂身で手間ひまかけて作る魯肉飯のほか、ホルモンや海鮮料理などのお酒がすすむ料理も自慢。

☎02-2522-2697 交M松山新店線／中和新蘆線・松江南京駅から徒歩3分 所台北市松江路100巷9-1号 営11:30〜14:00 17:30〜21:30(LO20:30) 休無休 JE

➡路地裏をイメージした店内にはどこか懐かしい昭和のたたずまいが

▶ こちらもおすすめ
**五柳更 2800元**
新鮮な白身魚をまるごと揚げて、野菜たっぷりの甘酢あんをかけた豪快な一品。アツアツをほおばろう

---

▶ 鶏肉飯 ❖ 42元
魯肉飯と人気を競う台湾の屋台メシ。細く裂いた鶏肉をのせたご飯

あっさり特製ダレで ヘルシー＆満足感

#### 客足が途絶えない老舗
### 丸林魯肉飯
丸林魯肉飯 ワンリンルウロウファン

圓山 MAP 付録P.2 B-4

1977年創業の老舗魯肉飯店。注文の仕方は、主食と飲み物をテーブルで注文したあと、1階のカウンターで好きなおかずを指させばOK。支払いは食後に。

☎02-2597-7971 交M淡水信義線・圓山駅から徒歩10分 所台北市民族東路32号 営10:30〜21:00 休無休 JE

▶ こちらもおすすめ
**蕃茄炒蛋 35元**
トマトと卵の炒め物は、台湾の定番おかず。日本人客にも食べやすく、人気のメニュー

⬆カウンターのおかず。どれでも1品35元〜とリーズナブル

▶ 魯肉飯 ❖ 37元
醤油や漢方薬で長時間煮込んだ、豚ひき肉のせご飯。ほぼ全員が注文する看板メニュー

➡少人数なら1階席、団体なら円卓の多い2階席へ

タレがよく染み込んだ 台湾庶民の絶品ご飯

魯肉飯一筋60年！ファンが多い林宗順オーナー

## ベスト・オブ・肉感
### 天天利美食坊
天天利美食坊
ティエンティエンリーメイシーファン

**西門駅** MAP 付録P.17 D-1

西門町で魯肉飯といえばココ。満席のことも多いが、回転は速い。魯肉飯に煮卵ではなく、半熟目玉焼をつけるのも特徴。混ぜながらかきこみたい！

☎02-2375-6169 ✈松山新店線/板南線・西門駅から徒歩5分 ㈲台北市漢中街32巷1号 ㈱9:30〜22:30 ㈸月曜
J/E/E

→西門町メインストリートの北端にある、行列ができる店

食べ応え抜群！若者に人気の魯肉飯

### 魯肉飯 ❖ 70元(大)
ここの魯肉飯は脂身が少なめで、肉の食感がしっかり楽しめる。＋10元で目玉焼追加もおすすめ

**こちらもおすすめ**
### 鶏蛋蚵仔煎 70元
小ぶりのカキとレタスを卵でとじた定番カキオムレツ。大きめ＆ふわふわ食感

店頭で勢いよく作られるカキオムレツ。一度に5枚焼き！

---

## 住宅街の隠れた実力店
### 民生炒飯
民生炒飯 ミンションチャオファン

**富錦街** MAP 付録P.9 D-2

化学調味料を使わず、注文を受けてから1つの鍋で手作り。半分屋台のような店構えながら、テレビのチャーハンランキングで有名店を抑えて1位を獲得した実力派。

☎02-2763-5576 ✈文湖線・松山機場駅から徒歩10分 ㈲台北市民生東路五段27巷 ㈱10:45〜14:00 16:30〜20:00 ㈸土・日曜の夜、祝日
J

シンプルな味つけで魅惑の全部のせ！

### 什錦 ❖ 100元
エビ、イカ、卵、細切り肉、チャーシューと盛りだくさんのチャーハン

### 牛肉 ❖ 150元
沙茶醬を効かせた、牛肉と空心菜、卵のチャーハン。量は多めなので、シェアするのがベター

→テーブル席2つの小さな店構え。テイクアウトも多い

噛むほどに旨み広がる台湾風味のチャーハン

---

## 看板のない行列店
### 赤峰街無名排骨飯
赤峰街無名排骨飯
チーフォンジエウーミンパイグウファン

**赤峰街** MAP 付録P.15 A-3

赤峰街の路地でひっそりと営業する小さな店。口コミで人気の絶品排骨飯を求めて、ピーク時間には狭い店内にまでぎゅうぎゅうに行列ができる。

☎なし ✈淡水信義線/松山新店線・中山駅から徒歩2分 ㈲台北市赤峰街4号 ㈱12:00〜14:00 17:30〜20:00 ※売り切れ次第終了 ㈸土・日曜、不定休

↑通り過ぎてしまいそうなほどさりげない店構え

ご飯がすすむ豪快あんかけご飯

### 伝統排骨飯 ❖ 120元
中まで味がよく染みたスペアリブを、勢いよく焼かれた目玉焼と温野菜にのせて完成の絶品ご飯。排骨(下)とご飯(右下)が別々に出される

### 招牌牛肉燴飯 ❖ 120元
やわらかい台湾産牛肉とシャキシャキ青菜のあんかけご飯に目玉焼をON！

じゅわっと染み出す豚肉×漬けダレの旨み

創業以来約40年、毎日食材の仕入れから私がやっています

---

グルメ＆カフェ | ショッピング | 歩いて楽しむ | ビューティ＆ヘルス | ホテル

## GOURMET & CAFE

### 散策途中に食べたい、お手軽小吃
# 食べ歩きグルメプチ図鑑

外はパリッと、中身はジューシーな胡椒餅を中心に、
チマキやスープなど、街の人気小吃をチェック！

毎朝お店で手作りしています！ 秦家餅店

**A 蔥油餅**
冷めてもおいしい蔥油餅。具は少しのネギだけ。ほんのり小麦粉の甘さが香る
75元

**A 韮菜盒**
半月形でふっくらとした薄い生地の中に、大量のニラ、春雨、卵を包んで焼いたもの
60元

豆腐乳は1個30元、1瓶600元で買える

**B 天津蔥抓餅 オリジナル**
具材はネギのみのシンプルなプレーン。お好みで醤油か辛口のソースを
30元

この道10年以上というベテランの技！ 天津蔥抓餅

**A 捲餅**
ネギや大根などの具材を、もちもち生地でくるんで蒸したもの。加熱に15分程度要する
60元

**B 天津蔥抓餅 ミックス**
卵、チーズ、ハム、台湾バジルを入れて、ちょっぴり贅沢気分
60元

---

### A 揚げないヘルシー蔥油餅
## 秦家餅店
秦家餅店 チンジアビンディエン

**大安駅** MAP 付録P.12 C-2

中国山東省の北方餅を提供し続けて30年余の小さな老舗。ソースの代わりに自家製豆腐乳をつけると、風味が倍増。

☎02-2705-7255　交M文湖線／淡水信義線・大安駅から徒歩10分　所台北市四維路6巷12号　営10:30〜19:00　休日曜

### B サクふわの焼き加減が絶妙
## 天津蔥抓餅
天津蔥抓餅 ティエンジンツォンチュアビン

**永康街** MAP 付録P.17 F-1

行列ができるネギ餅の店。鉄板の上で生地に空気を含ませながら焼くのはココが始まりだとか。メニューは全8種。

☎02-2321-3768　交M淡水信義線／中和新蘆線・東門駅から徒歩3分　所台北市永康街6巷1号　営8:00〜22:00　休無休
J E

### C 山東省の伝統肉まん
## 姜包子
姜包子 ジャンバオズ

**忠孝復興駅** MAP 付録P.16 A-4

3代続く老舗肉まん店。豆乳が練り込まれた香り高い生地と、具だくさんの肉まんが人気。10個買うと1個無料。

☎02-2711-7686　交M文湖線／板南線・忠孝復興駅からすぐ　所台北市復興南路一段180号(SOGO台北復興館裏)　営6:00〜19:00(日曜は8:00〜18:00)　休月曜
J E

↱ 肉汁は少なめで、食べ歩きにもぴったり

**C** 香筍瘦肉包
しっかり味付けした筍がゴロゴロ入っている。歯ごたえがあっておいしい
○ 21元

**D** 肉包
しっとりした皮の中に、甘さと旨みがたっぷりの餡。サイズは大きめでコスパも良好
○ 25元

**D** 四神湯
こちらも看板商品。噛むほどに滋味深い薬膳スープ。女性にうれしい栄養たっぷり
○ 65元

↱ 小ぶりながら具はぎっしり。肉汁がしたたる鮮肉包は1個21元

店舗裏なら比較的並ばずに買える

↱ 豚肉、シイタケ、卵黄など具だくさん

**E** 肉粽
笹の葉が香る、一番人気の肉チマキ。テーブル上のピーナッツの粉をかけて
○ 75元

**E** 魚丸湯
カジキのつみれと大ぶり大根のスープ。ほとんどの人が肉粽と一緒に注文する
○ 60元

**F** 蘿蔔絲餅
千切り大根の酢漬け入り揚げ餅。具がサッパリしているので揚げてあるのに重くない
○ 35元

**F** 豆沙餅
こちらは緑豆の餡が入った十古揚げ餅。ソースを少しかけると甘さが引き立つ
○ 35元

---

**D** B級グルメで美容と健康
### 妙口四神湯
妙口四神湯　ミャオコウスーシェンタン
迪化街　MAP 付録P.14 B-2
1973年から続く老舗で、天然食材の手作り肉まんと体を温める薬膳スープが人気。彰化銀行の軒先で営業。
☎091-993-1007　交 松山新店線・北門駅から徒歩15分　所 台北市民生西路と迪化街一段の交差点　営 11:30〜17:00　休 月曜　J E

**E** 台湾南部の肉チマキ
### 王記府城肉粽
王記府城肉粽　ワンジーフウチョンロウゾン
南京復興駅　MAP 付録P.8 B-3
府城というのは台南のこと。ここでは、蒸さずに煮込む台湾南部の肉チマキが味わえる。市内に全3店舗あり。
☎02-2775-4032　交 M 文湖線／松山新店線・南京復興駅から徒歩8分　所 台北市八徳路二段374号　営 10:00〜23:00　休 無休(旧正月・端午節からの1週間は休み)　J E

**F** 珍しい千切り大根揚げ餅
### 温州街蘿蔔絲達人
温州街蘿蔔絲達人　ウェンチョウジエルオボースーダーレン
古亭駅　MAP 付録P.11 E-4
地元の人は10個単位で買っていく人気の屋台。食事どきを過ぎても行列なので、待つのを覚悟で。
☎02-2369-5649　交 M 松山新店線／中和新蘆線・古亭駅から徒歩6分　所 台北市和平路一段186-1号　営 7:00〜20:00　休 日曜　J E

GOURMET & CAFE

## 食材豊富なグルメ王国の逸品を堪能
# 名店の台湾ごはん10店

海鮮、肉、野菜や果実など食材に恵まれ、
中国大陸をはじめ、各地の影響を受けた台湾料理。
日本人好みの、家庭的な味わいの料理が多い。

### 塩酥蝦
エビの唐揚げをネギや唐辛子と炒めたお酒にも合う一品
**420元**

## 街場の王道
味に定評がある街なかの人気店。比較的手軽に利用できる。

### 台湾在住の日本人も通う 連日満席の超人気店
### 梅子餐庁
梅子餐廳　メイズーツァンティン
中山 MAP付録P.7 D-3

王梅子・明麗姉妹が営む1964年創業の台湾料理店。新鮮な魚介類、肉や野菜などを使った一品料理とお酒が楽しめる。地元在住の日本人も通う評判の店なので入店には予約が確実だ。

☎02-2521-3200 交淡水信義線／松山新店線・中山駅から徒歩15分、板南線・善導寺駅から徒歩15分 所台北市林森北路107巷1号 営17:30～24:00(日曜は～22:00) 土・日曜は11:30～14:00も営業 休月曜 J J E E

赤いレンガの建物提灯がかかった

フカヒレやアワビを使ったスープもおすすめですよ
妹の王明麗さん

↑1階は少人数でも利用できる。2・3階には円卓や個室も

### 友人をもてなすように 心を込めたサービスと料理
### 欣葉 台菜創始店
欣葉 台菜創始店
シンイエ タイツァイ チュワンシーディエン
中山國小駅 MAP付録P.2 B-4

国内外にファンの多い老舗。昔ながらの調理法を守り、手間ひまかけた台湾料理は、どれも滋味に富む。メニューは100種類以上。人数や予算に合わせてリクエストもOK。

☎02-2596-3255 交M中和新蘆線・中山國小駅から徒歩8分 所台北市雙城街34-1号 営11:00～14:30 17:00～21:30 休無休 J J E E

### 欣葉滷肉
ほどよく脂がのった豚の角煮。口に入れるととろけるような食感
**330元**

↑創業1977年。総席数450席、個室12室を完備

### 正宗菜脯蛋
外はサクサク、中はふんわりの台湾式卵焼き。干し大根の食感も楽しめる
**250元**

### 手打杏仁花生豆腐
不思議なもちもち食感の杏仁豆腐は一度食べるとやみつきに
**100元**

## シックなくつろぎ空間で 台湾料理の極みにふれる
### 青葉台湾料理中山店
青葉台灣料理中山店 チンイエ タイワンリャオリーヂョンシャンディエン
**中山** MAP 付録P.7 D-3

1964年創業の台湾料理レストランの草分け。塩分や油分控えめの料理は、単品ほか2～4名以上で予約できるコースが数種。ベジタリアンコースもある。

☎02-2571-3859 淡水信義線／松山新店線・中山駅から徒歩6分 台北市中山北路一段105巷10号 11:00～14:30(14:00LO) 17:15～21:30(LO21:00) 月曜

↑高級感のある店内はビジネス利用にもおすすめ

**沙公米糕**
祝い事で供される、縁起物のカニおこわも伝統の味
1200元(小)

手間ひまかけた台湾料理です！
店長の張さん(左)

**蛋黄大蝦**
ピータンとエビの包み揚げは昔ながらの高級料理
460元

**豆干炒肉絲**
細切りした干し豆腐と牛肉を炒めたもの。少しピリ辛の醤油ダレでご飯がすすむ一品
250元

## また通いたくなるような 温かなおふくろの味
### 六品小館 本店
六品小館 本店 リウピン シャオグワン ベンディエン
**永康街** MAP 付録P.17 E-2

家庭で食べていた浙江料理を再現しようと、1984年に開業。味の良さが評判を呼び、今では台北に2つの支店も構える。たくさんの工程と時間をかけて作るという砂鍋獅子頭や豆干炒肉絲は、オーダー必須の看板メニュー。

☎02-2393-0104 淡水信義線／中和新蘆線・東門駅から徒歩6分 台北市金華街199巷3弄8号 11:30～13:30(LO) 土・日曜は～14:00(LO) 17:30～20:40(LO) 無休

**砂鍋獅子頭**
豚骨スープ、肉団子、香味野菜、トマト、白菜などの旨みが凝縮した深い味わい
310元

↑人気の永康街。2名用テーブルから円卓まである

**油條蔭豉鮮蚵**
新鮮なカキと発酵黒豆、にんにくの芽の炒め物。ご飯がすすむ味
360元

## モダンな雰囲気の店内で 個性豊かな台湾料理を
### 真珠
真珠 ヂェンヂュウ
**台北駅** MAP 付録P.6 C-3

シェフの長年の経験を生かした遊び心のある台湾料理が好評。厳選された旬の素材をふんだんに使用した台湾料理が味わえる。

☎02-2552-6898 淡水信義線／板南線・台北車站から徒歩5分 台北市承德路一段1号B3 11:30～15:00(14:30LO) 17:30～21:30(21:00LO) 土・日曜11:00～16:00(15:30 LO) 17:00～21:30(21:00LO) 無休

**金旺鳳梨蝦球盆**
ジューシーなパイナップルとサクサク食感エビのフリッターサラダ
420元

**花好月圓**
外はサクサク中はもちもち、白餡入りの団子
90元

↑京站時尚廣場にあるレストラン、駅近で便利

グルメ＆カフェ / ショッピング / 歩いて楽しむ / ビューティ＆ヘルス / ホテル

## GOURMET & CAFE

### 名店の台湾ごはん
# とっておき高級店

ミシュランにも登場した台北を代表する名店へ。記念日に訪れるのも◎

**ホテル最上階で極上の料理に舌鼓**
## 頤宮
頤宮 イーゴン
台北駅 MAP付録P.6 C-3

君品酒店にある広東料理をベースとした創作料理の名店。新鮮な海の幸や旬の野菜を使用したコース料理が楽しめる。シェフの熟練の技術による華やかな料理が台湾セレブの間で人気。

☎02-2181-9985 Ⓜ淡水信義線／板南線・台北車站から徒歩5分 ⌂台北市承徳路一段3号17F ⓗ12:00～14:30 18:00～21:30 Ⓡ無休 JJCEE(1カ月前から)

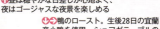
↑昼は穏やかな日差しが心地よく、夜はゴージャスな夜景を楽しめる

↑豚肩ロースを手間ひまかけて焼き上げた頤宮チャーシュー

↖↗鴨のロースト。生後28日の宜蘭産小鴨を使用。シェフがテーブルの前で食べやすくカットしてくれる

---

**ミシュラン中華料理部門で初めて星を獲得した名店**
## 請客楼
請客楼 チンクーロウ
善導寺駅 MAP付録P7 D-4

ミシュラン星付き常連、シェラトンホテル内にある揚州料理と四川料理が味わえるレストラン。地元台湾人からも長い間定評があり、なかなか予約のとれない店としても知られている。

☎02-2321-1818 Ⓜ板南線・善導寺駅からすぐ ⌂台北市忠孝東路一段12号17F ⓗ11:30～14:00 18:00～21:30 Ⓡ無休 JJCEE

↑広々とした個室は親戚が集い食事をともにする台湾文化を感じさせる

←四臣湯(薬膳鍋)1280元。蓮の実や山芋を使用した薬膳スープ

↑エビと干しカリフラワーの炒め物860元。台湾の農家に伝わる伝統料理

→豚耳のオードブル460元。軟骨の食感が楽しめるコラーゲンたっぷりのメニュー

### 地元のセレブたちの絶大な人気を誇る店
## 金蓬莱

金蓬萊 ジンポンライ
**天母** MAP付録P3 B-1

創業70年余の台湾料理店。日本人が経営する高級料亭で働いていた創業者が、北投で食堂を開いたのが始まり。上品な味の台湾料理が味わえる。

☎02-2871-1517 交M淡水信義線・芝山駅からタクシーで10分 所台北市天母東路101号 営11:30〜14:00(土・日曜は〜14:30) 17:30〜21:00(土・日曜は〜21:30) 休月・水曜

↑アワビステーキ1個480元。素材の味を大切に焼き上げた極上ステーキ

↪アワビあんかけチャーハン1480元。アワビの旨みたっぷりの人気メニュー

↑オリエンタルな雰囲気の内装。オーナーのこだわりがうかがえる

### 絶品海鮮料理が味わえるアットホームな店
## 明福台菜海産

明福台菜海產 ミンフウタイツァイハイチャン
**中山國小駅** MAP付録P.15 C-1

店はこぢんまりとしているが出される料理は何を食べても美味。台湾人が特別な日に食べるという人気メニュー「仏跳牆」もおすすめ。予約は2カ月前から可能。

☎02-2562-9287 交M中和新蘆線・中山國小駅から徒歩5分 所台北市中山北路二段137巷18-1号 営12:00〜14:00 18:00〜21:00 休祝日

↪ボラのにんにく炒め700元(上)。席数が少ないため予約が必須(下)

↑カキのにんにくソース300元。新鮮なカキを使用。会計にはサービス料5%がかかる

↑落ち着いた空間でゆっくり食事を楽しみたい

### 歴史的建築物で味わう正統派台湾伝統料理
## 山海楼

山海樓 シャンハイロウ
**忠孝新生駅** MAP付録P.11 E-1

現代ではなくなりつつある古くから伝わる台湾料理を地元の有機野菜などの食材を使い提供。約90年前の酒楼をリノベーションした建物は一見の価値あり。

☎02-2351-3345 交M中和新蘆線/板南線・忠孝新生駅から徒歩7分 所台北市仁愛路二段94号 営12:00〜14:30 18:00〜22:00 無休 (平日は1週間前、土・日曜、祝日は3週間前から受付)

↪鶏のロースト2880元(上)と山海盛り合わせ2380元(下)

## GOURMET & CAFE

### 台湾食材を使用した高級中国料理店も充実
# 百花繚乱 中国各地の逸品料理 ⑤ 店

台北市内には高級ホテルを中心に、中国大陸各地の料理も勢揃い。
広東、四川、北京、上海料理など、四大料理から地方料理まで楽しめる。

**掛爐烤鴨 2人分3800元**
宜蘭産のジューシーで肉厚なローストダック。ビーフンまたはスープ付き

### シックな空間で味わう
### 本格広東＆四川料理

**国賓中餐庁**
國賓中餐廳 グオビンヂョンツァンティン
南京復興駅 MAP 付録P.8 B-3

"四川料理の魂を広東料理に込めた最高級レストラン"をテーマに長年の修業を積んだシェフたちが腕をふるう。アワビや高麗人参など、厳選された食材を贅沢に使用した料理の数々が人気。

☎02-2100-2100(#2383/2385) 交M松山新店線/文湖線・南京復興駅から徒歩2分 所台北市遼寧街177号2F 営11:30〜14:00(LO13:30) 17:30〜21:00(LO20:30) 休無休
J J E E M

↑四川の家庭料理をアレンジした小蔥豆腐 480元は辛い料理によく合うさっぱりとした味

↑油條を杏仁とパパイヤのスープにつけて食べる 杏汁木瓜380元 ※オーダーから30分必要

→アンバサダーホテル内にある46席のモダンなフロア

---

### 四川と広東をはじめ
### 豊富な中華料理を展開

**晶華軒**
晶華軒 ジンホアシュエン
中山 MAP 付録P.15 C-3

川粤料理（四川料理＆広東料理）のレストラン。幅広いメニューとインテリアの美しさ、豊富な個室とテーブル席。日本人もよく泊まるホテル内にあるとあって、日本人客の対応もスムーズ。

☎02-2521-5000#3236 交M淡水信義線/松山新店線・中山駅から徒歩7分 所台北市中山北路二段39巷3号3F 営11:30〜14:00(LO13:30) 17:30〜21:00(LO20:30) 休無休
J J E E M

↑伝統的な字体が宙に浮かんだような不思議な空間を演出している

→客席へと続く長いエントランスと、店内の巨大な書画は記念撮影する人も多い

**晶華片皮鴨 1羽3680元**
きめ細かな肉質の宜蘭産桜桃鶏を使用した、看板料理のローストダック

↑→サクサク大根パイ380元（上）、豚ひき肉蒸しハンバーグ蟹卵と菱の実添え3680元（右）

## 熟練の技術でもてなす
## 国際色を取り入れた広東料理
# 香宮
香宮　シャンゴン
六張犁駅　MAP 付録P.12 C-4

2023年台湾で開催されたThe 500 Dishes Awardに選出された名店。最高級の食材を使用し、素材の持ち味を最大限に生かしたクラシックな広東料理と香港スタイルの点心が自慢。

☎02-7711-2080　文湖線・六張犁駅から徒歩5分　台北市敦化南路二段201号6F　11:30～14:30(LO14:00) 18:00～21:30(LO21:00)　無休

→ハタのXO醤炒め2680元。シンガポールで調理経験があるシェフの創作料理

**蒜香蘑菇美國熟成牛肋眼 1788元**
10日間熟成させた牛リブを炒めオイスターソースで味付けした人気の料理

→シャングリラホテルの6階にある優雅な雰囲気のフロア

**鶏油豌豆 118元**
人気No.1、雲南伝統のグリーンピーススープ

→ささげ豆とエビの揚げ団子、雲南きのこの五目チャーハン

## 雲南伝統の食材を
## シンプル＆丁寧に調理
# 人和園雲南菜
人和園雲南菜
レンフーユエンユンナンツァイ
民権西路駅　MAP 付録P.15 B-1

素材そのものの味を生かした飾らない料理が、幅広い層の客に人気の雲南料理店。雲南地方のきのこや山菜、市場で仕入れる新鮮野菜などの厳選素材を、手間を惜しまず調理する。

☎02-2568-2587、02-2536-4459　淡水信義線／中和新蘆線・民権西路駅から徒歩7分　台北市中山北路二段112号2F　11:30～13:50 17:30～20:50　無休

→市場で良質なグリーンピースを選んで仕入れ、スタッフが豆を仕分けする

## 実直な姿勢でコスパ良好
## 長年のファンが多い店
# 上海郷村
上海郷村　シャンハイシャンツン
忠孝新生駅　MAP 付録P.11 E-1

創業から40年余、3代にわたり営業を続ける上海料理店。マイルドに味付けしているので、日本人の口にも合うものばかり。老舗ながら、気張らないリーズナブルな価格帯も人気の秘密。

☎02-2322-3333　中和新蘆線／板南線・忠孝新生駅から徒歩5分　台北市済南路二段37号　11:30～14:00(LO13:30) 17:30～21:00(LO20:30)　無休

**郷村小烤方 480元**
やわらかな角煮。鶏ガラと砂糖醤油で8時間煮込んだ看板料理

→タウナギは、異なる温度の油で時間をかけて二度揚げし、サクサク食感に。無錫脆鱔468元

→饅頭6個付き。ネギとパクチー、角煮を挟んで割包のようにして食べる

→街なかにたたずむ名店

79

GOURMET & CAFE

<mark>カラダにいい、がいちばん素敵。創意工夫の逸品に出会う</mark>

# 素食&ベジタリアン料理の店 4選

ベジタリアンが多い台湾には、動物由来の食材を使わない「素食」の専門店が数多くある。
質素、というイメージではなく、味付けも食感も豊かで、見た目にも美しい料理が多い。

**祥和菜飯**
福井県産こしひかり、チンゲン菜、大豆ミートの炊き込みご飯
260元

**松露松柏長青**
キャベツ、トリュフなどのサラダ風冷菜は人気のオリジナル
320元

**宮保素鶏丁**
伝統の四川料理に添った大豆ミートとピーナッツの唐辛子炒め
280元

## 祥和蔬食

伝統系もオリジナルも味わい豊かな四川メニュー

祥和蔬食 シャンフーシューシー
**南京復興駅** MAP 付録P8 B-3

素食主義の呉母子による四川素食の名店で、ミシュランのビブグルマンの常連。本場の四川料理をベースに、卵や乳製品を使ったメニューもある。辛さは調節可能。

☎02-2546-6188 交 M文湖線／松山新店線・南京復興駅から徒歩5分 所 台北市南京東路三段303巷7弄7号 営 11:30～14:00 17:30～21:00 休 無休
J E E

↑朱色をアクセントにした店内はエレガントでモダン。約10名用の個室も

## 小小樹食

小小樹食 シャオシャオシューシー
**信義安和駅** MAP 付録P.12 C-3

2022年から2年連続ミシュラングリーンスターおよびビブグルマンを獲得した実力派。自然の食材を使用した体にやさしいメニューを次々と開発し、若者からの人気も高い。

☎02-2700-0313 交 M淡水信義線・信義安和駅から徒歩8分 所 台北市敦化南路二段39-1号 営 12:00～21:00 休 無休
J E E

視覚と味覚で楽しめるスタイリッシュな店

**泰式打抛野菇**
エリンギ、アボカド、コーンなどヘルシー食材を使ったサラダボウル
390元

**醸番茄路梨沙拉**
アボカド、カボチャ、カラートマト、ナッツの色とりどりのヘルシーサラダ
420元

**紅油皮蛋豆腐餃**
ピータン、豆腐、野菜を餃子の皮で包み自家製ラー油をプラス
180元

↑植物が豊富な落ち着いた雰囲気の店内。雑踏を忘れゆっくり食事できる

チョコレートタルトもビーガン仕様

## 東雅小厨

東雅小厨 ドンヤーシャオチュー
忠孝新生駅 MAP付録P.11 F-1

オーガニック食材の持ち味を生かし、120℃以下の低温調理法が自慢。栄養バランスに優れた健康食は体に負担がなく、後味もスッキリ。低カロリーなのもうれしい。

☎02-2773-6799 交M中和新蘆線/板南線・忠孝新生駅から徒歩2分 所台北市済南路三段7-1号 営11:30～13:30 17:00～20:00(LO) 休無休

低温調理法で仕上げる こだわりの健康食

脆皮豆包
揚げ湯葉の特製ソース添え。冷めないうちに食べよう
280元

菜脯花生芽
ピーナッツともやしの炒め物。シャキシャキした食感が楽しい
380元

↑食材はすべてオーガニック。品質のよい小規模農家から直接仕入れたこだわりの野菜を使用している

## 養心茶楼蔬食飲茶

養心茶樓蔬食飲茶 ヤンシンチャーロウシューシーインチャー
松江南京駅 MAP付録P.7 F-3

元ホテルシェフの料理長が素材や盛り付けにもこだわった親しみやすい素食を追求。飲茶をメインに和食やタイ料理風のアレンジなど、幅広いメニューを揃える。

☎02-2542-8828 交M松山新店線/中和新蘆線・松江南京駅からすぐ 所台北市松江路128号2F 営11:30～14:20 14:30～16:30 17:30～21:30 土・日曜、祝日11:00～13:00 13:30～15:30 17:00～19:00 19:30～21:30 休無休

繊細な盛り付けも美しい 厳選食材の飲茶レストラン

京味醤焼杏菇
蒲焼風のエリンギと湯葉、千切りキュウリのベジ北京ダック
330元

薏仁絲瓜柱
手作り豆腐やハトムギをヘチマにつめて蒸したオリジナル料理
280元

蘿蔔絲酥餅
サクサクの生地に千切り大根を詰めた中華パイは一番人気
118元

↑平日でも満席になるほど盛況。オンラインで予約しよう。14時30分～16時30分はティータイムメニュー

# GOURMET & CAFE

## 「熱・旨」な火鍋事情 ❹ 店

南の島のホットな味。具材も味付けもお好みで

健康にもいいから…、なんて言い訳は不要。
老舗に加え、新形態「一人鍋」など、
台北の火鍋はますますおいしさ進化中。

**鴛鴦鍋(4人前)**
「麺包豆腐(パン豆腐)白湯鍋」+
「無老辣香鍋」の鴛鴦鍋
816元(1人前／159元)

親しみやすい味わいの
アレンジ自在な薬膳鍋

### 手厚いサービスも評判
### 無老鍋 中山店
無老鍋中山店
ウーラオグオ チョンシャンディエン
中山 MAP 付録P.15 B-3

日本の薬膳と中国の漢方が調和したクセの少ないスープが若い世代にも人気。漢方入りのスープは白湯とピリ辛の2種類あり、頼めば調理もしてくれる。

☎02-2581-6238 交M淡水信義線・松山新店線・中山駅から徒歩5分 所台北市中山北路二段36-1号 営11:00〜翌2:00 休無休
J E

↓和を織り交ぜたモダンな内装

**具材**
→野菜や肉、海鮮などの具材は40〜1100元ほど。3〜4人でシェアするのにちょうどいい量だ。あらかじめスープに入っている「鴨の血豆腐」と「パン豆腐」は食べ放題

**オーダーの仕方**
まずは単品か鴛鴦鍋からスープをチョイス。名物の「アイスクリーム豆腐」付きや辛めの赤スープなども選べ、それぞれ料金が異なる。スープと一緒に具材も注文。足りなければ追加もできる。テーブルごとに200元が別途加算され、健康茶・追加スープ・ご飯・薬味ダレ・デザートなどが込み。

### お得なランチコースも
### 圍爐
圍爐 ウェイルウ
忠孝敦化駅 MAP 付録P.17 D-4

オーナーは中国の東北地方出身で、名物「酸菜白肉火鍋」をはじめ、郷土料理を提供。こだわりの酸菜(白菜の酢漬け)は、ほどよい酸味で食べやすい。

☎02-2752-9439 交M板南線・忠孝敦化駅から徒歩4分 所台北市仁愛路四段345巷4弄36号 営11:30〜14:00 17:30〜21:30 休無休
J E モ(冬季は望ましい)

**具材**
↓山東大白菜を使用した手作り酸菜をはじめ、エビ団子、揚げ肉団子、イカ団子など、鍋の具材は約30種類。豚バラ肉は余分な脂を落としているのでヘルシー

**オーダーの仕方**
鍋底とは、豚骨ベースのスープに、しみ豆腐・カニ・カキ・シイタケ・干しエビを入れ、白菜の酢漬けと豚バラ肉が付いた基本セットのこと。小(3人以下)720元、中(4〜6人)1180元、大(7人以上)1680元の3種類からサイズを選び、お好みで鍋の具材を追加注文しよう。タレは1人40元。

**酸菜白肉火鍋(4〜6人前)**
中央にある煙突状の筒に焼いた炭が入っていて、ほのかに炭の香りも
1180元

酸菜と多彩な具材を
炭火で楽しむ名物鍋

↑→高級感のある店構え。落ち着いた空間でゆっくり食事が楽しめる。2階には個室もある

82

**酸味がクセになる 本格派の酸菜白肉火鍋**

火鍋セット (3〜4人前)
味の決め手は白菜の酸味、豚肉の甘み、だしのコクと絶妙に溶け合う
1880元

**オーダーの仕方**
小(1180元)から特大(2880元)まで4種類あるので、まずはサイズを決めよう。セットには、スープベースとなるカニ・乾燥エビ・シイタケ・カツオ節や凍り豆腐、野菜、春雨、肉2皿が付いていて、肉は豚・牛・羊から選べる。別料金で追加できるトッピングメニューもあり。

## 心も体も温まる故郷の味
### 長白小館
長白小館　チャンパイシャオグワン
國父紀念館駅　MAP 付録P.17 E-4

1973年に黒龍江省出身のオーナーが開業。当時のレシピで故郷の味を大切に守り、リピーターも多い。豆腐乳、ニラペーストなどの秘伝のタレは無料。

☎02-2751-3525/02-2711-2643
交M板南線・國父紀念館駅から徒歩5分
所台北市光復南路240巷53号 営11:30〜14:00(LO) 17:00〜21:00(LO) 休月曜、8月 J E (冬季は望ましい)

↑ローカル感たっぷりな雰囲気も、旅の楽しい思い出に

**こちらもおすすめ**

**蒸し餃子 120元**
ニラ・卵・春雨という珍しい具材の餃子。あっさりしているのでもう一品におすすめ

**葱入り餅 50元**
表面をパリッと、中はしっとりと焼き上げたネギ餅は、2枚でこのお値段

**具材**
→だしをたっぷり吸った「凍り豆腐」も美味
→鍋底(だし)の素材は、カニ・乾燥エビ・シイタケ・カツオ節
→シャキシャキとした細切りの漬け白菜

---

**オーダーの仕方**
まず好きなスープを選ぶ。基本のスープ代は188元×人数(アイスクリーム、白飯食べ放題)。肉、海鮮、野菜などの具材はメニューを見てオーダー。鍋のタレや薬味は専用コーナーで選ぼう。便利なセットメニューも用意されているのでおすすめ。1グループ2時間の時間制限あり。

**宮廷麻辣鍋+美人養生鍋**
ピリ辛&コラーゲンたっぷりスープの2種類。376元×人数+清掃代10%(肉は別料金)

**セレブ気分が味わえる ほかにはない鍋料理店**

## いたれり尽くせりのエンタメ鍋
### 問鼎 皇上吉祥宮廷火鍋
問鼎 皇上吉祥宮廷火鍋　ウェンディン ホアンシャンジーシャンゴンティンフオグオ
西門町　MAP 付録P.16 C-2

周朝時代の宝物に囲まれた店内で素材にこだわった本格鍋料理が味わえる。キッズルームや25着あるチャイナ服のコスプレ体験など、親子連れも楽しめるうれしいサービスが盛り沢山。

☎02-2311-1721 交M松山新店線・板南線西門駅から5分 所台北市西寧南路157号 営11:30〜24:00(最終入店22:30) 休無休 J E
※ミニマムチャージ1人500元、清掃代10%

↑なんとマッサージチェアまで完備！極楽気分が味わえる

**具材**
→骨なし牛リブ、肩バラ肉など3〜4人分のセット 888元
↑つみれやワサビ味の練り物など4種のセット 208元
→Aグレードの霜降り豚肉など肉類が豊富

83

## GOURMET & CAFE

新商品も続々誕生し、盛り上がっています

# 台北クラフトビール 厳選3店

近年、日本同様台北でも、若者を中心にクラフトビールが話題となっています。スタイリッシュな店内で飲む、キンキンに冷えたビールの味は格別です。

500mlで245元！飲み比べセットもありますよ

みんなで楽しく賑やかに台北の夜を楽しんで

お得なタイムサービスやライブもやってます

### 仲間とワイワイ飲む
## 金色三麥 京站店
金色三麥 京站店 ジンスーサンマイ ジンチャンディエン
台北駅 MAP付録P.6 C-3

人気ブランドが軒を連ねる「京站（Qスクエア）」にあるビアレストラン。定番4種・限定1種の自家醸造ビールに加え、大人数で楽しめるフードも豊富。

☎02-7737-0909 交M淡水信義線／板南線・台北車站から徒歩5分 所台北市承徳路一段1号4F 時11:00～23:00（金・土曜は～24:00）休無休

↑台湾式唐揚げやソーセージなどを盛り合わせたオードブルは1250元

↑開放的なビアホール、カウンターや個室も

↑黒が基調のスタイリッシュなくつろぎ空間

### ゆったり大人時間
## 掌門精釀啤酒 永康店
掌門精釀啤酒 永康店
チャンメンジンニャンピージウ ヨンカンディエン
永康街 MAP付録P.17 F-1

こぢんまりと落ち着いたビアバー。少人数やおひとりさまで過ごすのにもってこい。オンタップで約20種類を揃え、風味も味わいもさまざまな限定醸造ものが味わえるのも楽しい。

☎02-2395-2366 交M淡水信義線／中和新蘆線・東門駅から徒歩3分 所台北市永康街4巷10号 時16:00（金・日曜14:00）～24:00（金・土曜は～翌1:00）休無休

↑「台湾ソーセージ」などのおつまみは150～350元

店舗限定の味もあるので飲み比べてみて！

350mlで1杯220～260元ほど。飲み比べセットも

フルーツビールや樽熟成などレシピは250種類以上

## 台湾のクラフトビール

職人が小規模な醸造所で造るクラフトビール。もともと飲酒習慣があまりない台湾だが、最近はメイドインタイワンのビールが次々に誕生し、おしゃれなビアバーも急増中。各店がさまざまなビールを揃えているので、ビール愛好家はぜひ飲み比べを。

→視界が開けており、夕日や夜景がきれい

オープンエア
風を感じながら乾杯!

330mlで220元〜。アルコール1%のビールも!

伝統料理「滷味」を冷製風にアレンジ260元

陳皮や日本の緑茶など珍しい風味のビールも

### 南国ムードに酔う
### ドリフトウッド
DRIFTWOOD

西門駅 MAP 付録P.16 C-1

ハイセンスなホテル内にあるビアバー。海をイメージしたトロピカルな店内に外国人も多い。自家醸造や輸入ものなど、18タップのビールは毎日変わる。

☎02-2388-3699 松山新店線/板南線・西門駅から徒歩10分 台北市昆明街46号 17:00〜23:30(金曜は〜翌1:30)土曜15:00〜翌1:30日曜15:00〜23:30 無休 J E E

↑茅葺きのカウンターや砂敷きのテーブル席も

↑窓に波が描かれた外のカウンター。スタッフの遊び心が随所に

### ピア5 大稲埕碼頭河岸特区
大稲埕碼頭河岸特区 Pier 5
ダーダオチョンマートウフーアントーチュー

大稲埕 MAP 付録P.14 A-2

淡水河沿いの広場にコンテナ屋台が集結。買うと屋上席に上がれる屋台も。週末はDJパフォーマンスもあり。

松山新店線・北門駅から徒歩15分 台北市民生西路底(大稲埕碼頭5号水門内) 16:00(土・日曜12:00)〜22:00(店舗により異なる) 無休

→ザクザクいかすみ衣のゴジラフライドチキン

→シェアしやすいフードやオリジナルカクテル

### 慈聖宮小吃街
慈聖宮小吃街 ツーションゴンシャオチージエ

迪化街 MAP 付録P.14 C-1

廟の境内に客席が並べられ、お粥や炒め物などの台湾小吃が楽しめる。表の屋台で注文し、裏手のテーブルへ。ピークは昼頃。台湾ビールなどお酒も販売。

中和新蘆線・大橋頭駅から徒歩8分 台北市保安街49巷 7:00〜16:00頃(店舗により異なる) 店舗により異なる

→廟前の通り一帯に屋台がずらりと軒を連ねる

↑買った屋台のテーブルで食べるのがルール

GOURMET & CAFE

## お茶とともに豊かな時間を過ごす
# 奥深き台湾茶の世界へ

高尚なイメージを持つことなかれ。日本の茶道とは異なり、旅行者でも気軽に楽しむことができる茶芸館が多い。近年はよりカジュアルなスタイルの店も増えてきている。

台北にはインテリアにこだわった素敵な茶芸館がいっぱい！

## まずは基本に忠実に。
# 台湾茶を知る
伝統的な作法でお茶を淹れてくれる茶芸館に足を運んでみよう。

種類豊富な台湾茶お気に入りの茶葉をみつけよう

### 手間ひまかけて点てられる台湾のお茶 豊かな香りと味を堪能しよう

台湾茶のルーツは、18世紀末に中国の福建省から台湾北部に入植された苗木だといわれている。気候が茶の生育に適しており、のちに品種改良や製茶技術の向上が進んだことで、台湾茶は独自の発展を遂げ、功夫茶といった茶芸も普及した。生産されるお茶の多くが烏龍茶で、凍頂烏龍茶や高山烏龍茶が有名だ。

## 台湾茶の産地

台湾全土で栽培される。特に台北周辺は産地として知られ、文山包種茶や木柵鉄観音茶が生産されている。

**文山包種茶**（ウェンシャンバオヂョンチャー）
発酵度は低めでフレッシュな味わい。澄んだ香りが特徴

**東方美人**（トンファンメイレン）
フルーツのような甘い香り。ウンカという虫が噛んだ葉を使う

**木柵鉄観音**（ムーヂャーティエグワンイン）
熟成させた茶葉を使う、高発酵の伝統茶。滋味豊かな奥深い味

**高山烏龍茶**（ガオシャンウーロンチャー）
1000m超の高地で栽培される、すがすがしいお茶。阿里山や梨山が有名

**翠玉**（ツエイユィー）
近年台北で生まれた新品種。ジャスミンに似た香りで清涼感がある

**金萱茶**（ジンシュエンチャー）
ミルクやバニラに例えられる甘いフレーバーが特徴。翠玉同様新品種

**凍頂烏龍茶**（ドンティンウーロンチャー）
凍頂山で栽培される、台湾を代表するお茶。ふくよかな味と豊かな香り

## 功夫茶の道具

功夫は創意工夫や労力などの意味もあり、小さな器でていねいに淹れることを指す。道具は茶壺と茶海、茶杯が基本。

**茶通**（チャートン）
茶壺の注ぎ口に詰まった茶葉を取り除く際に使う道具

**茶壺**（チャーフウ）
急須。先に熱いお湯をかけて温めてから、茶葉を入れる

**茶荷**（チャーフー）
使う茶葉を出しておく器。蓮の葉がかたどられている

**茶海**（チャーハイ）
茶杯に茶湯を注ぐための道具。まずは茶湯を茶海に移す

**茶杯**（チャーベイ）
茶をいただくための平たい器で、口杯と呼ばれることも

**聞香杯**（ウェンシャンベイ）
台湾茶ならではの香りを楽しむための、背の高い器

86

## How to おいしいお茶の淹れ方

茶芸館は実際に茶器を使ってお茶を淹れるところが多い。わからない場合はお店の人が教えてくれるので安心して楽しもう

### ①茶壺を温める

沸騰したお湯を準備し、茶壺に入れて温める。最初に温めておくことでより茶葉の香りを引き出すことができる。

### ②茶海を温める

茶壺で温めていたお湯をそのまま茶海に入れて温める。茶海はガラス製のもの以外に磁気製のものもある。

### ③茶杯・聞香杯を温める

茶海に入れたお湯を注ぎ聞香杯に入れそのあと茶杯にまた移し替える。茶杯のお湯はしばらくそのままにしておく。

### ④茶葉を茶壺へ入れる

茶荷に入れておいた茶葉を茶通を使いこぼれないように茶壺に入れる。その際に茶葉が均等に入るように気をつける。

### ⑤茶壺にお湯を注ぐ

茶壺からあふれるくらいにたっぷりとお湯を注ぐ。蓋をしたあと、またその上からお湯をかけ1分から2分ほど蒸らす。

### ⑥お茶を茶壺から茶海へ

茶壺にあるお茶を1滴のこさず茶海に入れる。茶海にすべてのお茶を入れることで、お茶の濃さが均等になる。

### ⑦茶海から聞香杯・茶杯へ

温めていた茶杯のお湯をすべて捨て、茶海のお茶を人数分の聞香杯へ入れ、またそのお茶を茶杯へそれぞれ移す。

### ⑧香りを楽しみ、お茶を飲む

空になった聞香杯にはお茶の香りが残っているのでその香りを存分に楽しむ。そのあと茶杯のお茶をゆっくり味わう。

---

## こちらの茶芸館で学びました

**台湾の茶芸文化を歴史とともに伝える茶芸館**

### 紫藤廬
紫藤廬 ズートンルウ
台電大樓駅 MAP付録P.11 F-4

日本統治時代に政府の寮として使用されていた史跡を茶芸館として蘇らせた。かつて台湾の文芸家たちが通う文化交流の場であり、現在は広いスペースを利用して個展も開かれている。

☎02-2363-7375 ⓂM松山新店線・台電大樓駅から徒歩15分 ⓐ台北市新生南路三段16巷1号 ⓗ11:30〜18:30(金〜日曜は〜19:30) ⓒ火曜
J E 英

⇧洋風建築と和風建築が融合した趣のあるフロア。ミニマムチャージは400元

⇧種類豊富なお茶うけ。お茶のお供にオーダーしたい

中庭を眺めながらゆっくりとお茶を味わう至福のひととき

# GOURMET & CAFE

## 奥深き台湾茶の世界へ
変わる台北のお茶事情
### お茶を楽しむ
伝統的な茶芸館だけでなく、新しいポップなスタイルのお店も増加中！

缶入りタイプはおみやげにぴったり。お気に入りを見つけよう

小さな通りにたたずむ
隠れ家的台湾茶専門店
## 茶苑 CHA-EN
茶苑 CHA-EN チャーユエン
迪化街 MAP付録P14 B-3

多くの観光客で賑わう迪化街にある台湾茶の専門店。メイン通りから外れたところにあるため、落ち着いた雰囲気のなかゆっくりとお茶を選ぶことができる。女性オーナーは日本語が堪能で台湾茶の知識も豊富。天気の良い日はテラス席で店自慢の台湾茶が楽しめる。

☎02-2550-7020 松山新店線・北門駅から徒歩6分 台北市迪化街一段32巷2号 10:00〜17:00 火曜

↑凍頂烏龍茶で漬けた梅はお茶うけにぴったり180元
↑日本人好みのおしゃれな茶器を豊富に取り揃えている
↑人気の梨山高山烏龍茶750元は爽やかな果実の香り
↑店内ではオーナーがていねいに淹れたお茶を試飲することができる

畳敷きの座敷席とテーブル席があり、ゆったりくつろげる

お茶博士との呼び声も高い
オーナー厳選の台湾茶を
## 竹里館
竹里館 チューリーグワン
中山國中駅 MAP付録P8 B-2

1996年、お茶文化を広めたいという思いのもとオープン。納得のいく茶葉のみを仕入れ、オーナー自らが焙煎を手がけた台湾茶が味わえる。淹れ方や歴史について学べる茶道講座も（7日前から要予約）。

☎02-2717-1455 文湖線・中山國中駅から徒歩5分 台北市民生東路三段113巷6弄15号 11:00〜21:00(LO20:00) 水曜

←凍頂烏龍茶は、爽やかでありながら味わいの奥行きと広がりがあり、ふくよかな甘みも感じる
←豊富なお茶うけも人気の理由。麺類や水餃子などの食事もできる

↑中国茶用の茶器で楽しむ功夫茶は260元〜。台湾各地の特選茶のほか、オーナーの私蔵茶も

お茶好きの地元民で賑わう
街なかの手軽な茶芸館
## 老茶缶
老茶罐　ラオチャーグワン
**永康街** MAP付録P.17 F-2

茶芸館の文化を多くの人に楽しんでほしいという思いで初代オーナーがオープンさせたカジュアルな店。店内で茶葉を購入し、時間制で2階のフロアを使用することができる。

☎02-2351-5560 ❖淡水信義線・中和新蘆線東門駅から徒歩8分 ⌂台北市永康街53-1号 ⏰00:00～00:00 休無休

➡5つの年代別の梨山炭焙工夫茶が楽しめるセット2580元。古いほど味の深みが増す

↑永康街の奥にある静かな店、茶器も豊富

フロアの各所に店名の由来である茶葉の缶が飾られている

↑1人につき2時間100元で過ごせる

築1940年の家屋をリノベギャラリー併設の茶芸館
## 青田茶館
青田茶館　チンティエンチャーグワン
**永康街** MAP付録P.11 E-3

日本統治時代に建てられた日本式家屋を利用。歴史を感じる静かな空間で、アートにふれながら台湾茶を味わえる。不定期で、茶葉や茶器を紹介するイベントも開催。

☎02-2396-3100 ❖淡水信義線・中和新蘆線・東門駅から徒歩11分 ⌂台北市青田街8巷12号 ⏰10:00～18:00(LO17:00) 休無休
(土・日曜は望ましい)

功夫茶は450元〜。台湾産の茶葉5種のほか、希少な雲南古樹茶も揃える

↑緑豊かな庭には樹齢100年以上のマンゴーの木も

↑お茶うけの種類も豊富、お茶と一緒に味わいたい

迪化街に立地する
レトロモダンな茶芸館
## 南街得意
南街得意　ナンジエドーイー
**迪化街** MAP付録P.14 B-3

古い木造建築をリノベーションした建物の2階にあり、店内にはおしゃれなアンティーク家具が並ぶ。1920年代の台湾を彷彿させるレトロな雰囲気と、豊富に揃う台湾茶を楽しみたい。

☎02-2552-1367 ❖松山新店線・北門駅から徒歩12分 ⌂台北市迪化街一段67号2F ⏰10:30〜18:20(LO17:30) 休無休

↑17種類のなかから好みの香りのお茶を選ぶ

台湾名茶セット280元。お茶うけは日によって変わる

↑1913年に建てられた歴史ある建物を利用している

GOURMET & CAFE

## オールド×モダンな文化が心地よく溶け合う
# レトロな街並みに映える リノベカフェ

日本統治時代の建造物や洋館などを見事にリノベーションしたカフェはインスタ映え必至とあって地元でも大人気。メニューも要チェック！

**ノスタルジーな洋風カフェ**
### 光一 一個時間
光一 一個時間 グアンイー イーガシーチエン
市政府駅 MAP 付録P.9 E-4

松山文創園区内にあるカフェ。日本統治時代に運営されていたたばこ工場の託児所をカフェスペースにリノベーション。当時の様子をできる限り残した建築物は必見。

☎02-2767-6300 ❺板南線・市政府駅から徒歩7分 ㊤台北市光復南路133号（松山文創園区生態池そば）⊛10:00～19:00（土・日曜は～20:00、LOは各1時間前）⊛無休

80年の歴史ある建物。当時の様子に思いを馳せながら食事が楽しめる

大きな窓から差し込む光が心地よい店内

チャバタとグリル野菜、ポーチドエッグの鉄鍋370元

↑厚切りベーコンのブランチプレートは光一の看板メニュー。380元

↑"時の窓"がテーマの店内。大きな時計には映像が映し出される

↑豆乳とヨーグルトでできたヘルシーなイチゴのスムージー185元

### 極上コーヒー体験できるカフェ
## シンプル・カッファ・ザ・コーヒー・ワン
**SIMPLE KAFFA THE COFFEE ONE**
永康街 MAP 付録P.11 D-3

日本統治時代の刑務所官舎をリノベした榕錦時光生活園区にあるカフェ。バリスタ世界チャンピオン吳則霖氏がプロデュースした世界から選りすぐりのコーヒーが楽しめる。

☎02-3322-1111 交M淡水信義線/中和新蘆線・東門駅から徒歩2分 住台北市金華街177号 営11:00～18:00 休無休
予E¥C 予約はWebで(tinyurl.com/dwc5mce4)、ミニマムチャージ1000元

→懐かしさを感じさせる日本家屋。テイクアウト専用のショップも併設

梁の見える高い天井。天気によって違う魅力が感じられる

↑芸妓をはじめこだわりのコーヒー(1000元～)が飲める。フィナンシェ200元

↓コーヒーワゴンが用意され、バリスタのプロが淹れてくれる

### 大通りにある煉瓦造りのカフェ
## 川流之島
川流之島 チュエンリウヂーダオ
北門駅 MAP 付録P.6 B-3

日本統治時代の倉庫をリノベした複合施設の中にあるカフェ。その時代にちなんだ書籍やグッズの販売や、当時の様子を知ることのできる展示物が多数置かれている。

☎02-2371-4597 交M淡水信義線/板南線・桃園機場捷運線台北車站から徒歩7分 住台北市忠孝西路一段265号 営11:00～19:00 休月曜
E¥C

台北各地の有名な古蹟をかたどったカステラもおすすめ

→煉瓦造りの建物内には瓶を利用したランプが並ぶ

↑臺茶八號220元。蜜やシナモンの香がほのかにする台湾産の厳選アッサムティー
→アメリカンやラテなど豊富なコーヒーは120元～

↓市民が当時の様子を投稿し、閲覧できるスペースも

### 香港式レトロがかわいい
## 窩窩Wooo
窩窩Wooo ウォーウォー
迪化街 MAP 付録P.14 B-2

香港人オーナーが、香港の食文化を紹介するべく開いたカフェ。古民家をまるごとリノベしアンティーク家具を配置。店内の漢方薬局の棚など、見どころいっぱい。

☎02-2555-2056 交M松山新店線・北門駅から徒歩15分 住台北市民生西路404号 営11:30～18:30 休Instagramで確認
JE¥C

入口、床、壁紙、タイルや食器、どこをとってもレトロ

→迪化街の古い街並みに似合う、どこか昔懐かしい外観

↑ジューシーなチャーシューがのった叉焼撈麺(写真左下)235元や濃厚な香港式ミルクティーなど香港スタイルのメニューを、かわいい店内で味わえる

91

## GOURMET & CAFE

> 古い街並みに溶け込むコーヒー専門店は台北の顔です

# 台湾コーヒーを味わう、素敵な時間

有名バリスタの店、ワールドチェーン、若者が営むニューウェーブなど、台北のコーヒー文化はとても豊か。世界的に注目される台湾産の豆もコーヒー好きなら外せない。

店内はシンプル&広々。ゆったりとした時間が流れる

↑バリスタ大会優勝時のトロフィーが飾ってある
→ざっくりとした黒糖がのったラテ200元(手前)と、リュウガンのはちみつとキンモクセイのラテ200元(奥)

### 世界に認められた台湾コーヒー界の星

## フィカ・フィカ・カフェ
啡卡咖啡 Fika Fika Cafe
フェイカーカーフェイ

松江南京駅 MAP付録P.7 F-3

北欧のバリスタ世界大会で、ノルディック・ロースター2013チャンピオンに輝いた唯一の台湾人、ジェイムス氏が開いたカフェ。自慢の自家焙煎コーヒーを味わえる。

☎02-2507-0633 松山新店線／中和新蘆線・松江南京駅から徒歩2分 台北市伊通街33号 8:00～21:00 月曜は10:30～21:00 無休 J E E

Good Taste!

→バラの紅茶の「Rose Fancy Tea Latte」Grande 145元(右)と「Homemade Nuts Tart」65元(左)は台湾限定メニュー
←台湾の名所やグルメをプリントした限定マグは500元(左)。文旦と蜂蜜のソース250元(右)は紅茶に加えると甘く爽やかな香りが楽しめる

ポットでたっぷりの烏龍茶

1階でオーダー。2・3階へは一度外に出て階段を上がる

### オールド台湾ムードに浸り限定メニューを

## スターバックスコーヒー 保安門市店
星巴克咖啡 保安門市店 Starbucks Coffe
シンバークーカーフェイ バオアンメンシーディエン

迪化街 MAP付録P.14 C-1

1900年代に建てられた邸宅をリノベした台湾でも数少ないレトロな雰囲気のスタバ。ドリンクやスイーツなどの限定メニューのほか、おみやげアイテムも要チェック。

☎02-2557-8493 中和新蘆線・大橋頭駅から徒歩5分 台北市保安街11号 7:00～22:30 無休 E E

台北ならではのオリジナルも

ワールドブランドの気になるご当地メニュー

台湾産の良質な豆をこだわりの抽出で味わう

カジュアルスタンドで気軽に本格コーヒーブレイク

**グルメ&カフェ** / ショッピング / 歩いて楽しむ / ビューティ&ヘルス / ホテル

香り高い台湾産の豆をくつろぎの空間でどうぞ

⇧ コーヒーはその時どきの豆が10種類ほど揃い、価格はSサイズ180〜250元ほど。パウンドケーキもあり、ゆったりくつろげる

⇨ ドリップパック12種類セットは箱入りで780元。単品でも販売する

### 台湾豆の個性を熟知し好みに合わせてドリップ

## 森高砂咖啡館
森高砂咖啡館 センガオシャーカーフェイグワン
迪化街 **MAP** 付録P.14 C-3

コーヒー店を営んでいた董オーナーが台湾各地の小規模コーヒー農家を訪ね、6年かけて焙煎を伝授。49地域162カ所の良質な豆を扱う台湾産コーヒーの専門店。ドリップにもこだわった本格派の味が楽しめる。

☎なし ⊗Ⓜ松山新店線・北門駅から徒歩10分 ㊙台北市延平北路二段1号
🕐13:00〜18:00 金・土曜14:00〜22:00 休月・火曜

Casual Style

⇧ フルーティな香りのブレンド豆で抽出するラテは160元
⇨ 輸入もののクラフトビールも20種類がラインナップ

気軽にコーヒーやビールを楽しんで!

### 散策の合間にエスプレッソドリンクでリフレッシュ

## コーヒー・スタンド・バイ・ミー
Coffee Stand by me
赤峰街 **MAP** 付録P.15 A-3

注目のおしゃれショップが多い中山エリアにあるカジュアルなカフェ&バー。選りすぐりの豆で淹れるエスプレッソドリンクや水出しコーヒーのほかスイーツもあり。カウンターメインの気軽さもよし。

☎なし ⊗Ⓜ淡水信義線／松山新店線・中山駅から徒歩3分 ㊙台北市赤峰街41番4号 🕐13:00〜18:00 金・土曜は14:00〜22:00 休月・火曜

GOURMET & CAFE

> アンティークなフロアの窓からは寺院が見える。西洋と東洋が入り交じった空間は台湾ならでは（明星咖啡館）

## 都会に生まれたノスタルジックな安らぎ空間
# レトロなカフェで癒やされる

**現在台湾では昭和を感じさせる懐かし系カフェが急増中！
復古風が若者の間でおしゃれのキーワードになっている。**

### ベーカリー併設の老舗カフェ
### 明星咖啡館

明星咖啡館 ミンシンカーフェイグワン
西門駅 MAP 付録P.6 B-4
中国でカフェを営んでいたロシア人が台湾へ渡り、初代オーナーと1949年に創業したベーカリーが始まり。その後ロシア料理を提供するカフェとして地元台湾人の憩いの場となっている。
☎02-2381-5589 交M松山新店線／板南線・西門駅から徒歩10分 所台北市武昌街一段5号2F 営11:30～20:30(金・土曜は～21:00) 休無休
E E

↑種類豊富なアフタヌーンティーセット480元
←ブレンドコーヒーやロシアンコーヒーも提供

### 昭和にハマった台湾人のカフェ
### 炭波波喫茶

炭波波喫茶 タンボーボーチーチャー
公館 MAP 付録P.4 C-4
日本のレトロなグッズがフロアいっぱいに飾られたポップなカフェ。オーナーの日本愛を感じることができる。洋食メニューやデザートは地元の若者にも評判でフォトスポットとしても人気。
☎02-2362-9668 交M松山新店線・台電大樓駅から徒歩6分 所台北市温州街74巷3弄11号 営12:00～21:00 休無休
E E ※ミニマムチャージ150元

→ブルーシトラスのフロート150元と手ごねハンバーグ260元

↓昭和アイドルのピンナップがところどころに

### 歴史的街道の路地裏昭和カフェ
### 昭和浪漫洗濯屋

昭和浪漫洗濯屋 チャオフーランマンシーデュオウー
迪化街 MAP 付録P.14 B-2
80年前の洗濯店をリノベーションしたレトロカフェ。細長い店内の2階には畳のスペースもあり、台湾産フルーツを使用したソフトクリームやほろ苦い大人の味のプリンが楽しめる。
☎02-2550-5358 交M中和新蘆線・大橋頭駅から徒歩9分 所台北市安西街3号 営11:30～18:00 休水曜
J E E

↑ソフトクリームは季節によって味が変わる
←日本の民芸品やキャラクターグッズが並ぶ店内

↑迪化街の裏通りで、ひときわ目立つ店構え

# FIND YOUR FAVORITES AND GOOD SOUVENIRS!

## ショッピング

プチカワ雑貨も味みやげも

### Contents

- 色彩豊かな 花布 を探しに ▶P98
- キュートな MIT&台湾デザイン雑貨 見つけた ▶P100
- ぬくもりの 台湾民芸 を探す ▶P102
- 注目の ナチュラル系コスメショップ ▶P104
- 台湾の お茶文化 を日本で追体験 ▶P106
- セレクトショップで 味みやげ ▶P108
- こだわりのイチオシ 食品・調味料 ▶P110
- 定番 パイナップルケーキ ▶P112
- 開運グッズ ピックアップ ▶P114

# SHOPPING

## 台北の思い出を手に入れる 欲しいものはここにある!

刺繍が施されたシノワズリテイストのファッションアイテムやおみやげにぴったりなお菓子など、欲しいものがいっぱい！予備知識を押さえて、上手にショッピングを。

### 基本情報

**どこで買う？**
個性豊かなメイドイン台湾（MIT）の雑貨を探す場合は、専門店やセレクトショップへ。パイナップルケーキやドライフルーツなどのグルメみやげは、専門店やスーパーマーケットが便利。あちこちに点在する市場や夜市・専門店街なら、買い物をしながらローカルな暮らしが体感できる。

**休みはいつ？営業時間は？**
春節（旧正月）以外は基本的に無休の店が多い。週1回定休日を設けている店も。営業時間は店舗によるが、多くが21時頃まで、デパートは11時頃～21時30分頃、夜市は夕方から深夜まで。24時間営業のコンビニも充実。

**賞味期限の見方は？**
台湾では、西暦のほかに「民国」で記載されることもある。民国とは西暦から1911を引いた数字のこと。2024年であれば、民国113年となる。

**重さや長さの単位って？**
日本同様、g、kgを使用する店も多いが、なかには台湾の伝統的な重さの単位「斤・両」などを見かけることも。1斤は約600g、1両は約37.5g。長さは1寸が約3cm、1尺は約30cmだ。

**エコバッグ持参が◎**
基本的にレジ袋は有料。スーパーマーケットやコンビニでは、袋に入れてもらえないこともある。袋は1元ほどだが、エコバッグ持参がおすすめ。

### お得情報

**バーゲンの時期は？**
1～2月の旧正月前後、春、夏、そして最も盛大な9～11月頃の「週年慶」の4回。週年慶ではブランドものやコスメが大幅割引になる。割引表示には「折」が使われ、9折であれば9掛け、つまり10％割引という意味になる。

**営業税還付（退税）を有効活用**
外国人観光客向けの還付制度。台湾での買い物には5%の営業税が含まれるが、条件を満たすとこの税金が還付される。還付条件は、1日に退税マークのある同一店で2000元以上の買い物をし、その商品を未使用のまま90日以内に台湾を出国すること。対象となる買い物をした際は、パスポート、eチケットなどの航空券を提示し、「営業税還付明細申請表」と「統一発票（領収書）」を発行してもらおう。申請手続きは出国時の空港で。

### 「買1送1」でまとめ買い！

台湾のショップでは「買1送1」という文字をよく目にする。これは、1つ買ったらもう1つサービスという意味。買3送1など店によってサービスが異なる。

### レシートは捨てない？

統一発票（領収書）が実は宝くじになっており、2カ月に1回抽選が行われている。結果はWebサイトで確認可能。1000万元の特別等から下3桁が一致する200元の6等まで。

### カードの優待特典をチェック！

クレジットカードが使える店では、カードで支払うと割引サービスが受けられるところがある。サービスは会社によって異なるので、事前に確認しておこう。

### サイズ換算表

| 服（レディス） | | | 服（メンズ） | | | 靴 | |
|---|---|---|---|---|---|---|---|
| 日本 | 台北 | | 日本 | 台北 | | 日本 | 台北 |
| 5 | XS | 34 | — | — | — | 22 | 34 |
| 7 | S | 36 | S | 38 | | 22.5 | 35 |
| 9 | M | 38 | M | 40 | | 23 | 36 |
| 11 | L | 40 | L | 42 | | 23.5 | 37 |
| 13 | LL | 42 | LL | 44 | | 24 | 38 |
| 15 | 3L | 44 | 3L | 46 | | 25 | 39 |

| パンツ（レディス） | | パンツ（メンズ） | |
|---|---|---|---|
| 日本(cm)/(inch) | 台北 | 日本(cm)/(inch) | 台北 |
| 58-61 | 23 | 32 | 68-71 | 27 | 36-38 |
| 61-64 | 24 | 34 | 71-76 | 28-29 | 38-40 |
| 64-67 | 25 | 36 | 76-84 | 30-31 | 40-44 |
| 67-70 | 26-27 | 38-40 | 84-94 | 32-33 | 44-48 |
| 70-73 | 28-29 | 42-44 | 94-104 | 34-35 | 48-50 |
| 73-76 | 30 | 46 | — | — | — |

靴続き:
| 日本 | 台北 |
|---|---|
| 25.5 | 40 |
| 26 | 41 |
| 27 | 42 |
| 27.5 | 43 |
| 28.5 | 44 |
| 29 | 45 |
| 29.5 | 46 |
| 30.5 | 47 |

## おすすめの台北みやげ

レトロモダンな雑貨や現地でしか手に入らないコスメは、自分へのご褒美に、また友人へのプレゼントにもいい。もちろん、定番のパイナップルケーキやドライフルーツ、台湾茶など、食品系も見逃さずに！

### MIT雑貨 ▶P100ほか
メイドイン台湾の雑貨たち。地元のクリエイターたちが手がけるアイテムは、個性豊かでセンスも抜群。

### 漢方 ▶P146ほか
迪化街には日本語が通じる漢方専門店もある。お店には、漢方薬やドライフルーツがずらりと並んでいる。

### 台湾コスメ ▶P104ほか
肌にやさしい天然派から、漢方に由来するドクターズコスメまで。さまざまなブランドをチェックしたい。

### パイナップルケーキ ▶P112ほか
パイナップルと小麦粉、卵などで作られる、台湾みやげの定番焼き菓子。専門店ほかスーパーでも購入可能。

### カラスミ ▶P110ほか
台湾では良質なカラスミが日本より安価で手に入る。真空パックされたものはおみやげに最適。

### 台湾茶&茶器 ▶P106ほか
香り豊かな台湾茶は、万人に喜ばれる逸品。旅を機に、おしゃれな茶器もセットで購入してみては。

---

## 台北の注目ショッピングエリア

買い物を楽しむなら、迪化街、永康街、中山・赤峰街へ。歩き疲れたら通りに点在するカフェで休憩を。

### 生まれ変わったレトロタウン
**迪化街** ディーホアジエ

台湾で最も古い問屋街。歴史的建築物が残る通りに、漢方や茶葉などの専門店が並ぶ。おしゃれなリノベビルも多い。 ▶P116

### 台湾らしい雑貨を手に入れよう
**永康街** ヨンカンジエ

色使いがキュートなMIT雑貨を扱う専門店やアパレルショップが充実。グルメの名店も多く街歩きが楽しめる。 ▶P120

### スタイリッシュなカフェも点在
**中山駅・赤峰街** チョンシャン・チーフォンジエ

メインストリート中山北路や周辺の路地まで賑わう。個性的な雑貨を販売するショップや百貨店、デパートなどに注目。 ▶P124

---

## コンビニ・スーパー利用のコツ

バラマキみやげの購入先として不動の人気を誇るのが、地元のコンビニやスーパー。24時間営業の店舗もある。定番みやげからオリジナルブランドの商品まで要チェック。

➡日本では見かけない味のポッキー。20元

➡意外と充実のヴィーガンカップ麺 39元

➡フレーバーもいろいろ選べる台湾ビール30元

➡食べきりサイズのコンビニドライフルーツ50元

➡有名な義美ブランドのグミチョコ30元

### 街でみかけるスーパー&コンビニ

**全家 Fmamily Mart**
チュエンジア ファミリーマート
漢方系などのオリジナルドリンク類が充実している。

**7-ELEVEN**
セブンイレブン
台湾セブンのマスコットOPENちゃんグッズに注目。

**全聯**
チュエンリエン
地域密着型&格安で人気の大型チェーンスーパー。

**勝立生活百貨**
ションリーションフオバイフオ
台湾の日用品全般を幅広く取り揃える生活雑貨店。

**SHOPPING**

花布は、台湾で昔から好まれていた花をあしらったデザインの布。客家花布とも呼ばれるが、客家由来ということではない。

心華やぐ台湾伝統のデザインがカワイイ
# 色彩豊かな花布を探しに

鮮やかな色彩、レトロさも感じさせる花布は、旅行者の間でも人気アイテムのひとつ。

## まずは永楽布業商場へ

日本統治時代に日本人商人が輸入した布を販売したのが始まり。100店舗以上の問屋が並ぶ台湾最大規模の布市場。1階には食品市場があり周辺住民の生活スタイルをのぞくこともできる。

**永楽布業商場**
永樂布業商場 ヨンルーブーイエシャンチャン
迪化街 MAP付録P.14 B-3
☎店舗により異なる 交松山新店線・北門駅から徒歩10分 所台北市迪化街一段21号2-3F 営9:00〜18:00頃(店舗により異なる) 休日曜
E(店舗により異なる)

### 花布を買うならこの店！
**聖欣布行**
聖欣布行 ションインブーハン
入口すぐにある店。花布を色、柄ともに豊富に取り揃え、普段使いできるバッグも多数。

➡鮮やかな水色のトートバッグ350元(左)、紺色のショルダーバッグ1300元(右)

### 名物オーナーの人気店
**右翔進口傢飾布**
右翔進口傢飾布 ヨウシャンジンコウジャーシーブー
花布グッズが豊富に揃う。まとめ買いにオススメ。

➡化粧ポーチ100元は色違いも多数

**オーダーメイドに挑戦！**

2階で布を購入したあとは3階の仕立て屋で自分だけのオリジナルグッズを作ることができる。制作期間は平均3〜5日ほど。日本への配送サービスがある店もある。

➡希望のデザインを伝えてオーダー、日本語がわかる職人もいる

**愛美麗工作坊**
愛美麗工作坊 アイメイリーゴンズオファン
サンプルが豊富にあるので安心してオーダーすることができる。価格は化粧ポーチ制作で390元〜。

# 街なかのお店へ

**A** 2wayバッグ
1380元
人気の水色。口を広げれば容量たっぷりになり便利

**B** トートバッグ（小）
580元
お弁当入れなど、いろいろな用途に。大サイズもある

**A** 巾着と杯子セット
350元
セットの湯呑みを持ち運べる、柿のような形の巾着

**A** 巾着
399元
蝶と花が描かれた巾着は、和にも洋にも使えそう

**B** 花ナイロンバッグ
780元
レインボーカラーに大きな花模様が個性的。軽さも魅力

**A** 2wayクラッチバッグ
599元
チャイナ風の飾りがかわいい。持ち手は外すことも

**B** ブックカバー
390元
昭和レトロを感じる、日本文化の影響を受けた花布も

**B** 鍋つかみ
490元
縁起のいい牡丹柄の鍋つかみは、プレゼントにいかが

**A** テディベア
699元
お気に入りの子を見つけて、自分へのご褒美にいかが

**A** ピアス
各350元
ファッションを華やかに彩ってくれる花布ピアス

**A** 印鑑ケース
150元
手ごろな価格の印鑑ケースはおみやげに人気。朱肉付き

---

## A 女心をつかんだ花布小物
### 李氏手工房
李氏手工房 リーシーショウゴンファン
台北駅 MAP付録P.6 B-3
台湾らしさ満点の花布を使った小物を300点以上取り揃える。人気の理由は、使いやすさを考え、細部まで丹念に作られた品質にも。
☎02-2555-8348 交M淡水信義線／板南線・台北車站から徒歩5分 所台北市市民大道一段100号（台北地下街84B号、Y16〜Y18の間）営10:00〜17:00 休無休
JE

## B 台湾伝統の花布を日常に
### 布調
布調 ブーディアオ
永康街 MAP付録P.17 F-2
花布を愛するオーナーの陳さんが、自ら花布を探し、日常使いできる小物をデザイン。伝統芸能である布袋劇の人形も揃える。
☎02-3393-7330 交M淡水信義線／中和新蘆線・東門駅から徒歩6分 所台北市永康街47巷27号 営11:00〜19:00 休火・水・木曜 （1000元以上に限る）

---

## こんなかわいい布のお店も

### ハンドメイドのキレイ雑貨
### 小花園
小花園 シャオホアユエン
迪化街 MAP付録P.14 B-3
台湾にちなんだアイテムの刺繍雑貨や上品なシノワ系の刺繍をあしらった布製品が人気。普段着にもなる布製のチャイナ服も。
☎02-2555-8468
交M松山新蘆線・北門駅から徒歩7分 所台北市南京西路237号
営9:30〜19:00
休無休
JE

↳店の入口ではせわしなく動くミシンが見られる

**チャイナシューズ**
左1090元、右1490元
布製のシューズは洋服に合わせやすい色が多い

**サンダル**
1090元
履くだけで気分が上がりそうな鮮やかな赤色が特徴

**がまぐち小**
各290元
タピオカミルクティや電気鍋など日本にない絵がかわいい

**がまぐち大**
各790元
中にも小さながまぐちが入っていて貴重品入れに使える

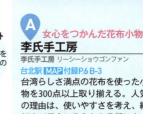

グルメ＆カフェ／ショッピング／歩いて楽しむ／ビューティ＆ヘルス／ホテル

SHOPPING

## デザイン良し、機能性もOK！なスグレものたち
# キュートなMIT&台湾デザイン雑貨見つけた

さりげなくアジアンテイストを感じさせながらも、上品なデザインと使い勝手の良さで人気の台湾雑貨。ショップオーナーのこだわりにも共感。

→表面に防水加工を施したポーチ「小玉花布」シリーズ。2つで450元
**A 各250元**

→マチが広くコスメや文具など、オールマイティに使える巾着
**B 350元**

→台北101のゆるいイラストがかわいいオリジナルトート。サイズは2種類
**A 320元(S)**

→魔除けになるといわれている布製の虎の置物。コミカルな表情がかわいい
**D 720元**

→カードや小銭を入れるのに便利。素材が薄いので電子マネー入れにも
**B 220元**

→軽量&防水タイプのショルダーバッグ。ミニケースと揃えても◎
**B 990元**

→癒やし系のワッペンが貼られたiPadケースはババロアと子猫の2種
**C 各349元**

→お洒落なデザインのマチつきハンドバッグ。おでかけに持ち歩きたい
**B 1480元**

**B 520元**

→伝統的な漁師網バッグの鮮やかな色合いがレトロなペンケースに
**F 各390元**

→チケットやパスポートなど、大切な物を持ち運ぶのに便利なパスケース

→凍頂烏龍、白毫烏龍、老佛手、紅玉紅茶のティーバッグのセット
**D 100元**

---

| **A** カラフル&キュート雑貨 | **B** センス抜群の布小物 | **C** ユニーク&かわいいの宝庫 |
|---|---|---|
| **バオ・ギフト**<br>Bao Gift | **BUWU布物設計**<br>BUWU布物設計 ブーウーショージー | **グッドオールドデイズ好老日**<br>Good Old Days 好老日 ハオラオリー |
| 永康街 MAP付録P.17 F-1 | 迪化街 MAP付録P.14 B-3 | 師大路 MAP付録P.11 E-4 |
| 「宝箱」をテーマに日常使いできるセレクト雑貨やオリジナルアイテムを多彩に揃える。 | テキスタイルからトータルにデザインしたバッグやポーチは、丈夫で使い勝手もいい。 | 学生街にある雑貨店、リーズナブルな価格の商品が多く手軽なみやげを買うのにぴったり。 |
|  |   |  |
| ☎02-2397-5689 淡水信義線／中和新蘆線・東門駅から徒歩2分 台北市永康街6巷3号 ⏰10:00〜21:30 無休 | ☎02-2552-6129 松山新店線・北門駅から徒歩10分 台北市迪化街一段32巷2号2F ⏰10:30〜18:30 月・火曜、その他不定休あり（Googleマップで確認） | ☎04-2452-8610 松山新店線・台電大樓駅から徒歩6分 台北市師大路39巷8号 ⏰13:30〜22:30 無休 |

| | グルメ&カフェ |
| | ショッピング |
| | 歩いて楽しむ |
| | ビューティ&ヘルス |
| | ホテル |

## D 日本人セレクトの良品
### 你好我好
你好我好 ニーハオウォーハオ
迪化街 MAP付録P.14 B-3
日本人オーナーが在住者目線でセレクトした雑貨やオリジナル商品を扱う。イベントも開催。

☎02-2556-5616 Ⓜ松山新店線・北門駅から徒歩7分 台北市迪化街一段14巷8号 10:00〜18:00 水曜

## E 軍人村跡地から台湾文化を発信
### 好,丘
好,丘 ハオ,チウ Good Cho's
信義 MAP付録P.13 E-3
四四南村内にあるショップ。台湾デザイナーや農家による高品質のMITグッズをセレクト。ベーグルカフェも併設。

☎02-2758-2609 Ⓜ淡水信義線・台北101/世貿駅から徒歩5分 台北市松勤街54号 11:00〜20:30(カフェは〜18:00) 第1月曜

## F 伝統＋遊び心でセレクト
### 来好
来好 ライハオ
永康街 MAP付録P.17 F-1
台湾ブランドの多彩な品々が揃う。伝統と現代的なデザインが融合したレアものが充実。

☎02-3322-6136 Ⓜ淡水信義線/中和新蘆線・東門駅から徒歩3分 台北市永康街6巷11号 9:30〜21:30 無休

# SHOPPING

日々の暮らしに台湾スタイルを取り入れたい

# ぬくもりの台湾民芸を探す

とっておき台湾スタイルをお持ち帰り

昔から日々使われてきた生活雑貨は、素朴な風合いながら機能性も抜群。細やかな手仕事によって生まれた品々は、末長く大切に使いたい。

↑八角などの漢方素材が入ったオリジナルのキャンドル 1580元

400元

↑伝統的な製法で作られたビンロウの葉のお弁当箱(小) 2500元

↑い草を素材にした手編みのメッシュバッグ。持ち手は革を使用

↑エリアの物語を刺繍で紡いだオリジナルのマグネット 各499元

↑生薬が入ったハーブボール。枕元に置いたりお湯で温めてマッサージに 380元

## 地衣荒物
地衣荒物 ディーイーホワンウー
迪化街 MAP付録P.14 B-3

古き良き伝統文化を取り入れた雑貨や、自然素材を生かしたクラフト工芸などを、オーナー独自の感性で集めたセレクトショップ。それぞれの作品に詰まった物語を聞くのも楽しい。

暮らしがときめくクラフト

☎02-2550-2270 交M松山新店線・北門駅から徒歩13分 所台北市民楽街34号 営12:30〜19:30 休無休 J E

↑物の本来のあるべき姿や価値にふれられる素敵な空間

↑3代目の文清さん、現在は4代目の息子が運営している

## 富山蒸籠専売店
富山蒸籠専賣店
フーシャンヂョンロンヂュワンマイディエン
龍山寺 MAP付録P.3 A-3

数少ない手作りの蒸籠を専門に扱う老舗。一人一人の顧客のニーズに合った蒸籠を扱い、保存方法もていねいに教えてくれる。巧みな技術で作られた蒸籠は小籠包の名店にも愛用されている。

100年の歴史を誇る蒸籠店

☎02-2306-0066 交M板南線・龍山寺駅から徒歩11分 所台北市桂林路224巷1号 営9:30〜19:00 休日曜

→木製の蒸籠は加熱時に熱くなりにくいのが特徴 1200元

↑竹製の蒸籠は丈夫でリーズナブル 400元

↑炊きたてのご飯を入れて保存する昔ながらのおひつ 1800元

- 使いやすそうなボトルブラシ。白豚の毛を使用 75元
- 1000元
- 飾りとしてもカワイイ手作りのヤシブラシは畳の掃除などに
- 250元
- 弾力性に富んだ馬毛を使用したホコリ取りブラシ
- 両面使えて、靴・爪・野菜など、いろいろ磨ける万能ブラシ
- 160元
- 75元 筆タイプのブラシは、コーヒーメーカーの掃除に

※商品の値段は原料により変動あり

## 三芳毛刷行
三芳毛刷行
サンファンマオシュアハン
迪化街 MAP付録P.14 C-4

1945年創業のハケ専門店。豚・馬などの毛やヤシなどを素材にした、何百種類ものブラシを揃えている。目的・用途に合ったブラシがきっと見つかるはず。

工場直営のお手ごろ価格

☎02-2558-0437 Ⓜ松山新店線・北門駅から徒歩8分 所台北市長安西路223号 営9:00(土曜10:00)~18:00 休日曜

## リマ
LiMA
永康街 MAP付録P.17 F-1

☎02-2395-4782 Ⓜ淡水信義線/中和新蘆線・東門駅から徒歩2分 所台北市永康街2巷5号 営11:00~21:00 休無休 JE

台湾各地の先住民による民芸品を扱う。広々とした店内には布雑貨やアクセサリーなど、あらゆる商品が置かれており、ほかにはないみやげ物が購入できる。

先住民の手仕事が学べる店

- タロコ族の織物で作られた鮮やかな小銭入れ 390元
- タロコ族のポーチ、上下のチャックが便利 690元

- パイワン族によるカラフルなビーズブレスレット 各850元
- パイワン族が薪で焼いたコーヒーカップ 2600元
- 革製のキーケースはルカイ族によるもの、全5色 各500元

---

好みに合った活字印鑑を作ろう!

## 日星鋳字行
日星鑄字行
リーシンチューヅーハン
中山 MAP付録P.6 C-3

活版印刷会社として1969年に創業。現在も活字を鋳造している。レトロかっこいい印鑑やスタンプ式の名刺型を作ってくれる。繁体字以外にカタカナなども。

☎02-2556-4626 Ⓜ淡水信義線/松山新店線・中山駅から徒歩5分 所台北市太原路97巷13号 営10:00~17:00 休日・月曜 E

懐かしの風合いに和む台湾唯一の活字屋

印鑑は書体、文字の並びやサイズなどを数パターンから選べるセミオーダー式。注文してから10分ほどで作ってくれる。価格は240元~。活字のみの販売も行っている

## SHOPPING

### 健康も美貌も、美しい心も手に入れる!
# 注目のナチュラル系コスメショップ

自然派、オーガニック、漢方など、台湾発のコスメはたいへん充実。
日本語が通じる専門店も多いので、スタッフに相談しながら自分に合ったものを探してみよう。

↑蜂の巣をイメージした店内には約200種類のアイテムが揃う

**はちみつ専門店のコスメ**
### 泉発蜂蜜
泉發蜂蜜 Chyuan.Fa honey
チュエンファーフォンミー
大橋頭駅 MAP付録P.2 A-4

創業100年余のはちみつ店が
手がけるローヤルゼリー入り
のコスメ。肌に負担が少なく
アンチエイジング対策にも。

☎02-2598-8123 ⓂⒸ中和新蘆線・大橋頭駅から徒歩3分 ㊨台北市重慶北路三段74号 ◎10:00〜20:00 ㊡土・日曜 J E 📖

↑はちみつの保湿成分でシワや乾燥を防ぐ化粧水 1280元

↑シミ・シワを防ぐアンチエイジングアイクリーム 1280元

↑香りがいいローヤルゼリーバラエッセンスオイル 1280元

↑ボディ用のジャスミンエッセンスオイル 2180元

↑ジャスミン、オレンジ、バラを配合したロールタイプの香水 各580元

↑おみやげにも人気のジャスミンハンドクリーム 580元

↑薬草を配合した手作り石鹸は顔と体に使用できる 330元

↑ヨモギとレモングラス配合のハンドスプレー 260元

↑天然ハーブのシャンプーは界面活性剤不使用 850元

↑ヨモギで作った歯みがき粉、爽やかな息に 380元

↑月桃とヒノキのエキスで作ったマウスウォッシュ 650元

↑白茶や植物エキス配合のマスク、明るい肌に 680元

**自然由来のスキンケア**
### ユアン
阿原 Yuan アーユエン
永康街 MAP付録P.17 F-1

台湾産の天然ハーブを使った
スキンケアアイテムの専門
店。自社で栽培するヨモギな
ど安心できる素材を使用し、
手作りにこだわる。

☎02-3393-6891 ⓂⒸ淡水信義線／中和新蘆線・東門駅から徒歩5分 ㊨台北市永康街8巷2号 ◎10:00〜21:00 ㊡無休 J E 📖

↑テーブルや手洗い場もあり、アドバイスを受けながら購入できる

## 天然素材のスキンケア用品
### レルボフロール
蕾舒翠 L'Herboflore
レイシューツエイ
信義 MAP付録P.13 F-2

バイオ繊維を使用したシートマスクが美容ファンからの支持を受けている。有名人の愛用者も多い人気店。

☎02-8101-8595　淡水信義線・台北101/世貿駅から徒歩2分　台北市府路45號B1　11:00～21:30(金・土曜は〜22時)　無休

1600元
↑しっとりウォーター角質除去ジェル。ツヤツヤ肌に

1500元
↑ウォータートナー。ビタミンB5配合でツルツル肌に

10枚2500元
↑ホワイトローズを配合したパック。肌の保湿に

5500元
↑複合ローズエキス配合の高密度ウォータークリーム

## カメリア由来の商品が人気
### 茶籽堂
茶籽堂 Cha tzu tang チャーヅータン
市政府駅 MAP付録P.9 E-4

天然成分にこだわり抜いた品質の良さから有名ホテルのアメニティとしても使用されている。おしゃれなパッケージがプレゼントにも喜ばれる。

☎02-6636-5888(内線1653)　板南線・市政府駅から徒歩10分　台北市菸廠路88號 誠品生活松菸2F　11:00～22:00　無休

480元　480元
↑スギの葉(左)とスイレン(右)配合のハンドクリーム

550元
↑マロニエエキスのハンドウォッシュ

780元　700元
↑スギの葉配合のシャンプーとキンセンカ配合のリンス

600元
↑鹿柄の巾着に入ったトラベルセットはギフトに最適

## しょうが成分が代謝をUP
### 薑心比心
薑心比心 ジャンシンビーシン
忠孝敦化駅 MAP付録P.16 C-3

しょうが湯風呂で体が温まり、疲れが回復したオーナーの経験から生まれたブランド。石鹸やクリームなどすべてにしょうがが入っている。

☎02-2776-3332　板南線・忠孝敦化駅から徒歩6分　台北市敦化南路一段159号　12:00～20:00　無休

1289元
↑天然成分の香りに癒やされるアロマスティック

430元
↑皮膚をひきしめシワを予防するハンドクリーム

199元
↑天然の原材料を使用し手作りする石鹸は9種類

399元〜
↑外出先で使うのに便利なエッセンシャルオイル

## 漢方で内と外から美しく
### デイリリー
DAYLILY
富錦街 MAP付録P.9 F-1

漢方薬局の3代目がもっと気軽に漢方に親しんでほしいと女性向けの商品を発信。台湾のいいもの、体にいいものでキレイを応援する。

☎02-2761-5066　松山新店線・南京三民駅から徒歩10分　台北市民生東路五段165-1号　11:00～19:00　土・日曜、祝日、不定休

500元
↑体を温め女性の生理をサポートする漢方シロップ

420元
↑ファッション誌でも紹介された食べられるお茶

500元
↑食べすぎにおすすめのサンザシ入り梅ドリンク

600元
↑高麗人参やクコの実エキス入りフェイスマスク

SHOPPING

### 洗練されたデザインの茶器&上質な台湾茶
# 台湾のお茶文化を日本で追体験

さまざまな色や絵柄があしらわれた茶壺や茶杯は、見ているだけでも楽しい。
茶葉をおみやげにするなら、さまざまな種類が少しずつ入ったものがおすすめ。

パッケージもおしゃれなのでおみやげにもよろこばれそう

**茶器&茶缶セット 2280元**
台湾で縁起が良いといわれる上品な蓮柄が描かれた茶器。茶壺・茶海・飲杯3個と茶缶1本がセットに

### オシャレに楽しむ本格茶
## 嶢陽茶行 長春旗艦店
嶢陽茶行 長春旗艦店　ヤオヤンチャーハンチャンチュンチージエンディエン
中山 MAP 付録P.15 C-3

170年以上の伝統を守りながら、スタイリッシュなお茶文化を提案。素敵なパッケージはもちろん、独自の焙煎法で作る本格派のお茶を、ゆっくり吟味しながら選んでみては。

☎02-2562-1999 Ⓜ淡水信義線／松山新店線・中山駅から徒歩7分 所台北市長春路14号 営10:30〜21:30 休無休
J E

🏠嶢陽茶行のフラッグシップ店

➡ティーバッグは13種類、茶葉は5種類。4種の烏龍茶はティーバッグと茶葉のどちらもあり

**茶器&茶缶セット 1740元**
ころんとした形がかわいい茶壺と飲杯2個。セットの茶缶は好きな銘柄を選べる

⬆伝統的な陶器の柄を取り入れた茶缶シリーズは、思わずバケ買いしてしまいそうな洗練されたデザイン。1缶360元

## 凍頂烏龍茶を買うならココ！
### 遊山茶訪 台北永康門市

遊山茶訪 台北永康門市
ヨウシャンチャーファンタイベイヨンカンメンシー
**永康街** MAP付録P.17 F-1
南投発の100年以上の歴史を誇る老舗。名物の凍頂烏龍茶をはじめ自社製造の茶葉を多く扱う。台湾の茶葉産業の発展に貢献したことで政府からの表彰歴がある実力派。
☎02-2395-2919 交淡水信義線・中和新蘆線東門駅から徒歩2分 住台北市永康街6巷9号 営10:00〜20:00 休無休

↑白を基調とした清潔でおしゃれな店舗

吉祥紫砂壺(右) 1300元
遊山茶訪飲杯(下) 120元
使いやすさを重視した茶杯と急須

鑑定杯 500元
茶葉のテイスティングに使用するカップのセット

↑桂花烏龍茶450元。香りの良い金木犀のティーバック式烏龍茶

→甜香凍頂烏龍茶900元。ほのかな甘い香りの飲みやすい烏龍茶

→清香梨山烏龍茶550元。フレッシュな花の香りの烏龍茶

## 良質で安全な台湾茶を
### 沁園

沁園 シンユエン
**永康街** MAP付録P.17 F-1
提携茶園を持ち、発酵度合いにこだわった伝統の製法を守る。残留農薬の厳しい検査基準を満たした安心・安全な商品のみを販売。銘柄に適した淹れ方も教えてくれる。
☎02-2321-8975/02-2395-7567 交淡水信義線／中和新蘆線・東門駅から徒歩5分 住台北市永康街10-1号 営12:00〜20:00 休無休 J E

↑創業1985年。プーアール茶も豊富に揃う

茶器（茶筒、茶壺、茶海、茶杯・茶托）単品1500元〜
蓮が描かれたオリジナルの茶器。ほかにも梅、菊、ススキ、竹など伝統柄が揃う

↑華やかな香りが楽しめる「阿里山金萱」100g410元(左)、ヨーロッパの紅茶コンテストで1位の受賞歴を持つ「日月潭紅茶」50g420元(右)

## 老舗のお茶問屋で茶葉を買う

### 豊富な茶葉を問屋価格で
### 林華泰茶行

林華泰茶行 リンホアタイチャーハン
**迪化街** MAP付録P.14 C-1
創業1883年、130年以上の歴史を持つお茶問屋。産地・等級で分かれた種類豊富なお茶は、すべて150g単位で購入可能。業者だけでなく、観光客も問屋価格で手に入る。
☎02-2557-3506/02-2557-9604 交中和新蘆線・大橋頭駅から徒歩5分 住台北市重慶北路二段193号 営7:30〜21:00 休無休 J E

注文後に袋詰め。烏龍茶は真空パック対応も可

↑希少な台湾産蜜香紅茶の茶葉。はちみつのような甘い香り

↑高山烏龍茶(阿里山)600g1600元(上)、蜜香紅茶600g1800元(中)、清茶(文山包種茶)600g1600元(下)。等級違いの茶葉もあり

グルメ＆カフェ | ショッピング | 歩いて楽しむ | ビューティ＆ヘルス | ホテル

# SHOPPING

## 安全・安心な台湾スタイルをお持ち帰り
## セレクトショップで味みやげ

品質や産地にこだわった、セレクトショップが充実。
台湾各地から選ばれた「食」で、帰国後の楽しみが増えそう。

自社栽培の新鮮な野菜や果物がおいしそう

松山空港から近いので、帰り際に立ち寄るにも便利

### 安心の自社製品がずらり
### グリーン&セーフ
真食物専賣店 GREEN & SAFE
チェンシーウーチュワンマイディエン

**富錦街** MAP付録P.9 D-2
安全検査を受けた台湾産・国外産の食材を販売。自社農場で生産する野菜やフルーツ、自社加工している食品の種類も多い。台湾らしいスイーツはおみやげにぴったり。

☎02-2545-1200 文湖線・松山機場駅から徒歩12分 台北市民生東路四段110号 9:30〜21:00 休無休

↑グリーンとブルーのタイル張りの外観

**黒糖桜桃沙琪瑪** 99元
甘さ控えめサクランボ入りの台湾風ポン菓子

**愛文芒果乾** 180元
砂糖や防腐剤、香料不使用のドライマンゴー

**蔓越苺牛軋糖綿綿餅** 160元
台湾産小麦粉の胚芽クッキー入り、ソフトクランベリーヌガー

**台南紅心芭楽乾** 160元
甘酸っぱいレッドグァバのドライフルーツは無漂白

**油葱** 150元
添加物・防腐剤・化学調味料不使用。台湾料理では定番のネギ風味調味料

## 安心の食材を豊富に揃える店
### 里仁
里仁 リーレン
**松江南京駅** MAP 付録P.7 F-3

消費者に寄り添った環境にも体にもやさしいオリジナル商品を数多く取り扱う。地元台湾の素材を使用した調味料やスナック、乾物など、おみやげにぴったりな食品が見つかる。

☎02-2517-6307
松山新店線／中和新蘆線・松江南京駅からすぐ 台北市南京東路二段180号 9:30〜21:30日曜10:00〜18:00 無休

↑駅からすぐの便利な立地

→奥まで続く店内には日常生活のあらゆる商品が置かれている

**桑椹果粒茶**
台湾産の新鮮なマルベリーの食感が楽しめる
185元

**義式番茄植物蛋白脆**
食物繊維とタンパク質がとれるヘルシーなトマト味スナック
40元

**杏仁玄米餅**
小麦粉を使わずアーモンド、豆、玄米粉で作った香ばしいクッキー
220元

**台湾米餅**
油を使わずに作った照り焼き味のお米スナック
69元

110元

**脆皮腰果**
一度食べると止まらないカシューナッツはベリーとカレーの2種類
110元

---

## カフェも楽しめる上質スーパー
### 神農生活×食習
神農生活×食習 シェンノンションフオ×シーシー
**中山** MAP 付録P.15 B-4

消費者に味、品質ともによりよい安全な商品を届けたいという思いから生まれた食を中心に扱うテーマショップ。ひとつひとつの商品に生産者のこだわりがうかがえる。

←広めのイートインスペースはショッピングの合間のひと息にぴったり

↑店員さんの接客も親切

☎02-2563-0818
淡水信義線／松山新店線・中山駅からすぐ 台北市南京西路14号 誠品生活南西4F 11:00〜22:00（金・土曜は〜22:30）無休

**パイナップルケーキ**
金鑽パイナップルを100％使用。甘酸っぱい餡とサクサクのクッキー生地が絶妙
270元

**ドライ青マンゴー**
爽やかな香りが楽しめる希少な青マンゴーのドライフルーツ
139元

**ドリップコーヒー**
阿里山特富野部落産の芳醇なコーヒー豆を使用。浅煎り、中煎りの2種類
250元

---

## 多彩なオーガニック食品
### 天和鮮物
天和鮮物 ティエンフーシエンウー
**善導寺駅** MAP 付録P.7 D-4

肉や魚、野菜や果物などの生鮮食品、日本では手に入りにくい中華食材、お弁当やスムージーまでバラエティ豊かにオーガニックフードを揃える。レストランも併設。

→オフィスビルの1階に止まらない

☎02-2351-6268
板南線・善導寺駅から徒歩2分 台北市北平東路30号 10:00〜21:00 無休

**産銷履歴杭菊（黄）**
体から熱を出す作用があり夏によく飲まれる菊花茶。目の疲れも癒やす
杭菊

**麺線**
澎湖産の海藻を使用した手作りの細麺。喉ごしがよく小麦の風味も楽しめる
120元

**豆干（プレーン／辛口）**
豆腐を半乾燥させたヘルシーなおやつ。最高品質のスペイン産オリーブオイルを使用
190元

↑ハーブなどで色づけした手作りリップクリームも人気！

グルメ＆カフェ｜ショッピング｜歩いて楽しむ｜ビューティ＆ヘルス｜ホテル

SHOPPING

## 街なかの専門店で探す食品&調味料
# こだわりのイチオシ 食品・調味料

高級食材としてファンの多いカラスミ、南国ならではの果実を使ったドライフルーツなどは、おみやげにもおすすめ。
台湾で食べた料理の味を思い出して再現するなら、調味料もマスト。

### 珍味等
カラスミやドライフルーツなど、台湾ならではの品々

Ⓑ カラスミ(150g) 650元
天然ボラの卵を使用。自社工場でていねいに仕上げている

Ⓐ 焼カラスミ 580元~
そのまま食べられる焼きタイプのカラスミも人気

Ⓐ カラスミ 580元~
生タイプ。熟成具合と塩加減が絶妙。113～300g

Ⓒ 紅心芭樂 300元
甘酸っぱく食感の良いピンクグァバのドライフルーツ

Ⓓ 素牛肉粒 16元
大豆を原料に作った牛肉風味のおやつで味は3種類ある

Ⓓ 脆筍 73元
少し辛みがある。お粥のおかずなどによく使われる

Ⓒ 黒蒜頭 800元
台湾産のドライ黒にんにくは鶏肉と煮込むと美味

---

**A** 高品質な食みやげならココ
### 李日勝
李日勝 リーリーション
迪化街 MAP付録P.14 B-1

天然素材と台湾に伝わる伝統の干し方にこだわり、高品質なカラスミを製造・販売。乾物類も豊富に取り揃える。

☎ 02-2557-0729
中和新蘆線・大橋頭駅から徒歩10分 台北市迪化街一段203号1F 営 9:00～18:00 休 無休

---

**B** 100年以上の歴史を誇る名店
### 永久號
永久號 ヨンジウハオ
迪化街 MAP付録P.14 B-3

迪化街から少しはずれた路地裏にある、創業1915年のカラスミ専門店。高級食材のカラスミが安く手に入ると人気。

☎ 02-2555-7581
松山新店線・北門駅から徒歩10分 台北市延平北路二段36巷10号 営 9:00～18:00 休 日曜不定休

---

**C** ヘルシー志向の乾物専門店
### 烏覓馬
烏覓馬 ウーミーマー
迪化街 MAP付録P.14 B-1

油葱酥に始まり現在は黒にんにくや黒レモンが話題の60年余の老舗。自然の甘みのドライフルーツも好評。

☎ 09-1360-6627
中和新蘆線・大橋頭駅から徒歩10分 台北市迪化街一段222号 営 10:30～18:00 休 無休

## 調味料等

台湾の調味料を手に入れて、日本でも台湾の味覚を！

**Ⓐ XO醤 680元**
カラスミ・ホタテ入り自家製XO醬。ご飯のお供や料理に

**Ⓔ 芝麻醤 142元**
ピーナッツ入りのゴマペースト。しゃぶしゃぶなどに

**Ⓔ 花生醤 184元**
無糖のピーナッツペースト。パンにつけても美味

**Ⓔ 苦茶油 555元**
高級な椿油。オレイン酸が豊富で胃腸にやさしい

**Ⓔ 芝麻香油 184元**
じっくり焙煎した白ゴマを搾ったゴマ油。人気No.1

**Ⓓ 辣豆瓣醤 90元**
辛い豆板醬。煮込み料理や炒め物に使える

**Ⓔ 黒芝麻醤 184元**
カルシウムが豊富な黒ゴマで作ったペースト。無糖

**Ⓒ 油葱酥 90元**
台湾料理に欠かせない揚げたエシャロットのチップ

**Ⓓ 沙茶醤 90元**
鍋料理や麺料理に欠かせない醤油ベースのソース

**Ⓓ 橄欖菜 120元**
からし菜とオリーブのオイル漬け。ご飯によく合う

**Ⓔ 芝麻粉(黒) 142元**
料理に使いやすいすりゴマタイプ。たっぷり280g入り

---

### Ⓓ 精進料理食材の専門店
### 弘茂
弘茂 ホンマオ
迪化街 MAP付録P.14 B-2

50年近くにわたり精進料理の食材を提供するスーパーマーケット。おやつから調味料、食材まで品揃え豊富。

☎ 02-2553-2398 交 Ⓜ 淡水信義線・雙連駅から徒歩10分 所 台北市民生西路365号 営 9:00～18:00 休 無休
Ⓙ Ⓔ

### Ⓔ 純度100%の香りと味わい
### 信成麻油廠
信成蔴油廠 シンチョンマーヨウチャン
雙連駅 MAP付録P15 A-2

100年の歴史を誇るゴマ油専門店。安全で新鮮なゴマから作るこだわりの商品が評判で、まとめ買いする人も多い。

☎ 02-2559-3123 交 Ⓜ 淡水信義線・雙連駅からすぐ 所 台北市民生西路96号 営 8:30～19:30 休 日曜

### 専門店・問屋の多い迪化街へ

19世紀以降、淡水河の水運を生かし、問屋街の中心として栄えた迪化街。乾物をはじめ、漢方薬、布物などの卸売で賑わい、今でも旧正月前には買い出しで多くの人が訪れる。

# SHOPPING

台北みやげの王道。本当のおすすめはどこ？

# 定番パイナップルケーキ

餡や生地が微妙に異なり、個性を発揮するパイナップルケーキ。かわいいデザインのパッケージは、おみやげにもぴったり。いろんなお店のものを食べ比べてみよう。

### パイナップルケーキ
パイナップルに小麦粉や卵などを混ぜた甘酸っぱい餡をクッキー生地で包んで焼いたケーキ。台湾では「鳳梨酥」と表記。パイナップル100%の餡を使ったものもある。

**李製餅家**
[5]「鳳梨酥」は香ばしい生地に甘さ控えめなパイナップル＆冬瓜の餡入り
[6] 賞味期限は約30日。1個22元、箱入りは12個260元、24個510元、36個760元

**ザ・ナイン**
[1] ひとつひとつに違う柄をあしらった美しい個包装
[2] 2種類のパイナップルを用いた餡は、甘みと酸味が絶妙。12個550元
[3] レトロ柄のヌガーも人気。32個550元
[4] ミルクピーナッツ、抹茶マカダミアなど3種入り

**微熱山丘**
[7] 酸味、甘み、繊維ともにパインの素材感が楽しめる。10個500元、15個750元
[8] 個包装にはコットン紙を用い、防酸化剤不使用

---

**ホテルメイドの洗練された味わいと装い**
### ザ・ナイン
The Nine
中山 MAP 付録P.15 C-4
オークラプレステージ台北のベーカリー。贈り物としても人気のあるパイナップルケーキは、改良を重ねてたどり着いた逸品。
☎02-2181-5138 淡水信義線／松山新店線・中山駅から徒歩5分 台北市南京東路一段9号 大倉久和大飯店1F 8:30～20:30 無休

↑宿泊者以外も気軽に利用できる

**パイナップル本来のおいしさを最大限に**
### 微熱山丘
微熱山丘 ウェイルーシャンチウ
富錦街 MAP 付録P.9 D-2
台湾産パインをじっくり煮詰め、熟成を重ねた餡は素材の味が際立つ。生地には、音楽を聴かせて育てた鶏の卵を使用。
☎02-2760-0508 文湖線・松山機場駅から徒歩13分 台北市民生東路五段36巷4弄1号 10:00～18:00 無休

↑来客にはお茶とケーキのサービスも

### 140年以上愛され続ける基隆発祥の伝統の味
## 李製餅家
李製餅家 リーヂービンジア
中山 MAP 付録P.15 C-4

1882年創業の台湾菓子の老舗。安くておいしいできたての味でローカルに親しまれている。台北にはここ1店だけ。

☎02-2537-2074 交淡水信義線・松山新店線・中山駅から徒歩6分 所台北市林森北路156号 営9:30～21:30 休無休

↑約2坪の店内に伝統菓子がいっぱい

### 手作りパイナップルケーキが評判の老舗茶屋
## 一番屋
一番屋 イーファンウー
中山 MAP 付録P.15 C-3

2011年から店舗内の工場で作り始めたパイナップルケーキが人気を集めている。茶梅やヌガーなど自家製商品も揃う。

☎02-2562-1202／02-2567-5388 交淡水信義線・松山新店線・中山駅から徒歩8分 所台北市中山北路二段45巷35号3F 営10:00～20:00(日曜は～18:00) 休水曜 J E

↑1993年にお茶屋さんとして創業

**手天品**
⑨ 店で手作りされるパイナップルケーキは2種類
⑩ 1個40元、クルミ入りは43元(箱代は別途30元)
**昇徳糕酥**
⑪ プレーン味は1個35元
⑫ しっとり生地と酸味を抑えた餡のバランスが◎

**一番屋**
⑬ パイナップル100%で果肉感たっぷりのオリジナル味
⑭ 5個入りの箱はかわいいパイナップル形。240元
⑮ 2018年に発売したマンゴー味を含めて全6種類
⑯ 杏仁味、クランベリー味、烏龍茶味もお試しあれ

### 予約がベターな無添加天然素材の焼き菓子
## 手天品
手天品 ショウティエンピン
永康街 MAP 付録P.11 E-3

オーガニック食品を販売する「主婦連盟」のメンバーが、こだわりの材料で台湾菓子や洋菓子を手作りしている。

☎02-2343-5874 交淡水信義線・中和新蘆線・東門駅から徒歩10分 所台北市潮州街188-1号 営9:00～20:00(金曜は～21:00、土曜、祝日は～18:00) 休日曜

↑店名の看板が目印の小さなショップ

### 数々の受賞歴を誇る味に、入店待ちの行列
## 佳徳糕餅
佳徳糕餅 ジアドーガオビン
南京三民駅 MAP 付録P.9 E-3

こだわりの黄金比で作るパイナップルケーキは、酸味を少し抑えるため冬瓜を使用。クランベリーや卵黄など全11種類。

☎02-8787-8186 交松山新店線・南京三民駅から徒歩2分 所台北市南京東路五段88号 営8:30～20:30 休無休 J E

↑創業1975年。地元でも人気の老舗

# SHOPPING

## 富や福を招く中国結び
### 薪伝手芸館
薪傳手藝館 シンチュウワンショウイーグワン
台北駅 MAP 付録P.6 C-4

台湾や中国で縁起物とされている伝統の手工芸品「中国結び」を扱う手芸店。完成品が買えるほか、制作体験(要予約)や材料の購入もできる。

☎02-2331-5581 交 淡水信義線／板南線・台北車站から徒歩2分 所 台北市青島西路13号 営 12:00〜20:30 休 日曜

←財運アップや祈願成就など御利益はさまざま。完成品は100元〜

## 良質な翡翠が購入できる専門店
### 良友翠玉専門店
良友翠玉專門店 リャンヨウツェイユィーチュワンメンディエン
行天宮駅 MAP 付録P.7 F-1

良心的な価格で安心して翡翠が購入できると観光客に人気の店。日本語が通じるので予算や希望を伝えてオリジナルのブレスレットを作ることができる。

☎02-2511-2375 交 中和新蘆線・行天宮駅から徒歩3分 所 台北市松江路330巷19号 営 9:00〜16:00 休 水曜 J

翡翠はサイズや質によって価格が変わる。3000元〜

アクアマリン、ラベンダー翡翠を入れたブレスレット

掲載ブレスレットは5800元。組み合わせによっては1000元から作れる

---

台湾の神さまにお願い？
## 開運グッズピックアップ
パワースポット巡りに加え、開運アイテムを持ち帰れば、開運間違いなし!?

---

## オリジナルの開運印鑑が作れる店
### 易文堂
易文堂 イーウェンタン
中山 MAP 付録P.7 D-2

50年余の経験を持つ職人による手彫り印鑑の老舗。開運効果があるといわれている印材を扱う。印鑑は無料で宿泊ホテルに届けてくれる。

☎02-2571-9367 交 淡水信義線・松山新店線・中山駅から徒歩12分 所 台北市長春路59号 営 9:00〜20:30 休 無休 E

←左からラピスラズリ(金運)12㎜3600元〜、菊花石(幸せが続く)12㎜2000元〜、メノウ(願いが叶う)12㎜1500元〜

↑印材の質によって価格が変わるが予算に合わせて作ってくれる

## キャンディで運気アップ
### パパブブレ
烘焙坊 Papabubble
忠孝敦化駅 MAP 付録P.17 D-4

台湾ならではのデザインの飴が多いのでおみやげを買うにはもってこい。日本と同じ柄の商品でも味の配合が違うのでぜひ試してみたい。

☎02-8773-0955 交 板南線・忠孝敦化駅から徒歩5分 所 台北市安和路一段49巷15号 営 11:00〜20:00 休 無休 E (500元以上)

↓ダブルハッピーの漢字入り150元

↑名所が描かれた台湾オリジナルラベルの瓶400元

→縁起のいい文字ミックスタイプのもの150元

114

# WALKING IN THE EMOTIONAL CITY

## 歩いて楽しむ

フォトジェニックな街並みを歩く

**Contents**

- 大稲埕・迪化街 ▶P116
- 永康街(康青龍) ▶P120
- 中山駅・赤峰街 ▶P124
- 西門町 ▶P126
- 萬華(龍山寺) ▶P128
- 東区・信義区 ▶P130
- 富錦街 ▶P134
- 台湾の 歴史 を歩く ▶P136

AREA WALKING

- 迪化街は18世紀末〜に建築された店舗が並ぶ問屋街
- ピア5は、フードコンテナが並ぶ人気スポット
- 川沿いの景色を眺めながら軽食も楽しめるスポット

ピア5 大稲埕碼頭河岸特区 P.85

## レトロ情緒に包まれた問屋街へ
# 大稲埕・迪化街
大稲埕 ダーダオチョン ・迪化街 ディーホアジエ

19世紀の面影を残すレトロな商店街。
ぶらぶら歩いて通りの風情を楽しみつつ、
茶葉や雑貨など台湾のおみやげ探し。
ひと休みは流行りのリノベカフェで。

MAP 付録P.14

### レトロモダン建築が味わいある
### 今も昔も賑やかな問屋街

　大稲埕は台北で萬華に次ぐ古い歴史を持つ街で、19世紀半ばの清朝末期に淡水河を利用した水運で発展した。外国商館や商店が立ち並んだ頃は、のちに台北初の問屋街となり、今も賑わいをみせている。
　問屋街の中心が大通りの迪化街で、茶葉や漢方薬、布地、台湾雑貨などを扱う店が賑やかに軒を連ね、手ごろな問屋価格で買い物を楽しめる。華やかな装飾のバロック風建築やレンガ風建築など、海外貿易時代の名残をとどめるノスタルジックな問屋街の街並みも満喫したい。古い商館をモダンにリノベーションしたショップやカフェも増えてきた。複合ビルの民芸埕や聯芸埕、小芸埕には、クリエイティブな個性派雑貨の店が集結。居心地のよいカフェも入っているので、散策途中にひと休みしたい。

### 種類豊富なキッチン雑貨
## 永興農具工廠
永興農具工廠　ヨンシンノンジューゴンチャン
MAP 付録P.14 A-1

創業1927年の老舗。熟練の職人が作る竹製品をはじめ、木製の食器やトレー、鉄器などを扱う。目移りするほどアイテムやデザインが豊富！

☎02-2553-6545　交M中和新蘆線・大橋頭駅から徒歩10分　所台北市迪化街一段288号　営8:30〜18:00　休無休　E

↑きれいに陳列されているので買い物がしやすい

↓↓手作りの竹スプーン 1本30元。竹そのものの素材を生かしたナチュラルな風合い

→豆のさやの形をした天然木のプレート500元。料理を盛り付けたり、アクセサリーを入れたり、いろいろな用途で活躍しそう

116

## AREA WALKING

# 迪化街・注目のリノベスポットへ

台北リノベブームの中心地では、立派な建物にカフェやショップが続々オープン。ホットスポットを探検しよう。

### リノベーションブームの先駆け 迪化街のシンボル的存在
## 小芸埕
小藝埕 シャオイーチョン
**MAP** 付録P.14 B-3

迪化街の入口からすぐに見える歴史的建造物。当時輸入薬を販売していた香港に拠点を置く薬局「屈臣氏」のビルを忠実に再現したモダンな造り。

交 Ⓜ 松山新店線・北門駅から徒歩10分
所 台北市迪化街一段32巷1号
営休 店舗により異なる

落ち着いた空間でこだわりのティータイムを

→ 雑貨店などが並んでいるおしゃれで人気のスポット

↑ 専用のドリッパーで淹れる台湾産の紅茶は香りがとてもよい

↑ 日月潭紅韻320元は爽やかな味わい。軽食も種類豊富で美味

↑ 都会の喧騒を忘れる心地よい空間。アルコール類の提供もある

## ASW by WOSOM
エーエスダブリュー・バイ・ウォーサム
**MAP** 付録P.14 B-3

台湾産紅茶が飲めるカフェ。リキュールを足したアレンジなど、さまざまな紅茶の楽しみ方も提案してくれる。

☎ 02-2555-9913 営 11:00〜19:00（水〜日曜19:30〜翌0:30はバー）休 無休 J E E (休日は不可)

## 台湾物産
台灣物產 タイワンウーチャン
**MAP** 付録P.14 B-3

台湾中から選りすぐりの商品を集めたアンテナショップのような店。台湾の原住民ゆかりのグッズも多く揃う。

☎ 02-2552-1853 営 10:00〜19:00 休 無休 E

↑ ほっこりする台湾デザインの箸置き各250元

↑ 迪化街入口からほど近く、手軽なおみやげを買うのに便利

↑ レトロなパイナップルの刺繍が入ったミニサイズのがま口390元

← 伝統的なタイル柄の練り香水は各380元

↑ グルメからステーショナリーまで何でも扱っている

118

日本統治時代の建築様式の面影が
色濃く残る町家風の建築物
## 民芸埕
民藝埕 ミンイーチョン
MAP 付録P.14 B-3

入口から奥に3部屋続く形式の歴史的建造物をリノベーション。日当たりのよい吹き抜けを間に挟み、茶器専門店やカフェが入っている。

交 M松山新店線・北門駅から徒歩12分
所 台北市迪化街一段67号
営 休 店舗により異なる

➡縁結びの神が祀られている台北霞海城隍廟のすぐ近く

## 陶一二
陶一二 タオイーアル
MAP 付録P.14 B-3

店内は2部屋に分かれ、陶器ブランド「台客藍」の商品を多く扱う。

☎02-2552-1367(内線11)
営10:00～19:00 休無休
E

➡歴史を感じる奥行きある建物

⬅「囍」の文字が描かれたペアマグカップ1660元
➡センスのよい器が多く、見ているだけでも楽しい
➡小籠包をイメージした調味料入れ2318元

## 南街得意
南街得意 ナンジエドーイー
MAP 付録P.14 B-3

良質な台湾茶がお茶うけ付きで一律280元で飲める店。レトロなインテリアも魅力。
DATA→P.89

➡台湾産のお茶以外にもハーブティーなども揃う

かつての台南紡績会社創業の地
台湾の経済成長を支えた建築物
## 合芸埕
合藝埕 フーイーチョン
MAP 付録P.14 B-3

縁結びで知られる霞海城隍廟の斜め前にあり、大稲埕エリアの最も重要な歴史的建築物のひとつ。2階は雰囲気のよい台湾茶カフェが入る。

交 M松山新店線・北門駅から徒歩10分
所 台北市迪化街一段82号 営 休 店舗により異なる

➡新旧入り交じった趣のある外観

レトロかわいいが揃う 懐かし系雑貨の宝庫

⬆プレゼントにぴったりのグッズが充実
⬅花布モチーフのショルダートート690元
➡「好」「福」など縁起の良い文字が入ったお皿690元

## 百事合
百事合 バイシーフー
MAP 付録P.14 B-3

台湾各地の選りすぐりの雑貨を扱う。台湾茶や陶器のほかにかつての紡績会社にちなみ布製品も多く販売。

☎02-2552-6482 営10:00～19:00 休無休
E

⬆シックな缶が素敵な金萱烏龍茶、碧螺春茶、特選烏龍茶それぞれ180元
➡日本統治時代の台湾へタイムスリップした気分に

## 永楽春風茶館
永樂春風茶館 ヨンルーチュンフォンチャーグワン
MAP 付録P.14 B-3

アンティーク調の椅子が並ぶモダンな店内でジャズを聴きながら台湾茶を楽しめる。茶葉は購入もできる。

☎02-2552-6482 営12:00～18:00 休無休 E

グルメ&カフェ | ショッピング | 歩いて楽しむ | ビューティ&ヘルス | ホテル

# AREA WALKING

好公道(写真)や鼎泰豊など、台北屈指の人気店が集まる

## グルメの街でカフェ巡りを楽しむ
# 永康街（康青龍）
永康街 ヨンカンジエ （康青龍 カンチンロン）

有名グルメ店や雑貨店がひしめく永康街。賑やかな観光ストリートを満喫したら、閑静な緑の住宅街や学生街にあるもうひとつのカルチャースポットへ。

MAP付録P.17右上

### 女子が気になる人気エリアで雑貨とグルメ＆カフェ巡り

隣接する永康街、青田街、龍泉街の3エリアは、まとめて康青龍と呼ばれている。台北のおしゃれに敏感な女子に人気のスポットで、エリアによって雰囲気は三者三様。最も賑やかなのが、MRT東門駅近くのショッピング＆グルメストリート、永康街。小籠包の鼎泰豊などの有名グルメ店が集まり、おしゃれな台湾雑貨の店や骨董店、個性派カフェも多い。

永康街の南は閑静な住宅地の青田街。日本統治時代の日本人官僚や大学教職員の居住地で、日本式住宅を改装したレトロなカフェが隠れ家のように点在する。台湾師範大学の南は学生街の龍泉街。学生たちに人気のプチプラのかわいいブティックや手ごろなレストラン、カフェが多い。夕方からは師大夜市が開かれ、夜遅くまで賑わう。

### 珈琲が自慢のレトロカフェ
## 永康階
永康階 ヨンカンジエ
MAP付録P.17 F-2

プロが焙煎する個性的な豆で淹れるコーヒー、お茶や自家製スイーツでブレイクするのにぴったりのカフェ。土・日曜は14時までの予約がベター。

☎02-2392-3719 ㊋淡水信義線／中和新蘆線・東門駅から徒歩5分 ㊙台北市金華街243巷27号 ☎12:00〜18:30 ㊭無休 JE

### 台湾式のベジタリアンカフェ
## 唖舎永康
唖舎永康 ヤーショーヨンガン
MAP付録P.17 F-1

70年もののビンテージプーアル茶や有機野菜を使用したベジタリアン料理が楽しめるカフェ。認定証付きの年代物茶葉も販売している。

☎02-2392-6707 ㊋淡水信義線／中和新蘆線・東門駅から徒歩5分 ㊙台北市永康街31巷9号 ☎10:00〜22:00 ㊭無休 JE

↑老茶湯圓120元。普洱茶の中はゴマ、ピーナッツ、ミックスの白玉団子

食べ歩きにぴったりなB級グルメも！人気の天津葱抓餅

←レトロな建物とセンスあるインテリアがおしゃれ

←緑に彩られた庭を眺めながらブレイク

→ハーブ入り山草珈琲200元(下)とティラミス160元(上)

### 昭和スタイルの和みカフェ
## 青田七六
青田七六　チンティエンチーリウ
**MAP 付録P.11 F-3**

日本統治時代に台北帝国大学の教授を務めた足立仁氏による木造住宅。当時の様子を残しつつカフェレストランとして営業している。

☎02-2391-6676 淡水信義線／中和新蘆線・東門駅から徒歩11分 台北市青田街7巷6号 11:30〜21:00 第1月曜
JE

↑囲炉裏のあるオリエンタルな雰囲気の店内は撮影スポットとしても人気。茶器の販売もしている。

→当時の日本にタイムスリップしたかのような雰囲気の店内。建造物保護のため、入店時は靴下を着用

→チョコレートケーキ、ダックワーズ、ドリップコーヒーのセット390元

### アットホームな雰囲気
## 学校咖啡館
学校咖啡館　シュエシャオカーフェイグワン
**MAP 付録P.11 F-3**

本格コーヒーとアンティーク家具のカフェ。食材は台湾産有機卵や台東米などを厳選。海外からの留学生も多く、味には定評がある。

☎02-2322-2725 淡水信義線／中和新蘆線・東門駅から徒歩8分 台北市青田街1巷6号 9:00〜19:00（水曜は〜18:00) 無休
JE

←サーモンとスクランブルエッグのクロワッサンサンド330元(左)とカフェラテ160元(右)

↑窓が大きく、店内は明るい

↓焼きたてベーグルのプレート330元。ヨーグルトは自家製

### お酒も楽しめるカフェバー
## 咖啡 小自由
咖啡 小自由　カーフェイ シャオズーヨウ
**MAP 付録P.17 F-2**

古民家をリノベーションしたモダンな雰囲気のカフェ。アンティーク調の家具に囲まれた店内で飲むコーヒーは格別。

☎02-2356-7129 淡水信義線／中和新蘆線・東門駅から徒歩6分 台北市金華街243巷1号 11:00〜24:00 無休
JE

→ウイスキー入りのコーヒー350元は大人の味。ほっとひと息、にぴったり

→エスプレッソ(右)とカプチーノ(左)のセット220元。店内で焙煎したコーヒーの芳醇な香りが楽しめる

↓洋館を思わせる落ち着いた雰囲気の店内

グルメ&カフェ　ショッピング　歩いて楽しむ　ビューティ&ヘルス　ホテル

AREA WALKING

# グルメタウン永康街の名物グルメ

オリジナルな料理を提供する、気取らない人気店も永康街には多い。手ごろな価格でさまざまなメニューが楽しめる。

## 大隠酒食
大隠酒食 ダーインジウシー
**MAP** 付録P.17 F-2

日本家屋の庶民的な居酒屋で家庭料理を満喫

木造2階建ての日本家屋をリノベした郷愁漂う隠れ家的居酒屋。台湾料理・客家料理・日本料理など、親しみやすい家庭的な味がリーズナブルに揃う。

☎02-2343-2275
交 淡水信義線／中和新蘆線・東門駅から徒歩7分 所 台北市永康街65号 営 17:00～23:30 休 無休
J J E E

↑カボチャ入りの「南瓜炒米粉」280元はポピュラーな客家料理

↑「午魚一夜干」380元は醤油味の和風。午魚は台湾では養殖もされ、よく食べられている魚

↑テーブル席が並ぶ賑やかな1階

←提灯が趣を添える店構え。多国籍に客が集う店内には畳席も

## 東門餃子館
東門餃子館 ドンメンジャオズグワン
**MAP** 付録P.17 E-1

地元で愛され続けて60年の老舗餃子店

お年寄りや家族連れも多く、地元客を中心に長い間根強い人気を誇る餃子店。カウンターの小菜もオススメ。皿の色によって50～110元までいろいろ選べる。

☎02-2341-1685 交 淡水信義線／中和新蘆線・東門駅から徒歩3分 所 台北市金山南路二段31巷37号 営 11:00～14:00 17:00～20:40 土・日曜11:00～14:30 17:00～21:00 休 無休
J J E E

↑鮮蝦蒸餃。エビの蒸し餃子220元。さっぱりした口当たり

↑豬肉鍋貼。豚肉入り焼き餃子190元は定番メニュー

←地下1階～2階席を含め、なんと200席以上だから、超大人数でもOK

### 永康街は人気グルメタウン

永康街は台北きってのグルメスポット。高級店から庶民的な店まで、本書特集で紹介している人気店が軒を連ねている。どこで食べるか迷ったら、永康街がおすすめ！

**鼎泰豊 新生店** ▶P34
大通り沿いに新しい旗艦店がオープン。永康街入口近くの信義店(旧本店)は現在テイクアウトのみ

**好公道** ▶P37
ローカル感いっぱいの庶民派小籠包店

**永康牛肉麺** ▶P69
大きめの牛肉がのった牛肉麺はファンが多い

**金鶏母** ▶P26
人気の創作かき氷店が2店目出店。行列必至

## 台湾らしさあふれる雑貨探し

康青龍には、流行の最先端をいくハイセンスなグッズショップがいっぱい！お気に入りアイテムを持ち帰りたい。

**小銭入れ** A 150元
小銭入れとティッシュケースの両方が使えて便利！

**キャンドルスタンド** A 1280元
レトロな柄のガラスを使用。部屋の雰囲気がワンランク上に

**緑翠玉兔毫釉** B
手塗りの天目釉は使うごとに色合いが変化。お茶の甘みを増す磁器は香りがつきにくい

**手提げ** A 650元
麻のミニバッグは軽くて持ちやすくチャック付きがうれしい

**ペンケース** A 160元
丈夫な帆布素材、マチが広めのたっぷりサイズはポーチにも使える

**雙喜** B 1880元
上品な白地に花模様があしらわれた磁器の急須と湯呑みのセット。お盆は別売りで1680元

2260元

**拙龍** C 4680元
順調・平和などを意味する「拙龍」のリングとペンダント

**足印** C 1980元
猫のしっぽと手をモチーフにした大人かわいいシルバーリング

**陪伴** C 1680元
寄り添う2匹の猫が1匹の大きな猫を形づくる

**ピアス** D 680元
耳もとで揺れるツバメのピアス。幸せを運んでくれるかも

**ドリンクホルダー** D 各190元
ナイロン素材で折りたたむことができ、軽くて持ち歩きに便利

**咕咕嚕（ククル）** C 2680元
フクロウと「福」を掛けあわせた日本語からデザイン

**コースター** D 各250元
台湾の伝統的なタイルの模様を吸水性の良いコースターに

---

### 手ごろでカワイイ台湾みやげ
**A 雲彩軒 永康店**
雲彩軒 永康店 ユンツァイシュエンヨンカンディエン
MAP付録P.17 F-2
台湾雑貨のセレクトショップ。台湾らしさとカワイイがミックスしたアイテムは、おみやげにぴったり。
☎02-2351-8595 Ⓜ淡水信義線／中和新蘆線・東門駅から徒歩8分 台北市永康街32号 10:00〜20:00 無休

### 台湾茶を楽しむ茶器
**B 台湾宜龍**
台灣宜龍 タイワンイーロン
MAP付録P.17 F-2
陶芸が盛んな鶯歌地方発祥の茶器ブランド。高級感ある作家ものの陶磁器から手軽で現代的なガラス器まで豊富な品揃えが魅力だ。
☎02-2343-2311 Ⓜ淡水信義線／中和新蘆線・東門駅から徒歩5分 台北市永康街31巷16号 10:00〜20:00 無休

### 物語りがある銀アクセ
**C 元銀手作**
元銀手作 ユエンインショウズオ
MAP付録P.11 E-4
アジアの物語や動物をモチーフにした4作家のシルバーアクセサリーが並ぶ。手仕事による個性豊かなアイテムはどれも一点もの。
☎02-3365-2579 Ⓜ松山新店線・台電大樓駅から徒歩10分 台北市龍泉街11号 12:00〜21:00(土曜は〜18:00) 日曜

### ハイセンス雑貨が並ぶ店
**D 厚里**
厚里 ホウリー
MAP付録P.17 F-1
雑貨店の激戦区永康街に新しくできた店。日本語堪能なオーナーのセンスが光る雑貨を取り揃えている。
☎02-3322-5667 Ⓜ淡水信義線／中和新蘆線・東門駅から徒歩3分 台北市永康街6巷4号 10:00〜21:30 無休

AREA WALKING

裏通りはブティックやカフェがあり散歩コースにおすすめ

### 台湾女子注目のアパレル
## ジョージア ツァオ
**GEORGIA TSAO**
MAP付録P.15 A-3

SNSでファンを広げた台湾発のアパレルブランド。テキスタイルからトータルにデザインする服、靴やアクセサリーは数量限定ものも。

←落ち着いたモダンな内観

☎02-2552-5808 ✈M淡水信義線／松山新店線・中山駅から徒歩2分 ㉔台北市赤峰街3巷5号 ⏰13:30～21:00 休無休

←季節を問わず楽しめるエレガントなワンピースはバリエーション豊富

←カジュアルにもフォーマルにも活躍するサンダルは2780元

## 話題の路地裏でショッピング
# 中山駅・赤峰街
中山駅 チョンシャン ・赤峰街 チーフォンジエ

都会的な繁華街の中山北路。
隣り合う赤峰街は昔ながらの工場街。
時が止まったような通りに、
最新アートやモダンが混じり合う。
▶MAP付録P.15

### 賑わう繁華街・中山駅界隈と
### 人気店が集まる赤峰街へ

　中山エリアは台北屈指の繁華街。MRT中山駅近くを南北に走るメインストリート・中山北路は、緑の街路樹が木陰をつくり道沿いには高級ホテルが並ぶ。近年はヘアサロンやカフェが増えている。中山駅から雙連駅までの地下は台北駅から続く長い地下街の一部で、誠品プロデュースの細長い書店街となっている。地上部も2019年に散策路として整備され、イベント広場やパブリックアートなどが置かれている。
　MRT沿いの西側に広がる赤峰街は、一転して庶民的な地域だ。機械部品などを扱う商店や町工場が並ぶ路地に、若者たちがトレンド感満点のセレクトショップやカフェをオープン。通りの随所にペイントなどを施した、インスタ映えしそうなストリートアートを見つけるのも楽しみ。

### 新旧の美しいモノを販売
## エブリデイ・ウェア・アンド・コー
**Everyday Ware & Co.**
MAP付録P.15 B-3

新しいものとアンティークのものを同列に販売するセレクトショップ。入るときは正面玄関のドアベルを鳴らして、鍵を開けてもらう。

☎02-2523-7224 ✈M淡水信義線／松山新店線・中山駅から徒歩2分 ㉔台北市中山北路二段20巷25号2F ⏰14:00～22:00 休無休

↑肌触りの良いハンカチ300元(上)とコースター各250元(下)

←バラやジャスミンを混ぜ、肌にやさしい素材で手作りされた石鹸320元

↑木のぬくもりがある落ち着いた店内

## 遊び心のある台湾ブランド
### 然後 ファーザーモア
然後 Furthermore ランホウ
MAP 付録P.15 B-3

「生活のなかの小さな幸せを探す」をコンセプトに、デザインから手がける。ココでしか手に入らないナチュラルでかわいいオリジナル商品がいっぱい。

☎02-2552-5552 Ⓜ淡水信義線／松山新店線・中山駅から徒歩3分 ⌂台北市南京西路25巷18号 ⏰13:00〜20:00 休無休 JE

← "スイカレッド"は大きめのポケット付き1480元

↑カラフルな雑貨が揃う

←↑心をくすぐる台湾百景ワッペン(1箱4個入り)200元。シリーズもいろいろ

## モダン＆エッジィな日用雑貨
### ウェア・プラクティス
Wear Practice
MAP 付録P.15 B-3

ブランド兼プラットフォームとして、アートや写真、音楽とデザイナーを結びつけ、新しい価値観を創造するセレクトショップ。

☎02-2522-4173 Ⓜ淡水信義線／松山新店線・中山駅から徒歩2分 ⌂台北市中山北路二段26巷22号 ⏰14:00〜22:00 休月曜

↑台湾人デザイナーの商品に注目

→好きな盤面とバンドを組み合わせ自分だけの1本を作るZuWatchシリーズ

←ピスタチオカラーが鮮やかなNOURの革靴は台湾の職人による手作り

## 乙女心くすぐるアクセサリー
### 参樓研製所
参樓研製所 ツァンロウヤンジースオ
MAP 付録P.15 A-3

台湾人デザイナーが生花から作ったアクセサリーが人気。店内は常におしゃれにこだわる地元女子で賑わっている。日本にはないデザインも充実。

☎なし Ⓜ淡水信義線／松山新店線・中山から徒歩2分 ⌂台北市赤峰街17巷21號 ⏰13:00〜21:00 休無休 E

→小ぶりな花のピアス780元(左)、パールと合わせた上品なピアス680元(右)

↑店内にはオリジナルデザインのアクセがいっぱい

↑ピアスは有料でイヤリングに変えることもできる

## 生活のイメージが膨らむ空間
### 小器生活 公園店
小器生活 公園店 ジャオチーションフォ ゴンユエンディエン
MAP 付録P.15 A-3

器などの生活道具を集めたセレクトショップ。多様な商品をセンスよく並べ、いろいろなライフスタイルを提案している。台湾産の調味料やお酒も。

☎02-2552-7039 Ⓜ淡水信義線／松山新店線・中山駅から徒歩2分 ⌂台北市赤峰街29号 ⏰12:00〜21:00 休無休 JE

↓フルーツが描かれたオリジナルグラス1個220元

↑自然農法のドラゴンフルーツ270元(左)と台湾産愛文マンゴー220元(右)のドライフルーツ

←天然のサトウキビを使った手作りの蔗糖160元 コーヒーに入れると美味

タブ: グルメ&カフェ / ショッピング / 歩いて楽しむ / ビューティ&ヘルス / ホテル

AREA WALKING

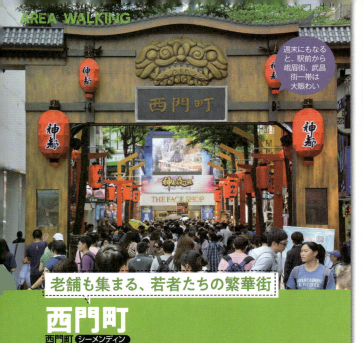

週末にもなると、駅前から峨眉街、武昌街一帯は大賑わい

老舗も集まる、若者たちの繁華街

## 西門町
西門町 シーメンディン

若者が集まる賑やかな繁華街で、ショッピングとお手軽グルメの食べ歩き。街の歴史を伝えるレトロなレンガ建築で台湾最旬カルチャーを発信中。

MAP 付録P.16中上

### 街のシンボル西門紅楼を中心にショッピングエリアを散策

若者たちの繁華街として人気の西門町。日本統治時代の1890年代から、日本人向けの娯楽街として開発が始まり、映画の街として発展していった。今では映画にとどまらず、カジュアル中心のファッションビル、サブカル系のショップ、飲食店が雑多に集まる一大商業地区、文化発信地となり、日本の渋谷や原宿のような雰囲気。車を規制した歩行者天国になっているので、のんびり散策できる。

街のランドマークは西門駅の前にある、レトロなレンガ造りの西門紅楼。日本統治時代の1908年に市場として生まれた歴史建築は、今や若手クリエイターたちの作品に出会える最旬アートの発信地に変身。また西門町は、B級グルメの宝庫でもあり、名物のローカルフードを食べ歩きたい。

### 1956年開店の老舗カフェ
### 昔ながらの雰囲気も魅力

## 蜂大咖啡
蜂大咖啡　フォンダーカーフェイ

MAP 付録P.16 C-2

常時30種ほどのコーヒーメニューを提供しており、コーヒー豆の品揃えも豊富。看板メニューは水出しのアイスコーヒー「蜂大水滴冰咖啡」。
☎02-2371-9577　Ⓜ松山新店線／板南線・西門駅から徒歩3分　⌂台北市成都路42号　◷8:00～21:00　休無休
E J E

↑店内には昔ながらの雰囲気が残る

→阿里山産のコーヒー豆を使用した台湾咖啡150元

→まろやかな生クリームがオンされた、蜂大水滴冰咖啡100元

### 台湾ならではの靴が買える店

## A.mour
ア．モーア

MAP 付録P.16 C-2

創業者が日本で靴の製造方法を学んだのが始まりで、現在台湾に31店舗を展開している。アジア人の足に合う幅広めの靴のラインナップが豊富。
☎07-7921-864　Ⓜ松山新店線／板南線・西門駅から徒歩7分　⌂台北市峨眉街52号2F　◷11:30～22:00　休無休
E

↑→ポップな台湾名物柄の靴(左)とカラフルな台湾サンダル柄の靴(右)各2380元

→履き心地の良いスリッポンは左右柄違いがおしゃれ1780元

↑本革製の靴底も人気

萬華(龍山寺)

↑日本人建築家が設計した八角形の建物が目を引く

### 赤レンガ造りのレトロモダンな建物
## 西門紅楼
西門紅楼 ／ シーメンホンロウ
**MAP**付録P.16 C-2

かつて映画館として利用されていた、築100年を超える歴史的建築物。現在はカフェ、ショップ「16工房」、劇場などが入った複合施設になっている。
☎02-2311-9380 交Ⓜ松山新店線／板南線・西門駅からすぐ
所台北市成都路10号 営11:00～20:00(金・日曜は～21:00、土曜は～22:00) 休月曜

### 台湾のブランドが大集合
### おみやげ探しにおすすめ
## 16工房
16工房 ／ シーリウゴンファン
**MAP**付録P.16 C-2

紅楼内の十字楼と呼ばれるエリアに、多彩なジャンルのショップが入店。個性豊かなメイドインタイワンのグッズが揃う。
☎02-2311-9380 #22
営11:00～20:00(金・日曜は～21:00、土曜は～22:00) 休月曜

↑若手デザイナーの店が集う

ビール瓶を使ったユニークなグッズ

マジョリカタイルのマスキングテープ

おみやげにしたいセンスある商品たち

レトロな台湾っぽさがおしゃれ

**西門町**
西門町 シーメンディン
一帯は若者たちに人気のショップなどが集まる台北きっての繁華街。

### 日本建築の姿を残す
### 居心地のよい茶処
## 八拾捌茶輪番所
八拾捌茶輪番所
パーシーパーチャールエンファンンオ
**MAP**付録P.10 A-1

日本統治時代に使用されていた日本の住職の宿舎を復元。お茶メニューが豊富で、淹れる前に軽く茶葉をあぶる「銅銀烤茶」という独自の方法で、香ばしい一杯がいただける。
☎02-2312-0845 交Ⓜ松山新店線／板南線・西門駅から徒歩5分 所台北市中華路一段174号 営11:30～18:00(金・日曜は～20:00) 休毎月1日(土・日曜、祝日の場合は営業)

↑日本統治時代に西本願寺があった場所に建つ

↑木材が多用された、昔ながらの日本建築様式

↑季節によってさまざまな料理が楽しめる

↑お茶に合うお菓子は定期的に違ったタイプが用意される

AREA WALKING

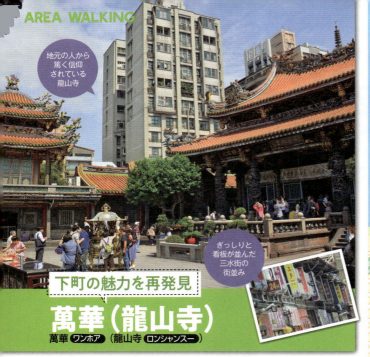

地元の人から篤く信仰されている龍山寺

ぎっしりと看板が並んだ三水街の街並み

### 下町の魅力を再発見
# 萬華(龍山寺)
萬華 ワンホア (龍山寺 ロンシャンスー)

萬華は300年の歴史を刻む台北最初の街。古刹・龍山寺が見守り続ける下町のレトロな街並みの魅力を堪能できる新たな観光スポットが注目を集める。
MAP 付録P.16左上

**台北きってのパワースポットを参拝し
タイムスリップしたような街並みを歩く**

18世紀初頭に、台北で最初に開発された街が萬華地区。淡水河の水運で栄えたが、土砂の堆積などで衰退した。街の中心には台北最古の寺院の龍山寺がたたずみ、大通りを一歩はずれれば下町風情が色濃く残る。近年では街の歴史的価値が再評価され、古い街並みや建物を整備した観光スポットも次々と誕生している。そのひとつが日本統治時代の市場建築をモダンに改築した新富街文化市場。近くに昔ながらのアーケード市場「東三水街市場」が連なり、萬華の新旧の魅力が同居するエリア。広州街に面した剥皮寮は、清代の街並みを残した歴史保存地区。赤レンガの建物やアーチ型の歩道、美しい彫刻などが絵になる風景を見せる。建築美を誇る龍山寺も広州街沿い。周辺には台湾伝統料理の人気店も多い。

### 100年以上の歴史のある店
## 両喜号魷魚焿
兩喜號魷魚焿　リャンシーハオ ヨウウィーゴン
MAP 付録P.16 A-2

魚のすり身団子とイカが入ったとろみのあるスープが地元住民や多くの観光客に人気。清潔感のあるフロアでゆっくりと味わうことができる。

☎02-2336-1129　板南線・龍山寺駅からすぐ　台北市西園路一段194号　10:00〜23:30　無休

→ビーフン40元。海鮮の風味が染み込んだ人気のメニュー

↓スルメイカのとろみスープ60元。イカのだしが効いたやさしい味わい

### 地元になじんだ老舗ベーカリー
## 二和珍
二和珍　アーフーチェン
MAP 付録P.16 B-2

創業80年を誇る名店。熟練の技術で焼き上げた伝統的な中華菓子や洋菓子を扱う。表彰歴も多く、パイナップルケーキも人気。

↑地元客や観光客で常に賑わう

☎02-2306-1234　板南線・龍山寺駅から徒歩2分　台北市康定路308号　8:00〜20:00　無休

↑サクサクのパイ生地がおいしいナポレオンパイ69元

→香り良い紅烏龍を練り込んだ奶油酥餅50元

● 華西街観光夜市 夜

漢方薬局、ヘビなどの爬虫類を扱う店、マッサージ店など、ディープな夜市

広州街

華西街

MRT板南

↑歴史建築の内部で
コーヒーブレイク

↑最大の特徴のひとつで
ある、馬蹄形の建築

### 三水街の歴史さんぽ
# 新富街文化市場
新富街文化市場／シンフウジエウェンホアシーチャン
**MAP** 付録P16 B-2
もとは戦前に新富町食料品小売市場として使われていた。現在は総合文化施設としてリニューアルし、カフェや歴史展示、クッキングスクールも。
☎02-2308-1092 板南線・龍山寺駅からすぐ ⌂台北市三水街70号 ⏰10:00〜18:00 休月曜

### 下町の素朴なアイス屋さん
# 永富氷淇淋
永富氷淇淋／ヨンフウビンチーリン
**MAP** 付録P4 A-3
1945年創業。自然素材で添加物不使用のアイスクリーム。フレーバーは9種類。タロイモ、小豆、ピーナッツの組み合わせは、台湾らしくておすすめ。
☎02-2314-0306 松山新店線／板南線・西門駅から徒歩6分 ⌂台北市貴陽街二段68号 ⏰10:00〜22:00 休12月25日〜2月28日
J€E

↑どれでも3つ選んで50元（カップ）。コーンは+5元

↑店の内外に簡易椅子があり、座って食べられる

清水祖師廟
顔が黒い清水祖師の像。修行中、妖怪に燻されたと伝わる

P.129 永富氷淇淋

西門町

康定路
昆明街
老松公園
万華総合市場
桂林路
西昌街
法華寺 卍
西寧南路
貴陽街二段
台鉄縦貫線

台北で最も有名な寺院のひとつ。1738年創建
龍山寺 P.46

老松国小
柳州街
萬華〜台北駅を走った人力車の展示

★ 剥皮寮 P.129
広州街
両喜号魷魚焿 P.128
二和珍 P.128
P.51
三水街市場
東三水街市場
康定路
新富街文化市場 ★ P.129
艋舺公園
西園路一段
レトロ風情に包まれたアーケード商店街

↑建物の1階部分をアーケードとする騎楼は、雨の多い台湾の伝統的な建築スタイル
↑建築群は保存状態が非常によく、多くの人が訪れる

龍山寺駅
和平西路三段

### 台北随一の歴史地区
# 剥皮寮
剥皮寮／ボーピーリャオ
**MAP** 付録P16 B-2
康定路、広州街、昆明街に囲まれた歴史地区。かつて石炭の販売で栄えた古い街並みが今も残る。郷土教育センターでは無料で歴史展示が見学可能。
☎02-2336-1704(剥皮寮内郷土教育センター) 板南線・龍山寺駅から徒歩5分 ⌂台北市広州街101号 ⏰9:00〜17:00 休月曜

↑人気のインスタスポットになっている壁画。
台湾人アーティスト・李俊陽によるもの

グルメ&カフェ | ショッピング | 歩いて楽しむ | ビューティ&ヘルス | ホテル

# AREA WALKING

歴史地区の四四南村と高層ビルの台北101

## おしゃれな街でショッピングクルーズ
# 東区・信義区
東區 ドンチュー 〜 信義區 シンイーチュー

個性派のかわいいお店が集まる
東区の路地裏で最新流行をチェック。
都会的な街並み広がる新都心の信義区では、
高層から絶景シティビューを満喫。

**MAP** 付録P.16-17下

### 台北の最新流行が日々生まれている
### 注目度抜群の2つのおしゃれタウン

東区は大安区の東に広がるショッピングタウン。復興南路、仁愛路、市民大道、延吉街に囲まれたエリアで、中心部のメインストリート、忠孝東路四段にはデパートが集まり、地下街にショップや飲食店が軒を連ねていつも賑やか。東区のもうひとつの顔は、縦横に走る小さな路地。プチプラ&最旬の服や雑貨、アクセサリーのショップがひしめく流行最先端エリアで、若者が次々と新しいショップをオープンしている。

信義区は、台北の発展により新たに生まれた新都心。台北101がそびえ、高級デパートやスタイリッシュなカフェ、ハイセンスなバー、映画館、国際的なオフィスも集まる未来に最も近い街。台北101では展望台から台北の街の絶景を楽しめるほか、ショッピングやグルメも満喫できる。

### 豊富なビンテージ系
## 古漾
古漾　グーヤン
**MAP** 付録P.12 C-3

オーナーが欧米や日本で買い集めたビンテージを中心に、バッグやアクセサリー、ミリタリーグッズなど広く扱う。

☎02-2704-5255　Ⓜ文湖線/淡水信義線・大安駅から徒歩7分　台北市四維路134巷1号　14:00〜21:00(土曜は〜21:30)　無休　E

↑革製のカバンは3000元〜。オーナーが目利きした質のいいものが揃う

↑天然石やアンティークのガラスビーズを使用した手作りのブレスレット

### MAP（右側）
台北市内では最も古いショッピングモール
●微風広場
市民高架道路
台鐵縦貫線
万象大廈●
●マージョリー P.131
遠東SOGO台北忠孝館
●モマ P.131
●ネット P.131
忠孝復興駅　忠孝東路四段
●新光三越ダイヤモンド・タワーズ P.12
MRT板南線
遠東SOGO台北復興館
姜包子 P.72
遠東SOGO台北敦化館
2023年オープンの最新ショッピングスポット
デパートの裏で庶民的な店が営業
仁愛路四段
仁愛医院
P.130 古漾

## 富錦街

### 個性派ファッションの人気店
### モマ
MOMA
MAP付録P.16 B-3

2016年 ASIA FASHION AWARDで大賞を受賞した台湾発ファッションブランド。日本にはないユニークなデザインの服が購入できる。
☎02-2731-2686 ❖M文湖線／板南線・忠孝復興駅からすぐ ㊟台北市忠孝東路四段57号 ⏰11:00～22:00 休無休

→おしゃれ好きな台北っ子が訪れる人気店

→ビビットな赤が目を引くワンピース(左)。ユニークな襟ぐりのジャケットはセット買いがおすすめ(右)

### 注目度No.1の台湾ブランド
### マージョリー
Marjorie
MAP付録P.16 A-3

誠品生活南西店にも店舗を置く台湾人デザイナーによるアパレルブランド。レトロモダンを意識したデザインが人気。
☎02-2711-8178 ❖板南線・忠孝敦化駅から徒歩5分 ㊟台北市忠孝東路四段45号 忠孝SOGO B1 ⏰11:00～21:30(金・土曜は～22:00) 休無休

→週末にはおしゃれにこだわる若者で混雑する

→透け感がかわいいロングタイプのワンピース

→大きめドットはカジュアルにも合わせやすい

→細身のラインが綺麗なロングワンピース

### コスパ良しの人気ショップ
### ネット
NET
MAP付録P.16 B-3

台湾在住日本人からも高評価のアパレルチェーン。メンズ、キッズ、ベビー服まで揃うファミリーブランド。全台湾に支店を持つ。
☎02-2721-4817 ❖M文湖線／板南線・忠孝復興駅から徒歩3分 ㊟台北市忠孝東路四段59、61号 ⏰11:00～22:00 休無休

→有名キャラクターとのコラボ商品もたびたび販売される

→紺ワンピースとショルダーにもなるハンドバッグ

→リボンがかわいい赤ワンピースと帆布のカバン

→夜には輝く台北101が見られる

村の歴史・文化を伝える歴史地区。リノベされた建物内には人気のショップなどが入る

グルメ&カフェ | ショッピング | 歩いて楽しむ | ビューティ&ヘルス | ホテル

AREA WALKING

## 洒落たバーで台北の夜に酔う

台北に来たなら夜市もいいけど、洗練された空間で優雅に一日を終えるのも大人流な台北ナイトの過ごし方。

### ドラフトランド
**DraftLand**
MAP 付録P.17 E-4

豊富なドラフトカクテルを楽しめるアジア初のカクテルバー。1杯あたりの値段も通常の店舗よりも良心的。地元台湾人に交じって楽しい夜を過ごせる。

☎なし ❖板南線・忠孝敦化駅から徒歩7分 ㊟台北市忠孝東路四段248巷2号 ⏰18:00～翌1:00 ㊡無休
[E][E]

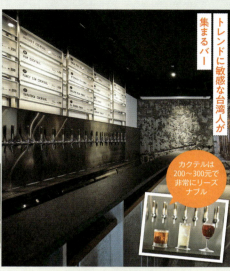

トレンドに敏感な台湾人が集まるバー

カクテルは200～300元で非常にリーズナブル

↑トリュフ風味のフライドポテト180元(上)とシーフードのフライ280元(下)

↑クラフトビールのように注がれるカクテル。ユニフォームもユニーク

↙ドリンクメニューにはすべて番号が書かれているのでオーダーも簡単

↑店の外に座ったりとそれぞれ自由なスタイルで楽しみながら飲める

### アルケミー・バー
**Alchemy Bar**
MAP 付録P.13 F-2

雰囲気のいい店内には地元の台湾人や外国人が集まる。インスタ映えにぴったりなカクテルをはじめユニークなフードメニューが楽しめる人気店。

☎02-2720-0080 ❖淡水信義線・台北101/世貿駅からすぐ ㊟台北市信義路五段16-1号2F ⏰20:00～翌2:00(金・土曜は～翌3:00) ㊡日曜
[E][E]

一流バーテンダーの隠れ家的バー

↑台北101の近くにあるので観光のあとにぜひ立ち寄りたい

↑台湾人バーテンダーのテクニックを目の前で見ることができる

↖見た目も華やかなカクテルは女性客に大人気。masu punch、Ispahan 各450元

洗練された空間で厳選されたウイスキーを

### アーバン331
**URBAN331**
MAP 付録P.12 C-2

ホテルの番地をそのまま店名に使用したマディソン台北ホテル内にあるウイスキーラウンジ。店内のソファでくつろぎながら極上のひとときを味わえる。

☎02-7726-9090 ❖淡水信義線・信義安和駅から徒歩5分 ㊟台北市敦化南路一段331号 ⏰11:30～23:00(金曜は～翌1:00) 土曜は14:30～翌1:00 日曜は14:30～23:00 ㊡無休 [E][E]

↑ニューヨークのアッパーイーストサイドを彷彿させる店内

↖女性が気軽に楽しめそうなお酒も種類豊富に揃う

約500mの高さを誇る、台北のランドマーク

## 台北101から街を一望

台北101タイペイイーリンイー
MAP 付録P.13 F-2

地下5階地上101階からなる世界有数の超高層ビル。89・91階の展望台からは、圧巻のシティビューが満喫できる。

### ショップやレストランが高層ビル内に大集合

街のシンボルとして新都心エリアにそびえる台北101。地下1階〜地上5階はショッピングモールになっており、広々としたフロアにショップや飲食店が並ぶ。観光の目玉は、絶景を望む展望台。

☎02-8101-8800 ❖Ⓜ淡水信義線・台北101/世貿駅からすぐ 所台北市信義路五段7号 ❷10:00〜21:00（最終入場20:15）❌無休 Ⓙ Ⓒ Ⓔ ❐（店舗により異なる）

↑89階の台北101ギフトショップはおみやげ探しに最適

### 台北101のここがポイント！

**① 素晴らしい眺望**
全面ガラス張りの展望台が大人気。眼下には台北市街が一面に広がる。さらに91階には屋外展望台もある。豪雨、強風などのため入場できないことも。

**② 高速エレベーター**
89階までは直通のエレベーターを利用する。5階の専用カウンターで入場券を購入しよう。行列は必至。

**③ 美しい夜景**
昼間の眺望も見事だが、夜景はさらに圧巻。ビルそのものも、曜日ごとに異なる色でライトアップされる。

**④ Skyline460**
101階にある屋上展望台Skyline 460が2019年より一般開放されている。予約制で人数限定。

色とりどりにライトアップされた姿が近未来的

### 豆知識…ウインドダンパー

87〜92階の吹き抜け部分に設置されているのは、強風による揺れ軽減対策のウインドダンパー。660tもの巨大な球体で大きさは世界一。88・89階から見学することができる。

縦書き: グルメ&カフェ ／ ショッピング ／ 歩いて楽しむ ／ ビューティ&ヘルス ／ ホテル

---

**グルメ＆ショップはこちら！** 雨の日でも買い物が楽しめる。地下や高層階にあるレストランもおすすめ。

### B1のリザーブストア
**スターバックス**
星巴克典藏門市
シンバークーディエンツァンメンシー
ワンランク上のコーヒーが飲めるスタバ。
☎02-8101-8511 ❷7:30（土・日曜8:00）〜21:30（金・土曜は〜22:00）❌無休

鼎泰豊のすぐ向かい。食後に立ち寄りたい

### 雲の上のビュッフェ
**響・ア・ジョイ**
響 A Joy
シャン アジョイ
台北各地のグルメを絶景とともに楽しんで。
☎02-8101-0111 ❷P11参照 ❌無休

ネット予約が必要

### 小籠包の超有名店
**鼎泰豊**
ディンタイフォン
整理券をもらい、買い物をしながら待てる。
☎02-8101-7799 ❷11:00〜20:30 ❌無休

大盛況

食事どきは連日

### 個性的なおみやげ
**台北101ギフトショップ**
台北101紀念品店
タイペイイーリンイージーニエンピンディエン
台北101の種類豊富なグッズが買える。
☎02-8101-9043 ❷展望台の営業時間に準ずる ❌無休

オリジナルグッズが揃う

### 種類豊富な品揃え
**台北101購物中心**
タイペイイーリンイーゴウウーチョンシン
買い物が楽しめる巨大ショッピングモール。
☎02-8101-8800 ❷11:00〜21:30（金・土曜、祝前日は〜22:00）❌無休

カジュアルな店もある

# AREA WALKING

## ハイセンスな並木道を歩く
### 富錦街
富錦街 フージンジエ

街路樹に包まれた地域で散策にもぴったり

歩き疲れたら公園で休憩。園内もどこか上品な感じ

広々とした道路の両脇に街路樹が並ぶ、台北きってのおしゃれタウン。セレクトショップやカフェも多く最新のトレンドに出合える。
**MAP** 付録P8-9

### 洗練されたショップが次々とオープン
### 地元の若者や観光客に大人気

　台湾に米軍兵が駐在していた半世紀ほど前に開発された街。アメリカの街並みがモデルとされ、ゆとりのある道路や美しい街路樹など、ほかとは一線を画す西洋風のムードが印象的。周辺は閑静な高級住宅地になっているが、メイン通りにはおしゃれなセレクトショップが点在する。インテリア雑貨から洋服・バッグ、家具、茶店までバラエティに富んでおり、センスの良い台湾雑貨はおみやげにぴったり。

　ウインドーショッピングに疲れたら、スタイリッシュなカフェへ入ってみよう。ランチスポットやアフタヌーンティーに最適な店もたくさんあり、優雅なひとときを過ごすことができる。街は台北松山空港からほど近く、空港への行き帰りに立ち寄るのもおすすめだ。

### 遊び心あふれる今ドキのお茶菓子
## バット、ウィ・ラブ・バター
but, we love butter
**MAP** 付録P8 C-1

厳選素材で作る焼き菓子が見た目もおしゃれと話題。おとぎの国のような不思議空間でその日のおすすめスイーツとドリンクを楽しみながら購入できる。

☎02-2547-1207 交M文湖線・松山機場駅から徒歩10分 所台北市富錦街102号 営13:00～20:30 土・日曜12:30～20:00 休無休

↗ガレットやパイナップルケーキなど焼き菓子6種は6個468元～

↘アイテムごとにそれぞれ3種のなかから好きなボックスをチョイスできる

←テーラー風の建物を抜けてシュールな店内へ

## 洗練空間でカジュアルに茶芸を
### 開門茶堂
開門茶堂　カイメンチャタン
**MAP** 付録P.9 D-2

インテリアデザイナーのオーナーが若い世代や外国人が気軽に台湾茶にふれられる場を提供。略式で台湾茶やお茶菓子が楽しめ、購入もできる。

☎02-2719-9519　松山新店線・台北小巨蛋駅から徒歩8分　台北市民生東路四段80巷1弄3号　11:00～20:30(土・日曜は～18:30)　火曜 J E

→ホットもアイスもおいしい「丹鳳烏龍」。75g550元、150g1050元

→手作りブルターニュクッキーはオレンジ鉄観音、ソルト烏龍の2種。5個入り各360元

→お菓子セットや紅茶ダックワーズも

## おしゃれカフェの代名詞
### Fujin Tree Cafe 富錦樹咖啡店
フージン ツリー カフェ　フウジンシュー カーフェイディェン
**MAP** 付録P.9 E-1

台湾各地の素材を使用したオリジナルスイーツや豆からこだわって淹れたコーヒーがグルメの間でも評判のカフェ。

☎02-2749-5225　文湖線・松山機場駅から徒歩12分　台北市富錦街353号　9:00～18:00　無休 J E

→香りいいジャスミン茶のシフォンケーキ180元(下)と台南産黒糖を使用したラテ180元(右)

→センスのいい家具が並び、地元の人々の憩いの場にもなっている

民権公園

富錦樹355

富錦街
Fujin Tree Cafe 富錦樹咖啡店 P.135
富錦街を牽引する富錦樹グループ最初の店

富錦五号公園

民生東路五段

民生東路四段

試食もできるので散策の目的地にしてひと休みするのもおすすめ

→微熱山丘 P.112

民生公園

光復北路

開門茶堂 P.135

富錦樹台菜香檳 P.135

延寿街

龍城市場

東区・信義区

## ゆるり創作伝統料理とお酒を
### 富錦樹台菜香檳
富錦樹台菜香檳　フウジンシュータイツァイシャンビン
**MAP** 付録P.9 D-2

日本やアメリカで暮らしたオーナーが、海外のゆったりとしたライフスタイルに触発されてオープンした台湾料理レストラン。伝統の味に独自の工夫を加えた体にやさしい創作料理をお酒と一緒に楽しめる。

☎02-8712-8770　松山新店線・台北小巨蛋駅から徒歩8分　台北市敦化北路199巷17号　12:00～15:00 17:00～22:00 土・日曜、祝日12:00～22:00　無休 J E

→蒸し鶏に香草ソースを添えた「白斬鶏」680元

→人気No.1の創作四川料理「松花蒼蠅頭」620元

→ハイビスカスソースの「トンポーロウ」1080元

→緑の庭を望むスタイリッシュなくつろぎ空間

135

# AREA WALKING

## 都市のランドマークから学ぶ
## 台湾の歴史を歩く
オランダ、清朝、日本など、外国の統治を経験した台湾の歴史をたどる旅。

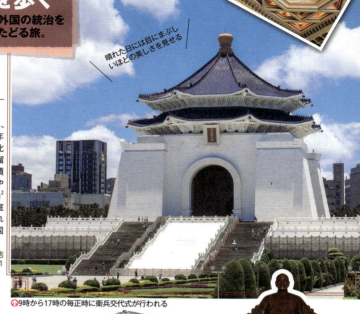
→複雑な天井の形状が特徴

晴れた日には目にまぶしいほどの美しさを見せる

### 初代総統・蒋介石を追悼
### 白亜の建物と庭園が美しい
## 中正紀念堂
中正紀念堂 チョンチョンジーニエンタン
台北駅周辺 MAP付録P.11 D-2

中華民国初代総統の蒋介石(中正は名、介石は字)を追悼する施設で、1980年から一般公開された。本堂は中国・北京の天壇を模しており、白大理石と瑠璃瓦が鮮やか。蒋介石の生涯や功績を紹介する展示室のほか、ショップやフードコートも堂内にある。25万m²の広大な敷地には、季節の花の咲く庭園が広がり、国際的イベントの行われる劇場(国家戯劇院)や音楽ホール(国家音楽庁)もある。

☎02-2343-1100 交M淡水信義線/松山新店線・中正紀念堂駅からすぐ 所台北市中山南路21号 営9:00〜18:00 休無休 料無料

↑9時から17時の毎正時に衛兵交代式が行われる

### 国家音楽庁
國家音樂廳 グオジアインユエティン

国立のコンサートホール。豪華な館内には、ミュージアムショップやレストランもある。

←国家戯劇院同様、中国の伝統的な建築様式で建てられている

↓日没後は公園内がライトアップされ、幻想的な姿に

↑5連のアーチを持つ正門。高さは30mもある

↑堂内には、高さ6.3mの蒋介石のブロンズ座像がある

### 国家戯劇院
國家戲劇院 グオジアシージューユエン

伝統的な演劇公演などが催される国立劇場。大理石が用いられた内部は豪華絢爛。

### 国家の式典も行われる追悼施設
### 衛兵交代式は見応え満点
# 忠烈祠
忠烈祠 ヂョンリエツー

**圓山 MAP 付録P2 C-3**

辛亥革命や抗日戦争、国共戦争などで犠牲となった30万人以上の英霊が祀られている追悼施設。日本統治時代には護国神社が建っていたが、戦後に忠烈祠と改名された。現在の大殿は、1969年に北京・故宮の太和殿を模して建造されたもの。

☎02-2885-4162 ⊗M淡水信義線・圓山駅から車で7分 ⌂台北市北安路139号 ⏰9:00～17:00 休なし 料無料

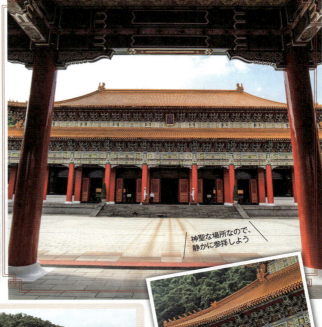

神聖な場所なので、静かに参拝しよう

↑青山を背に建つ荘厳な正門。入口に厳しい訓練を受けた衛兵が立っている

### 衛兵たちの勇姿が人気
# 衛兵交代式

1時間ごとに大殿前の広場で行われる衛兵交代式が観光客に人気。衛兵たちの巧みな銃さばきや、統率のとれた動きは見事。陸海空軍が半年交代で任務に就いている。

↑交代式の任務に就くのは、難関を突破した選ばれし軍の兵士たち

↑建物の随所に、烈士たちの戦いの歴史を伝える壁画や展示があり、日本語も添えられている

### 台湾の父・孫文を讃える記念館
### 衛兵に守られる巨像は圧巻
# 国父紀念館
國父紀念館 グオフウジーニエングワン

**信義 MAP 付録P.13 E-1**

中国建築の紀念館が建ち、吹き抜けの広いホールの正面には高さ5.8mの巨大な孫文座像が鎮座する。像の脇には、衛兵が直立不動で孫文像を護衛。9時から17時の毎正時には衛兵交代式が行われる。館内には、孫文や革命の歴史を紹介する展示コーナー、芸術鑑賞ギャラリーなどが入っている。

☎02-2758-8008 ⊗M板南線・國父紀念館駅から徒歩5分 ⌂台北市仁愛路四段505号
※2027年まで工事のため見学不可(予定)

紀念館のある中山公園は緑が多く、噴水や池が広がっている

↑中国革命の指導者で台湾の父と呼ばれる孫文。紀念館は孫文の生誕100年を迎えた1972年に完成した

## AREA WALKING

### 孫文が泊まった日本式旅館
### 風情ある回遊式庭園が広がる
## 国父史蹟館
國父史蹟館 グオフウシージーグワン

台北駅 MAP付録P.6 C-3

孫文が滞在した日本旅館と庭園を保存、一般公開している。建物は1900年に建造された純和風の高級料亭旅館「梅屋敷」で、日本人の政治家や軍人、財界人らが利用していた。孫文は1913年に台北を訪れた際、この旅館に滞在。

☎02-2381-3359 ㊋M淡水信義線/板南線・台北車站から徒歩2分 ㊙台北市中山北路一段46号 ㊗9:00～17:00 ㊡無休 ㊄無料

↑孫文を紹介する資料や遺品、孫文が使用した机などを展示

### 平和を願って名づけられた
### 都会の真ん中の緑のオアシス
## 二二八和平公園
二二八和平公園 アルアルバーフーピンゴンユエン

台北駅周辺 MAP付録P.10 B-1

台北新公園の名で1908年に開園した歴史ある公園。樹木の茂る園内をリスが遊び回り、中国風のあずま屋がたたずむ庭園、緑地歩道が整備された市民憩いの場。二二八事件の記念館や記念碑、西洋風古典建築が美しい国立台湾博物館も公園内にある。

☎02-2303-2451 ㊋M淡水信義線・台大醫院駅からすぐ ㊙台北市凱達格蘭大道3号 ㊗24時間 ㊡無休 ㊄無料

市内中心部、台大醫院駅の周囲に広がる公園

### 国立台湾博物館
國立台灣博物館 グオリータイワンボーウーグワン

台湾で最も古い博物館。台湾の民族や歴史、動植物などについて展示。日本人建築家によるルネサンス風の建物も見応えがある。

☎02-2382-2566 ㊙台北市襄陽路2号 ㊗9:30～17:00 ㊡月曜 ㊄30元

↑ギリシャ神殿のような歴史ある博物館

## 観光に便利！
## オープントップバス

台北を代表する観光スポットをまわる、真っ赤な2階建て観光バス「台北オープントップバス」が2017年1月から運行。2つの巡回ルートがあり、紅(赤)路線が台北駅周辺と台北101方面を結び、藍(青)路線は台北駅周辺と士林・故宮方面を結ぶ。乗り降りが自由なので市内移動に便利。観光に有効活用したい。

### 台北市オープントップバス
台北市雙層觀光巴士
**Taipei Sightseeing Hop on Hop off**
タイペイシーショウワンツェングワンバーシー

☎02-8791-6557(三晉整合營銷公司) ㊄紅線(1周の平均所要時間約75分)は台北車站出発9:10～20:00(30～40分おきに19便)、藍線(1周の平均所要時間約110分)は台北車站出発9:40～16:40(20～40分おきに12便) ㊄チケットはオンラインでも購入できる

| 4時間チケット | 330元 |
| --- | --- |
| 日中チケット(9:10～18:00) | 550元 |
| 24時間チケット | 660元 |
| 48時間チケット | 1100元 |

HP http://www.taipeisightseeing.com.tw
J E

屋根がなく開放的で、車内からの高層ビルの眺めも抜群

## 偉容を誇る洋風建築
# 日本統治時代の レトロ建築

20世紀前半に建てられた建築物の数々。街に残る荘厳な建物が台湾の歴史を物語っている。

日本統治時代の中心で当時は市内で最も高い建物だった

### 歴史を見つめる国家元首の官邸
### 建物内部を無料で見学できる
## 総統府
總統府　ゾントンフウ

西門駅　MAP 付録P.10 B-1

台湾国家元首の総統が執務を行う官邸。荘厳な建物は日本統治下の1919年に、日本の台湾総督府として建造。赤と白の外壁が美しいルネサンス建築で、当時の最新の建築技術を駆使して建てられた。平日の午前中には建物の一部を無料公開。

☎02-2312-0760　交M淡水信義線・台大醫院駅から徒歩10分　所台北市重慶南路一段122号　開9:00〜11:30　休土・日曜　料無料

### 今も現役で活躍している
### 壮大で瀟洒な病院建築
## 台大医院 旧館
台大醫院舊館　タイダーイーユエンジウグワン

台北駅周辺　MAP 付録P.10 C-1

かつては台北病院とも呼ばれた旧台北帝国大学医学部附属病院で、現在は国立台湾大学医学院附属医院に改称された。ルネサンス様式を持つ赤レンガ建築は1924年の建造。噴水を施した中庭など、建物の随所に意匠を凝らしたデザインや優雅な装飾が見られる。

☎02-2312-3456　交M淡水信義線・台大醫院駅からすぐ　所台北市常徳街1号　開7:00〜19:00　休無休　料無料

↑官庁が多い博愛地区に建つ。西門紅樓でも知られる建築家近藤十郎が設計

↑食堂やカフェのある広大なキャンバス内は出入り自由

### 広大な大学キャンパスに
### レトロな歴史建築が点在
## 国立台湾大学
國立台灣大學　グオリータイワンダーシュエ

公館　MAP 付録P.5 D-4

台湾の最高学府で、台湾随一のマンモス校。前身は日本統治時代の1928年に設立された台北帝国大学で、帝大時代の歴史建築も残る。博物館の校史館は1929年築の旧図書館。大学の歴史を紹介する展示を無料で見学できる。

☎02-3366-3366　交M松山新店線・公館駅から徒歩3分　所台北市羅斯福路四段1号　開24時間　休無休　料無料

### 渋い緑色のタイルが印象的
### 西洋と東洋の建築様式が融合
## 司法大厦
司法大廈　スーファーダーシア

西門駅　MAP 付録P.10 B-1

総統府の南側に建つ、旧台湾総督府法院。1934年に建造され、最高司法機関として利用された。屋根に東洋風の装飾が用いられているほか、渋い緑の外壁や中央にいただく高塔も特徴。4階は戦後建て増しされたもの。

☎02-2361-8577　交M松山新店線・小南門駅から徒歩10分　所台北市重慶南路一段124号　開9:30〜11:30 14:30〜16:30　休土・日曜

↑最高裁判所のような役割を担った。官庁の建物らしい威厳のあるたたずまい

139

## Taipei History

### 街のレトロ建築に刻まれた歴史をひもとく
# 台北・都市の歩み

18世紀に街が誕生し、さまざまな文化の影響を受けつつ発展してきた台北。
市内に数多く残る歴史建築の時代背景を知れば、街歩きがもっと楽しくなる。

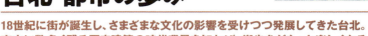

### 大航海時代の台北一帯
#### 淡水に紅毛城が築城

大航海時代の17世紀、東アジアの貿易拠点を求めて西洋諸国が台湾へ上陸した。周囲を山々に囲まれた台北盆地は、当時は湿地の広がる荒野で、原住民族のケタガラン族が集落で暮らしていた。台湾北部に最初に侵攻したのはスペインで、1628年には淡水にセント・ドミニカ城を築城している。のちにスペインを駆逐したオランダが、より強固な城塞に再建。台湾住民たちはオランダ人の呼称「紅毛」をとって**紅毛城**(→P.153)と呼んだ。台湾を統治したオランダは1662年に鄭成功に駆逐され、鄭成功の子孫も1683年に清朝に敗退。台湾は清朝の支配下に入る。

↑瀟洒な外観の紅毛城

### 萬華(艋舺)に台北初の街が誕生
#### 台北が台湾の中心地に

清朝の台湾統治拠点は台南に置かれていたが、台北にも開拓移民団が送り込まれ、漢人の大規模な入植が始まった。ケタガラン族は徐々に漢人に同化し、そのアイデンティティを失っていく。18世紀半ばには、淡水河流域の艋舺(**萬華**→P.128)に台北初の街が造られた。水運を利用して発展し、龍山寺など多くの寺院、廟も建立された。19世紀半ばには、土砂の堆積などで衰退した艋舺に代わって、**大稲埕**(**迪化街周辺**→P.116)が新たに開発される。

1860年に淡水が国際貿易港として開港すると、淡水や積出港の大稲埕は各国の商館が立ち並んで大いに賑わった。商業の発展で台北の人口は増加。台湾の中心は台南から台北へ移り、現在の**西門町**(→P.126)付近に台北府城が1884年に完成。街は周囲約5kmの城壁に囲まれた。

↑西門紅楼は、今はカルチャースポットとして賑わいをみせる

### 台北の都市整備が進む
#### 約50年日本統治時代

日本が日清戦争に勝利し、1895年に台湾は日本へ割譲される。日本政府は統治機関の総督府を台北に置き、台湾の政治経済の中心と定めて都市整備を進めていく。台北府城の城壁は撤去され、道路や上下水道、電気通信、公園など、産業や生活の基盤が整備された。総督府(現・**総統府**→P.139)や台北州庁舎(現・監察院)など、重厚な西洋風建築の政府庁舎や公共施設、銀行などが次々と建てられ、日本の威厳を存分に示していった。**迪化街**(→P.116)は現在見られるような西洋古典建築の店舗に建て替えられ、茶葉や漢方薬などを扱う一大商業地区に発展した。

### 日本化が進められた時代
#### 日本人の街が生まれる

日本からの入植も始まり、現在の林森北路界隈や西門町周辺には日本人街が形成され、木造平屋の日本人家屋が立ち並んだ。西門町には日本人向けの繁華街が生まれ、レンガ建築による台北初の公設市場・台北市場(現・**西門紅楼**→P.127)が1908年に建設されている。1930年代には、現在の公館付近に台北帝国大学(現・国立台湾大学)などの学校建設が進められた。

台北北郊外の**北投**(→P.156)地区には、統治後間もない1896年に台湾初の温泉旅館が生まれ、日本風の温泉地が開発されている。

### 日本統治から中華民国へ
#### 多くの漢人が台湾へ

日本が第二次世界大戦に敗北すると、台湾は清に代わって成立した中華民国の統治下に入る。1945年10月には、日本が建設した台北市公会堂(現・中山堂)で降伏調印式が執り行われている。台北は台湾省の中心都市となった。

大陸では中国共産党と蒋介石率いる中国国民党との間で内戦が続き、敗色濃厚となった中国国民党は1949年に台湾へ撤退して政権を維持。国民政府が台湾を実効支配し、台北は中華民国の臨時首都として機能することになる。この時期、大陸からは約200万人もの漢人(外省人)が移住した。外省人らが移り住んだ居住地は眷村と呼ばれ、そのひとつ、信義区の**四四南村**(→P.45)が現在も残る。

### 奇跡の経済発展を遂げた台湾
#### 台北の近代化への道

戦後、工業立国への道を歩んだ台湾は、アジア有数の経済大国へと発展。台北の人口は地方からの人口流入などで増加し、1960年代後半には100万人都市に膨れ上がった。1990年代には新都市交通(MRT)などの公共交通網が次々と整い、街は東へと発展を広げた。信義区には市政府が移され、世界貿易センター、完成時に世界一の高さを誇った高層ビルの**台北101**(→P.133)がオープンするなど、国際都市の新都心として発展が続いている。

都市化が進む一方で、日本統治時代などの歴史建築の芸術的価値が見直されてきている。保存やリノベーションが盛んに進められ、新旧同居の風景が台北の街の魅力にもなっている。

↓リノベスポットの代表ともいえる松山文創園区(→P40)

# 5 WAYS TO BE MORE BEAUTIFUL

## ビューティ&ヘルス

台湾キレイの秘密を伝授♡

**Contents**

- ご褒美タイムは台湾 **極上スパ** で ▶P142
- 変わりダネ **マッサージ** に挑戦 ▶P144
- **漢方系** ショップ ▶P146
- カミ技！ **台湾式シャンプー** ▶P147
- **変身写真館** でイメチェン ▶P148

BEAUTY & HEALTH

ハイグレードな空間で至福のひととき

# ご褒美タイムは台湾極上スパで

リッチにリフレッシュしたいなら、台湾屈指の高級スパへ。独自のメニューを用意しているところも多く、存分に台湾らしさを味わいながらリラックスできる。

ワールドクラスのスパで極上のリラクゼーションを

**主なMENU**
✻フォルモサ（ボディ）…
1万3800元（2時間30分）
✻ビスポーク（ボディ）…
1万3800元（2時間30分）

### スパ・アット・マンダリン オリエンタル 台北

台北文華東方酒店芳療中心
**The Spa at Mandarin Oriental, Taipei**
タイペイウェンホアドンファンジウディエンファンリャオチョンシン

南京復興駅 MAP付録P8 C-2

台湾のホテル最大級の広さを誇るスパ。五ツ星ホテルにふさわしい極上のひとときを過ごせる。従来のマンダリンオリエンタルのトリートメントに加え、かっさを使用したここでしか受けられない施術が評判。

☎02-2715-6880 交M文湖線／松山新店線・南京復興駅から徒歩10分 所台北市敦化北路158号6F 営10:00～20:00 休無休 JEB
MAIL:motpe-spa@mohg.com

1.広々としたVIP専用ジャクジー　2.リラクゼーションルームでは中国茶のサービスがありマッサージ後もくつろぐことができる　3.落ち着いた雰囲気のフロント　4.VIPダブルルームではカップルや夫婦で一緒にマッサージを受けることができる

## ヴィラ・ライク悦禾荘園スパ

Villa.like悦禾荘園Spa
ユエフーチュアンユエン
中山 MAP 付録P.15 B-4

中山駅からほど近い場所にある人気のスパ。バリのヴィラをイメージした店内でタイ式マッサージを取り入れたエステが楽しめる。オリジナルのアロマオイルを使用したマッサージが地元の台湾人女性にも好評。予約時刻に来た場合に約10分の足湯が無料になるサービスも。

オリエンタルな雰囲気に心も体も癒される

☎02-2511-2727 ✈淡水信義線・松山新店線中山駅から徒歩3分 所台北市中山北路一段97号 営10:00〜翌3:00 休無休 J E
予約：www.villa-like.com.tw

### 主なMENU
※Villa.like級タイ古式マッサージ…2350元（1時間30分）、3000元（2時間）
※東洋アロマオイルトリートメント…2150元（1時間）、3000元（1時間30分）

1. 自然光が差し込む開放的なマッサージルーム　2. その道のプロが日頃の疲れを癒してくれる　3. アジアンテイストが楽しめる内観　4. ハーブが入ったマッサージボール

## 沐蘭SPA

沐蘭 Wellspring Spa
ムーランスパ
中山 MAP 付録P.15 C-3

台湾を代表する五ツ星ホテル「リージェント台北」の最上階にあるスパ。インドネシアやハワイ、中国の伝統のマッサージを取り入れたオリジナルのコースが観光客の間で人気。マッサージのあとも養生茶と軽食で最高のリラックスタイムを過ごせる。

アロマの香りにつつまれてラグジュアリーなひとときを

☎02-2522-8279 ✈淡水信義線／松山新店線・中山駅から徒歩7分 所台北市中山北路二段39巷3号20F 営10:00〜23:00 休無休
J E

### 主なMENU
※旅人安らぎコース（ボディ）…4500元（1時間30分）
※東方美人ティーコース（フェイシャル）…4700元（1時間30分）

1. 好きなアロマオイルを選んで使用する　2. マッサージのあとはフラワーバスまたはスチームシャワーが使用できる　3. 施術に使用したアメニティと同じ物も販売されている　4. ストーンセラピーも人気。温かい石から伝わる熱が体のコリをほぐしてくれる　5. 広々とした個室　6. 男性用コースもあるのでカップルや夫婦連れでも利用したい

143

## BEAUTY & HEALTH

**勇気を出して妙技に癒やされる**

# 変わりダネマッサージに挑戦

せっかく台湾に来たのなら、独特なリラクゼーションにも挑戦してみたい。その道何十年というプロの技で、旅の疲れ、日頃の疲れをほぐしてもらおう。

**足裏をマッサージ** — マッサージ激戦区で本場の技を体験

### 凄腕プロの集まる養生館
### 夏威夷養生館
夏威夷養生館　シアウェイイーヤンションワン
**中山** MAP付録P.15 C-4

地元民や駐在員から評判の店。20年以上のベテランマッサージ師が揃い、一人一人のコンディションに合わせたていねいなマッサージが口コミで話題に。リピーターも多く、日本人観光客の行きつけになっている。

☎02 2542 7766　交M淡水信義線／松山新店線・中山駅から徒歩5分　所台北市南京東路一段13巷5号　営9:00～24:00　休無休

**主なMENU**
※足裏マッサージ…30分500元
※全身マッサージ…60分1000元

1. 著名人の客も多い　2. 駅から近くて便利　3. 清潔感のあるフロア　4. 足裏がツルツルになると評判の角質取り　5. 事前にマッサージ師を指名することもできる

「青あざが出ることがないと評判です」

### 確かな技術にリピーター多数
### 知足健康
知足健康　チーズウジエンカン
**大安駅** MAP付録P.12 C-2

1982年からマッサージの世界で活躍する謝先生の店。指を使ってゆっくりと足裏の反射区を刺激し、体の調子を診ながらていねいに揉みほぐしてくれる。各自の反射区カルテもあり、不調な箇所がわかるのもうれしい。施術後は全身がすっきり！

☎02-2703-8315　交M板南線・忠孝敦化駅から徒歩10分　所台北市仁愛路四段62号13F-10　営11:00～19:00　休無休

**主なMENU**
※足裏マッサージ45分…750元
※足裏45分＋肩首15分…1000元
※謝先生の指名料300元

1. 足裏＋肩首や全身マッサージとの組み合わせもおすすめ　2. 店舗はビルの13階　3. 日本語が上手な謝先生との会話も楽しい

## 包丁でマッサージ
2500年の歴史を持つという中国発祥の民間療法

### 筋肉の深部にアプローチ
## 中華世界刀療協会
中華世界刀療會
チョンホアシージエダオリャオシエホイ

**台北駅** MAP付録P6 B-3

インパクトのある施術法で話題の刀療。修業を積んだ先生が、マッサージ用の包丁でリズミカルに叩き、筋肉をほぐしていく。血行促進、毒素排出などの効果があるとされる。
☎02-2550-3535 交M淡水信義線／板南線・台北車站から徒歩10分 所台北市市民大道一段100号台北地下街97号店（Y16）営11:00〜21:30 休無休

痛くないのでぜひお試しください

**主なMENU**
- 10分コース（お試し）…220元
- 45分コース（全身）…880元

1.2本の包丁で小刻みに体を叩く 2.体にあたる刃先は痛くないので安心 3.上半身用のマッサージチェアと全身用のベッドを完備 4.特別な重さや厚さで作られた包丁 5.施術を受けるうちにリラックス

---

## 耳をお掃除
地元でも人気の本格的な耳垢取り

**主なMENU**
- 耳掃除…20分700元
- 耳結石取り…約30分 片耳1000元

### 先祖代々続く耳掃除専門店
## 陳聖聞耳腔清理
陳聖聞耳腔清理
チェンションウェンアルコンチンリー

**萬華** MAP付録P4 A-3

オーナーの陳先生は、50年近いキャリアを持つこの道のプロ。専用の道具を使って耳の中の垢を取る耳掃除は、施術の痛みはなく、聞こえがよくなった、頭痛がなくなったという体験者の声も多い。固まった結石を取るコースも。
☎02-2302-3168 交M板南線・龍山寺駅から徒歩5分 所台北市萬大路9号 営10:00〜17:00 休木曜

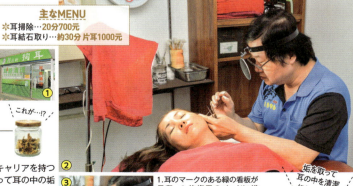

これが…!?

垢を取って耳の中を清潔にしましょう

1.耳のマークのある緑の看板が目印 2.施術用のベッドに横になるだけでOK。店内には個室を2部屋完備 3.ライトを当て、耳かきやピンセットなどを使ってていねいに垢を取ってくれる

## BEAUTY & HEALTH

### 中医薬学から生まれた商品
### 意一堂国医薬行
意一堂國醫藥行　イーイータンクオイーヤオハン

**台北郊外** MAP付録P.3 B-4

クリニックを併設する漢方ショップ。女性に人気の真珠粉は、古代中国から受け継がれる漢方の知恵をもとに、臨床経験と最先端の技術を駆使した逸品。国立中国医薬研究所顧問の江氏が院長を務めるクリニックでは、本格的な診察や処方を受けることもできる。

☎02-2932-9777　松山新店線・萬隆駅からすぐ　台北市羅斯福路五段295号　9:00～21:00(土・日曜は～18:00)　※クリニックは完全予約制　休日曜 J E （クリニックのみ）　（商品購入のみ可、一部商品は除く）

1.2.店内はカフェのような洗練された空間　3.中医漢方の豊富な経験を生かし、独自の処方を開発している

皆さまの健康をお手伝いします

↑10種類以上の漢方で作った入浴剤は、SNSでも話題に

↑真珠粉配合の石鹸980元。美白や毛穴の引き締めに

→薬膳料理レシピ付きの漢方セット。魚・鶏・豚の3種類あり

→内服真珠粉80g9000元。美白、骨粗しょう症の予防やアンチエイジングに

→パフで塗って皮膚に浸透させる外用の真珠粉。15g2400元

---

### ココロとカラダに効きそう
# 漢方系ショップ

東洋医学は「心身一如」の考えに基づく。心にも体にも、自分に合った漢方アイテムを見つけたい。

↑牛乳や卵白とあわせて使う粉状の美容パック。200g1200元

↑冷え性や血行の改善、腰痛などに効果のある漢方薬「六味地黄丸」300g750元

→慈禧玉容明亮パック160g1380元。ニキビ肌や漢方コスメ初心者におすすめ

→天然ハーブオイルを配合した虫よけ液50ml250元。子どもやペットにも安心

←クラシックタイプの歯磨き粉120g310元。歯茎の出血や歯周病が気になる方に

→リフレッシュタイプの歯磨き粉140g290元。ホワイトニングや歯石除去に

→桑白皮や真珠パウダーなどを配合した慈禧玉容美白パック120g2080元

←慈禧玉容美白ソープ125g300元。角質を柔軟にして肌の代謝をアップ

お気軽にご相談ください

### 日常で使える商品が豊富
### 生元薬行
生元藥行　ションユエンヤオハン

**迪化街** MAP付録P.14 C-3

創業1946年、地元の信頼も厚い漢方薬局。野生を中心にした高品質の薬材を扱い、漢方医の資格を持った中医師による診察も可能(300元・薬代は別途)。目的に応じて選べる漢方薬や漢方茶、独自に研究開発したスキンケア商品など、豊富な商品を揃える。

☎02-2555-2970　淡水信義線／松山新店線・中山駅から徒歩10分　台北市南京西路181号　9:00～20:30(診察は9:30～12:00、14:00～17:00)　無休 J　（商品購入のみ可）

1.明るく広々とした店内
2.厳しい検査を受けた薬材のみを使用
3.創業70余年の老舗

146

# BEAUTY & HEALTH

## 天を衝くような爽快さ♥撮影は必至!
## カミ技! 台湾式シャンプー

ユニークな方法とスッキリ気持ちいい施術で、面白さもヘアケアも一石二鳥。写真映えもばっちり!

### 台湾式シャンプーとは?
日本の美容院のように仰向けに寝ず、座ったまま受ける。モコモコの泡で髪を思いっきり持ち上げてユニークな形にしてくれることから、最近はSNS映えすると人気に。

### インスタ映えヘアサロン
### アンスリープ
ansleep
中山國小駅 MAP 付録P.7 D-1

「夢を眠らせない」をテーマに一人一人の髪質や頭皮に合わせたプロフェッショナルによる施術を受けることができる。台湾式シャンプーは体験コースをはじめ全4種類のコースがあり、在台日本人の客も多く、安心して通える。
☎02-2592-5567 Ⓜ中和新蘆線・中山國小駅から徒歩4分 ⌂台北市雙城街13巷16-3号 ⏰10:00〜19:00 休木曜、水曜不定休

**主なMENU**
※台湾式シャンプー お手軽体験コース (30分) …790元
※台湾式シャンプー スペシャルコース (50分) …1290元

1 インスタ映えの写真が撮れる!!

2

3 4 5

1.2.変幻自在の写真が撮れる 3.レンガ造りの店内は要塞のよう 4.オリジナルキャラクターが目印 5.広々としたフロア

### 気軽に通えるサロン
### ミー・ジャパン
mee Japan
中山 MAP 付録P.15 B-4

良心的な価格と確かな技術で在台の日本人も多く通うサロン。観光客に人気の台湾式シャンプーは3種類のコースがあり、烏龍茶、漢方、OLAPLEXなどのシャンプーが選べる。日本人スタッフもいるので初めてでも安心して通える。
☎02-2531-4559 Ⓜ淡水信義線/松山新店線・中山駅からすぐ ⌂台北市中山北路一段140巷13号2F ⏰10:00〜20:00 休無休 ※土・日曜、祝日はサービス料10% ※予約はtaiwanshampoo.com

**主なMENU**
※台湾式シャンプー 頭皮洗浄Aコース (25分) …600元
※台湾式シャンプー 頭皮洗浄トリートメントCコース (45分) …1050元

1.アットホームな落ち着いた雰囲気のフロアらすぐの便利な立地 3.2種類の泡から選べる 2.駅か 3

## BEAUTY & HEALTH

ファンタジックな魅惑の記念撮影にトライ
# 変身写真館でイメチェン

**変身写真とは？**
結婚の際、豪華なウエディングアルバムを作る習慣を大胆にアレンジ。華やかなドレスと濃いメイクが特徴で、まさに変身した気分に！台湾では「芸術照」と呼ばれている。

豪華絢爛な衣装や、おとぎ話のような背景。普段では撮ることができない特別な写真を、思い出に撮って帰りたい。

### ゴージャスなセットで非日常のひととき
### 魔法写真 Magic・s
魔法寫真 Magic・s Magic.s photography & style
モーファーシエジェン

北門駅 MAP 付録P.14 C-4

10年以上の実績のあるヘアメイク、カメラマンに加え日本語通訳も常駐。ヨーロッパ風、チャイナ風などの本格的なセットのなか、リラックスして撮影ができる。日本語で予約ができるので初心者も気軽に楽しめる。

☎09-7813-1377 ㊇松山新店線・北門駅から徒歩5分 ㊐台北市延平北路一段77号3F-1 ㊋9:00～18:00(完全予約制) ㊡無休

1.清潔感のあるスタジオはアロマのいい香り　2.3.4.5.日本人好みのおしゃれなセットが人気。日常を忘れ映画のシーンに入り込んだような気分を味わえる

**主なMENU**
✻M1体験コース1着写真5枚…7700元(現金優待6300元)
✻M2体験コース2着写真10枚…1万1000元(現金優待9600元)

### バリエーション豊富な衣装
### アイフォト・スタジオ
I-photo Studio

中山國中駅 MAP 付録P.8 B-2

観光客に人気のチャイナドレスをはじめ着物、洋装、個性派、ロリータ、レトロ系などトータル300着以上の衣装を常に用意。iPadで好きな服装を選び、プロのヘアメイクの技術でドレスアップできる。日本語が堪能なスタッフがいるので予約から撮影まで安心して楽しめる。2人で楽しめるカップルコースも人気。

☎02-2502-0300 ㊇文湖線・中山國中駅から徒歩10分 ㊐台北市遼寧街226号B1 ㊋9:30～17:30 ㊡不定休

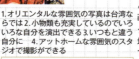

1.オリエンタルな雰囲気の写真は台湾ならでは 2.小物類も充実しているのでいろいろな自分を演出できる 3.いつもと違う自分に　4.アットホームな雰囲気のスタジオで撮影ができる

**主なMENU**
✻体験コース1着写真8枚…5800元
✻Aコース2着写真15枚…7800元

# ONE DAY TRIP FROM TAIPEI
## 台北からの ワンデートリップ

個性あふれる小さな街へ

**Contents**
台北近郊の街へ出かけよう ▶P.150
淡水 ▶P.152
猫空 ▶P.154
北投温泉 ▶P.156
鶯歌 ▶P.158

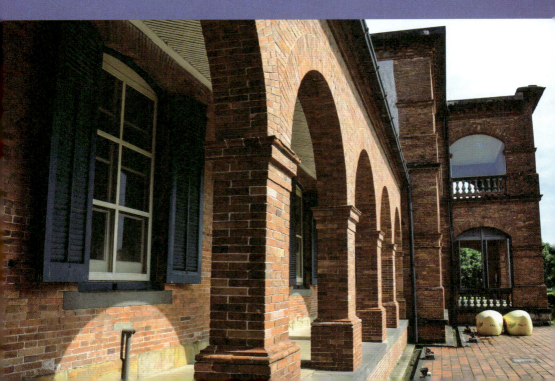

# ONE DAY TRIP FROM TAIPEI

## 台北近郊の街へ出かけよう

*喧騒を離れてのどかな小旅行を!*

大都会の台北から電車やバスを乗り継ぎ、昔ながらの雰囲気が残る郊外の地へ出かけよう。
穏やかな景観、それぞれの街が紡いできた歴史と文化が、訪れる人を癒やしてくれる。

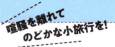

### 異国情緒豊かな街を散策
### 淡水
淡水 ダンシュエイ　▶P152
**MAP** 付録P.2 B-1

赤レンガ造りの要塞など、歴史的建造物が残る河口の街をのんびりと散策したい。台湾一といわれる美しい夕日は必見だ。

### 緑に囲まれた温泉郷
### 北投温泉
北投温泉 ベイトウウェンチュエン　▶P156
**MAP** 付録P.3 A-1

日本統治時代に開発が進んだ、名湯が湧く温泉地。日帰り入浴できるホテルや市営の公共露天風呂もある。

### かわいい陶器をおみやげに
### 鶯歌
鶯歌 イングー　▶P158
**MAP** 付録P.2 A-2

陶器の街として有名な小さな町。専門店がずらりと並ぶ鶯歌老街をぶらぶら歩きながら、掘り出し物を探し出そう。

### 銘茶の産地でティータイム
### 猫空
猫空 マオコン　▶P154
**MAP** 付録P.3 C-4

木柵鉄観音茶の産地であり、山中には趣向を凝らした茶芸館が点在する。茶畑を望むロープウェイで空中の旅も楽しんで。

台北からのワンデートリップ

## バスの旅 — 北海岸トリップ
●北海岸 ベイハイアン

台湾の自然がつくり出した不思議な風景や、情緒ある港町の景色が一度に楽しめる。

### 海岸線を716バスに揺られて

景勝地のほか漁港、温泉と、グルメも観光も楽しめるスポットがたくさん。
🚇淡水信義線・淡水駅から路線番号716のバスに乗車、野柳地質公園までは約1時間40分 🎫1段15元〜6段90元。1日乗車券は160元。北北基悠遊カードも使用可。購入はバス車内かMRT各駅の窓口 🔗www.taiwantrip.com.tw(台湾好行バス) ※11〜4月は平日運休

↑自然の力が長い年月をかけてつくり出した、野柳地質公園の奇岩

↑老梅緑石槽では3〜5月の干潮時に、藻によって美しい緑の景色が広がる

### 映画の舞台になった人気の地
## 九份
九份 ジウフェン  ▶P58
MAP 付録P.2 C-1

かつては金鉱の街として栄え、1989年以降は映画を機に一躍有名に。山肌に広がる迷路のようなレトロな街を散策しよう。

### 伝統行事、ランタン上げ
## 十分
十分 シーフェン  ▶P64
MAP 付録P.2 C-2

願い事を書いて空に飛ばす旧正月の行事、ランタン上げが一年を通じて体験できる。駅周辺にはグルメスポットも多い。

渓谷に沿って敷設されており、列車からの風景も格別

## 鉄道の旅 — 平渓線の旅
●平渓線 ピンシーシエン

台湾の北東部を走る、今注目のローカル鉄道。どこかノスタルジックな風景が、訪問者を魅了する。

### 自然景観と台湾老街巡り

もとは1922年に炭坑専用線として開業した路線。近年、沿線に広がる元炭鉱町の街並みが観光地として話題に。
🚆台鉄 東部幹線台北駅から特急で35〜45分、もしくは普通列車で40分〜1時間。瑞芳駅で平渓線に乗り換える 🎫台北駅から瑞芳駅までは特急76元、普通列車49元。平渓線の運賃は15〜30元。平渓線1日乗車券は80元

↑約100匹の猫が生息する猴硐駅は「猫の村」として有名

↑「台湾のナイアガラ」と呼ばれる十分瀑布は十分駅から徒歩20分ほど

ONE DAY TRIP FROM TAIPEI

## 美しい夕景を求めて
## 台湾のヴェネチアへ
# 淡水 <small>淡水 ダンシュェイ</small>

台湾北部に位置する、淡水河口の貿易港として栄えた美しい水辺の街。さまざまな国の風情が漂う美しい建築が、往来の歴史を伝える。

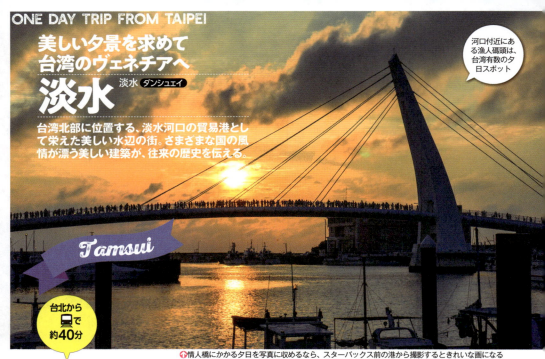

河口付近にある漁人碼頭は、台湾有数の夕日スポット

Tamsui

台北から🚆で約40分

↑情人橋にかかる夕日を写真に収めるなら、スターバックス前の港から撮影するときれいな画になる

### 「台湾のヴェネチア」と呼ばれる夕日がロマンティックな港町

　台北市内からMRTに乗って40分で行ける人気のレジャー都市。17世紀以降にスペインやオランダ、イギリスなどの貿易拠点となって発展。異国情緒漂う赤レンガの洋館が今も随所にたたずむ。対岸の街や行き交う船を眺め、カフェで休憩しながらのんびり過ごしたい。歴史建築の紅毛城、昔ながらの商店街の老街も人気。駅から漁人碼頭までは距離があるので、レンタサイクルやタクシーが便利。

#### 台北からのアクセス
台北駅からⓂ淡水信義線で37分、終点の淡水駅で下車。

#### 街歩きアドバイス
駅のすぐ隣に老街と、最近きれいに整備された河沿いの遊歩道がある。直接漁人碼頭に行くなら駅前のバス紅26かタクシーで。老街を見物したあとに、河沿いのフェリーで行くことも可能。

### 注目スポット 淡水から少し足を延ばして、桜の名所を訪れたい

**荘厳華麗な天壇を山奥に発見**
#### 天元宮 <small>ティエンユエンゴン</small>
MAP 付録P.2 B-1

春は桜やツツジなどの花が咲き誇り、観光客で賑わう道教のお寺。5階建ての上層階からは淡水の街や東シナ海を望むことができる。

☎02-2621-2759 交Ⓜ淡水信義線・淡水駅からバスで20分 所新北市水源里北新路三段36号 開6:30〜20:00 休無休 料無料

↓天壇を取り囲むように桜の木が植えられている

## 古き良きノスタルジーに浸る
# 淡水老街を歩く

情緒ある木造とレンガ造りの歴史ある建物が連なる。近年おしゃれなカフェもオープンし、新旧の魅力にあふれる。

緑と赤提灯のコントラストが映える通りを散策！

### 淡水河を眺めながらひと息
#### アンクル・カフェ
安克黒咖啡 Ancre Café
アンクーヘイカーフェイ
`カフェ`
**MAP** P.152

船内をイメージした細長いカフェで、ほぼすべての席がリバービュー。スマイリーがかわいいカフェオレ180元〜など、メニューの細部にこだわる。

☎02-2626-0336
交M淡水信義線・淡水駅から紅26のバスで小百宮下車すぐ。または徒歩15分 所新北市中正路233-3号2F
営12:00〜20:00(早く閉店することあり)
休不定休(instagramで確認)
J C E

→テラス席もあり
→ドーナツ形のパンケーキ140元

### 台湾フレーバーのかき氷
#### 朝日夫婦
朝日夫婦 チャオリーフーフー
`カフェ`
**MAP** P.152

球状に盛り上げたかき氷を崩すと、中には台湾フルーツや白玉がたくさん。練乳やカラフルなソースも自家製。オーナーは沖縄に住んだことがあり、日本語が流暢。

☎0903-290-575 交M淡水信義線・淡水駅から紅26のバスで小百宮下車すぐ。または徒歩15分 所新北市中正路233-3号1F
営12:00〜20:00 休不定休
J C E

↑テイクアウトは道路側から注文
↑河の見える開放的なデッキ席。暑ければ店内にも座席あり
→ドラゴンフルーツパインミルク150元は看板メニュー

### 眼下に広がる淡水の絶景を望む
#### 紅楼
紅樓 ホンロウ
`史跡`
**MAP** P.152

独特の異国情緒に包まれた100年以上の歴史を持つ建物で、美食と淡水の美景が楽しめる。3階のテラス席からは観音山と淡水河が望める。

交M淡水信義線・淡水駅から徒歩10分 所新北市三民街2巷6号 営11:00〜21:00 休無休 料無料 J J

→落ち着いた雰囲気のヴィクトリア様式建築

### 歴史ある淡水のシンボル的存在
#### 紅毛城
紅毛城 ホンマオチョン
`史跡`
**MAP** P.152

さまざまな国の統治下にあった台湾の歴史を伝えるレンガ建築の古跡。

☎02-2623-1001 交M淡水信義線・淡水駅から徒歩25分 所新北市中正路28巷1号 営9:30〜17:00(土・日曜は〜18:00) 休第1月曜(祝日の場合は翌日) 料80元

→アーチが美しい赤レンガ造りの建物

## サイクリングで出かけよう

淡水河沿いはバイクロードが整備されており、レンタサイクルもある。レンタルにはパスポートなどの身分証か保証金が必要。外国籍は乗り捨てを利用できない。

### 台北市河浜自行車租借站 関渡站
臺北市河濱自行車租借站 関渡站
タイペイシーフービンツーシンチョーズーチェチャンクワンドゥーチャン
**MAP** P.153

☎0977-320-525 交M淡水信義線・関渡駅から徒歩15分 所台北市知行路関渡宮北側 営8:00(11〜3月の平日9:30)〜20:00(11〜3月は〜19:00、平日12:00〜14:00休み) 休無休 料大人用40元程度〜

### ロマンティックな夕日にうっとり
#### 漁人碼頭
漁人碼頭 ユィーレンマートウ
**MAP** P.153

淡水河の河口に広がる多目的レジャー漁港。おしゃれなカフェやレストラン、市場などが軒を連ねる。330mに及ぶ木製の散歩林道は夕日を望む絶好のスポット。

交淡水フェリー乗り場からフェリーで15分 料片道60元、往復120元

→夕暮れどきは幻想的な雰囲気
→ライトアップされた情人橋(恋人橋)

台北からのワンデートリップ  淡水

153

# ONE DAY TRIP FROM TAIPEI

## 時の経つのを忘れて
## お茶文化に親しむ
# 猫空 猫空 マオコン

台北の南郊外に位置する、緑に囲まれた空間。都会の喧騒から離れ、おいしいお茶、爽やかな風の心地よさに癒やされるひととき。

*Maokong*

台北市街や茶畑の広がる絶景を見晴らす空中散歩を楽しもう

台北から🚋で約55分（ロープウエー含）

⬆標高299mからの景色は圧巻

### おいしいお茶とのどかな自然
### 半日で行ける山中の癒やしスポット

　台北の南郊外にある猫空は、標高約500mの山中に広がる台北市民のオアシス。木柵鉄観音茶の産地として知られ、緑の自然に溶け込むように茶芸館が点在している。台北市街からはMRTとロープウェイを乗り継いで行くのがおすすめ。全長約4kmのロープウェイからは、台北市街や茶畑の広がる猫空の絶景を望める。茶芸館はレトロなインテリアや眺望自慢など、凝った造りの店がほとんど。本格的な中国茶や、茶葉料理や台湾料理を味わえる。時間があればロープウェイを途中下車してパワースポットの指南宮に立ち寄ろう。

#### 台北からのアクセス
台北駅からⓂ板南線で忠孝復興駅へ。忠孝復興駅からⓂ文湖線に乗り換え動物園駅で下車。ロープウェイで猫空駅まで約30分。

#### 街歩きアドバイス
山の中に茶芸館や見どころが点在しているので、景色を楽しみながら移動できるロープウェイ、もしくは小10番の循環バスがおすすめ。ロープウェイは荒天時など運休になることがあるので事前に確認しておきたい。

### 📍猫空ロープウェイ 猫空纜車 マオコンランチョー

MRT動物園駅と猫空駅を結ぶロープウェイ。乗車時間は20～30分で、眼下には茶畑など心癒やされる風景を望む。普通のキャビンのほか、床が透明のクリスタルキャビンも運行する。
☎02-2181-2345 Ⓜ文湖線・動物園駅から徒歩5分 ㊖台北市猫空 ⏰9:00～21:00(土・日曜、祝日は～22:00) ㊡第2～4月曜(祝日の場合は営業)、荒天時 💴動物園駅～猫空駅片道120元
Ⓔ

154

豊かな自然に囲まれ、歴史あるお茶文化にふれる
# 鉄観音茶の産地で、爽やかなお茶の時間を過ごす

木柵の名前で知られる鉄観音茶は観音様への贈り物とされるお茶。古くからお茶とともに歩んだ猫空では、産地ならではのアレンジを効かせたお茶の味わい方を体験できる。

### お茶風味のソフトクリームを味わう
## 猫空カフェ巷
貓空 Cafe巷 Maokong Cafe Alley
マオコンカフェシャン 〔カフェ〕

MAP P.154

カジュアルな雰囲気の洋風カフェ。包種茶と鉄観音烏龍茶の2種類のフレーバーから選べる猫形のクッキーが付いたソフトクリームが人気。

☎02-2234-8637 ロープウェイ猫空駅から徒歩7分 台北市指南路三段38巷33-5号 11:00～19:30 月曜

→日差しが差し込む明るく清潔感ある店内
→ボリューム満点のアフタヌーンティーセットもおすすめ
↓茶葉を挽いて作った自家製ソフトクリーム90元

↑自家製の茶葉を小籠包の生地と餡に混ぜ込んだ観音湯包120元

### 大自然を間近に感じながら一服
## 邀月茶坊
邀月茶坊 ヤオユエチャーファン 〔茶芸館〕

MAP P.154

隠れ屋の雰囲気漂う空間。広大な敷地をいくつかのエリアに分けて席を用意。茶畑を一望できる席や川辺の席など、自然のなかでくつろげる屋外席が自慢。お茶はもちろん、茶葉を使った料理も絶品。

☎02-2939-2025 バス停 猫空站(小天空歩道)、または涼亭站から徒歩5分 台北市指南路三段40巷6号 24時間(食事は11:00～21:30) 無休

↑24時間営業なので、いつでも立ち寄れるのがうれしい

---

### ここにも立ち寄り
1カ所にさまざまな神様が祀られている台北屈指のパワースポットへ。

#### きらびやかな建物が圧巻
## 指南宮
指南宮 チーナンゴン

MAP P.154

木柵山の中腹に1890年に創建された。八大仙人の一人である呂洞賓を主神とした台湾道教の聖地だが、儒教と仏教の神様も一緒に祀る。

☎02-2939-9922 ロープウェイ指南宮駅から徒歩8分 台北市万寿路115号 6:00～20:00(時期により変動あり) 無休 無料

←↑敷地内には豪華絢爛な建物がそびえ立つ

#### あらゆる神様のご利益を授かる
## 天恩宮
天恩宮 ティエンエンゴン

MAP 付録P.154

中国、西洋、古代、現代の神様を祀る宗教・一貫道の施設。

☎02-2938-2888 ロープウェイ猫空駅から徒歩13分 台北市指南路三段38巷37-2号 6:30～18:00 無休 無料 ※参拝は1階のみ

↓中国宮殿様式の伝統的な建物

ONE DAY TRIP FROM TAIPEI

日本とのつながりを
感じる名湯の街

# 北投温泉

北投温泉　ベイトウウェンチュエン

かつて日本の統治下にあった場所。日本の温泉街を思わせる街並みが郷愁を誘う。台湾温泉文化発祥の地で、名湯に癒やされたい。

エメラルドグリーンの湯から硫黄の煙が立ち込める

Beitou Hot Springs

台北から🚆で約30分

↑台北から日帰りの距離にある和風情緒漂う温泉地。3種の源泉を泉質別に楽しみたい

## 随所に日本情緒を感じる
## 上質な湯が湧く台北の奥座敷

　1894年にドイツ人によって発見され、日本統治下の1896年に台湾初の温泉旅館が開業した。日本の温泉文化が持ち込まれて温泉郷として賑わったが、第2次世界大戦後に衰退。近年、復元や再開発が進み、再び賑わいを取り戻した。白硫黄泉、青硫黄泉、鉄硫黄泉の3種の源泉が湧き、和風高級旅館や公衆浴場が立ち並ぶ。北投公園内には、往時の温泉旅館を保存した北投温泉博物館が建つ。水着着用で手軽に入れる露天風呂もあるので、台湾の温泉文化も経験してみたい。公園の先には、青色の源泉が湧く地獄谷もある。

### 台北からのアクセス
台北駅からⓂ淡水信義線（淡水行き、北投行き）で21分、北投駅で下車し、Ⓜ新北投支線に乗り換え新北投駅まで3分。

### 街歩きアドバイス
地熱谷や北投温泉博物館などの見どころは中山路沿い、北投公園周辺に集中しているので、まずは駅から北投公園を目指して進もう。途中ゆるやかな坂を東へと進むと地熱谷がある。

注目スポット

### 歴史建築に登録された、木造×ゴシック様式の名建築

歴史ある駅舎で文化にふれる
### 旧台鉄新北投駅舎
新北投車站　シンベイトウチョーチャン
MAP P.156

日本統治時代に建設され、一度は別の場所へ移されていた新北投駅舎が再び当時の姿で蘇り、駅の歴史や文化を伝える場となった。

☎02-2891-5558　交Ⓜ新北投支線・新北投駅から徒歩3分　所台北市七星街1号　開10:00〜18:00　休月曜　料無料

↓台北市内で唯一100年の歴史を持つ駅舎

撮影 潘俊霖

日帰りでも1泊でも。美肌も湯治も叶う、台北屈指の温泉街
# 台北屈指の温泉リゾート・北投温泉で癒やされる

3種類の源泉がある珍しい温泉地。日帰りでフラッと癒やされるもよし、いたれり尽くせりの宿でゆっくりするもよし。レンガ造りのレトロな観光スポットと名湯の数々を心ゆくまで満喫したい。

**台北からのワンデートリップ　北投温泉**

### プライベート感あふれる極上ホテル
## ヴィラ32
三二行館 Villa32　サンアルシングワン
**ホテル**
MAP P.156

地熱谷の隣に位置する、緑豊かなリゾートホテル。客室数はわずか5室で、広い空間でのびのびくつろげる。2つの泉質を楽しめる大浴場は、日帰り入浴も可能。
☎02-6611-8888　交 新北投支線 新北投駅から徒歩10分　所 台北市中山路32号　室 5　料 ① 1万8800元～
 www.villa32.com　J E

↑開放的な露天風呂でくつろぐ

↑極上スパで贅の極みを堪能

### 和洋折衷の美しい建物
## 北投温泉博物館
北投温泉博物館
ベイトウウェンチュエンボーウーグワン
**博物館**
MAP P.156

かつて公衆浴場として栄えた建物を、温泉の歴史を伝える博物館へ改修。日本人が設計した建物で、1階は英国風、2階は和風の造りになっている。
☎02-2893-9981　交 新北投支線・新北投駅から徒歩10分　所 台北市中山路2号　時 10:00～18:00　休 月曜　料 無料

↑テラス風の展望台もある

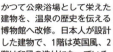
↑日本統治下に建てられたレンガ建築

### 地熱谷から引かれた泉水を露天風呂で
## 北投温泉親水公園露天温泉
北投温泉親水公園露天温泉
ベイトウウェンチュエンチンシュェイゴンユエンルーティエンウェンチュエン
**温泉**
MAP P.156

北投公園の中にある露天の公衆浴場。風呂は6つあり、4つが温泉で2つが冷水。男女混浴で、水着着用が必須。
☎02-2896-6939　交 新北投支線・新北投駅から徒歩10分　所 台北市中山路6号　時 5:30～22:00　休 無休　料 60元

→段状の浴場は上の段ほどお湯の温度が高い

↑開放感がある天井にインド黒石造りの浴槽が備わった客室Jade「玉」

### 白い湯煙が立ち込める源泉は迫力満点
## 地熱谷
地熱谷　ディーレーグウ
**温泉**
MAP P.156

北投温泉の源泉のひとつで、80～100℃の高温の湯が常に湧き出している。青緑色の湯から硫黄の煙が立ち込める様子は地獄を連想させるため「地獄谷」「鬼の湖」とも呼ばれる。
☎02-2891-2972　交 新北投支線・新北投駅から徒歩10分　所 台北市中山路30号之10号　時 9:00～17:00（時期により変動あり）　休 月曜　料 無料

↑整備された遊歩道からエメラルドグリーンの湯を望む

**足を延ばして　食べ歩きに人気！お得に台湾グルメ。**

### ローカルが集う活気ある市場
## 北投市場
北投市場　ベイトウシーチャン
MAP P.156

MRT北投駅から徒歩7分ほどのところにあり、地元の人々で賑わう。青果などの食料品はもちろん、魯肉飯や豆花といった台湾の名物グルメも充実している。
交 新北投支線・新北投駅から徒歩7分　所 台北市新市街30号　時 店舗により異なる

↑地元の人とのふれあいも楽しみのひとつ
→人々の生活を垣間見ながら食べ歩きを満喫しよう

157

## ONE DAY TRIP FROM TAIPEI

### 各駅停車で行く
### のどかな陶器の街
# 鶯歌 <sub>鶯歌 / インクー</sub>

どこか懐かしい雰囲気が漂う街並みを、色とりどりの器、木々の緑が彩る。宝探し気分でお店巡りを楽しもう。

台北から🚆で約30分

手作りのぬくもりを感じる色鮮やかな陶磁器が揃う

Yingge

時間があればオリジナルの陶磁器を作る貴重な体験を

ヤシの並木が心地よい陶器の街でメイドイン台湾の掘り出し物探し

鶯歌は200年以上の歴史を持つ陶器の産地。現在の鶯歌老街を中心に多くの製陶工場が立ち並んでいたが、多くが郊外へ移転した。今では100軒ほどの陶磁器店が、鶯歌老街に軒を連ねている。高級茶器から日常使いの小物やカップまで幅広く揃い、製作体験のできるショップもある。鶯歌老街から南へ10分ほど歩くと、台湾の陶芸史を紹介し、陶磁器作品を展示する鶯歌陶瓷博物館がある。2023年、駅近くに現代美術を扱う新北市美術館がオープン。モダンな建物と屋外のオブジェが目を引く。MRT開業に向けた工事も進む。

↑伝統的な高級茶器から日常使いのかわいい柄の小物やモダンなカップまで広く揃う

### 台北からのアクセス
台北駅から縦貫線（台鉄 西部幹線）で約30分。電車は10～20分間隔で運行している。

### 街歩きアドバイス
鶯歌駅へ到着したら「文化路出口・陶瓷博物館」出口を出て右方向へ。線路沿いを歩き、「鶯歌城」と書かれたトンネルを抜け直進すると鶯歌老街に到着。店が立ち並ぶエリアなので、のんびり歩いて散策するのがおすすめ。標識も立っているので安心。

手ごろな器も、ちょっとお高めな器も。お気に入りに出会う旅時間
# ときめく器を求めて、陶器の街・陶瓷老街を歩く
台湾おなじみの客家花布柄がデザインされたものや、やさしい風合いのものまで、所狭しと立ち並ぶ陶器の店に多種多様な器が揃う。陶器の博物館など、陶器の街ならではの観光を楽しんで。

## 陶器好きにはたまらない空間
### 新旺集瓷
新旺集瓷 The Shu's Pottery
シンワンジーツー
`陶磁器`

MAP P.158

1926年に創業した陶器の店で、現在のオーナーは4代目。オリジナル商品のほか、台湾人のデザイナーが手がけた商品も仕入れて販売している。

☎02-2678-9571 ❀縦貫線・鶯歌駅から徒歩13分 ㊰新北市尖山埔路81号 ⌚10:00（水曜13:00）〜18:00 ㊡月・火曜

↑店の奥の陶芸教室では英語で陶芸体験ができる

## 繊細で可憐な茶器や茶碗に出会う
### 子士小舗
子士小舗 ズーシーシャオプー
`陶磁器`

MAP P.158

茶道具の専門店。日本人に人気の客家花布柄の茶碗やスプーンなど、センスのよい陶磁器が数百種類揃う。陶磁器のほか、ガラス製品も扱う。

☎02-2678-4335 ❀縦貫線・鶯歌駅から徒歩10分 ㊰新北市重慶街63-1号 ⌚10:00〜18:00（土・日曜は〜19:00）㊡火曜

→値段は商品に貼ってあるシールで確認できる

←中国の伝統お菓子をモチーフにした茶具（お盆は別売）3880元

←温かいお茶が長持ちする蓋付きの茶杯450元

→指で水をつけてフチを摩擦すると音がする響杯各120元

↑カラフルで使いやすい皿各680元

←サイズ感がキュートな茶壺700元

→台湾各地の風景を施したカップ各780元

←湿気から茶葉を守る茶葉ケース600元

→2匹の金魚が現れる湯呑み90元。贈答用ケースもある

## 台湾の製陶文化を知り、美しさにふれる
### 鶯歌陶瓷博物館
鶯歌陶瓷博物館 イングータオツーボーウーグワン
`博物館`

MAP P.158

台湾の製陶技術・製陶文化を常設展で紹介する博物館。テーマに沿った展示を行う企画展示室も見どころ。1階のカウンターで機器を借りれば、日本語の音声ガイドを聞くことができる。

☎02-8677-2727 ❀縦貫線・鶯歌駅から徒歩12分 ㊰新北市文化路200号 ⌚9:30〜17:00（土・日曜は〜18:00）㊡第1月曜 ⌘80元

→子どもから大人まで楽しめる工夫を凝らした展示が魅力。カフェも併設されている

## ここにも立ち寄り
### 器探しの合間に腹ごしらえ！

地元で人気のお寿司屋さん
#### 阿婆寿司
阿婆壽司 アーボーショウスー

MAP P.158

50年ほど前に創業した、巻き寿司やいなり寿司の老舗。寿司のほか、おかずや味噌汁も用意している。イートインも可能。

☎02-2670-9345 ❀縦貫線・鶯歌駅から徒歩10分 ㊰新北市中正一路63号 ⌚24時間 ㊡無休

→看板メニューの巻き寿司50元

台北からのワンデートリップ

鶯歌

159

# HOTEL ホテル

## 台北らしさを感じながら、快適ステイ
## スタイリッシュなデザインホテル

歴史的建造物をリノベーションした趣のあるホテル、快適・清潔でありながらコスパにもすぐれたホテルなど、今の台北を代表するとっておきホテルをチョイス。

1. 大稲埕のレトロモダンを彷彿させるソファ　2. ランプや家具は台湾人デザイナーによるもの
3. 昔の鍛冶屋通り赤峰街をイメージした部屋

台湾らしさを取り入れたモダンでシンプルなホテル

### デザインで体感する台湾文化
### トマトT.T.T.
番茄行旅 Tomato T.T.T.
ファンチエシンリュウ

中山 MAP 付録P.6 C-2

台湾のグループTomatoprojectが手がけたデザインホテル。「暮らすように旅する」をテーマに新旧の文化を織り交ぜた心地よい部屋でくつろぐことができる。迪化街や中山にほど近く、宜蘭にも同系列のホテルを展開している。

☎09-0073-2043 交M淡水信義線／松山新店線・中山駅から徒歩8分 所台北市太原路156-2号5F 料3680元～ 室数5
HP www.tomatoproject.com.tw
E

5

6

4. 使われなくなった靴の型をランプに再生　5. サインを見逃さないで！　6. 正面入口は雑居ビル

8

7. 鍛冶屋街の生活を表現したランプ　8. 便利な乾燥機能付き洗濯機も　9. 長期滞在したくなる心地よい部屋　10. 仕切り付きの清潔な浴室

9

10

160

## スローな時間に身をゆだねて
### オリジン・スペース
大稲埕 OrigInn Space
ダーダオチェン オリジン・スペース

**迪化街 MAP 付録P.14 B-4**

迪化街の端にある古い建物をリノベしたホテル。コミュニケーションを大切にしており、ゲストに合わせてレコードや本を選ぶなど、温かみのあるホスピタリティが魅力。

☎02-2558-8843 松山新店線・北門駅から徒歩3分 台北市南京西路247号
3080元～ 室数5
www.originnspace.com

1

2

1940年代の古い台湾を懐かしむレトロホテル

1. 1階フロントはカフェも併設 2. 迪化街になじむさりげない外観 3. 部屋の造りは残したままリノベ 4. ぽっちゃり看板猫のオパン

絶好のロケーションでリバービューを独占

1. ロビーでは台湾地ビールも飲める
2. 節約派には4人部屋のドミトリー
3. ホールごとにテーマカラーがある
4. バルコニーからの川景色 5. 8フロアに全7タイプの客室 6. 自転車の無料貸し出しあり

## バルコニー付きの部屋がオススメ
### ウォーターフロント・ボウテック・ホテル
松河璞旅 Boutech Waterfront Hotel
ソンフーブーリュー

**松山駅 MAP 付録P.3 C-2**

目の前を基隆川が流れ、饒河街観光夜市はすぐ裏手、松山空港まではタクシーで10分という抜群のロケーション。客室のアメニティは台湾ブランドとのコラボ。ロビーで販売も。

☎02-2528-1567 松山新店線・松山駅から徒歩5分 台北市松河街112号 2000元～
室数42(ドミトリー6部屋含む) www.waterfronthotel.com.tw/ja

## 気の利いたサービスが充実
### スウィオ・ホテル大安
二十輪旅館 大安館 Swiio Hotel Daan
アルシーリンリュウティエン ダーアングワン

**大安駅 MAP 付録P.12 B-2**

台北の中心地にあるアクセス便利なホテル。白を基調とした部屋には無料のミニバーを備え、ルームフレグランスや靴のお手入れセットのサービスも。1階レストラン Le Blanc の朝食も評判。

☎02-2703-2220 文湖線/淡水信義線・大安駅から徒歩5分 台北市大安路一段185号
5000元～ 室数36 www.swiio.com

都会の雑踏を忘れリラックスできるホテル

1

2

3

4

1. 落ち着いたデザインの部屋
2. 最上階にあるスポーツジム
3. 自然光が入る清潔感のある部屋。8種類の枕から好きな枕を選べる
4. 夜空に映える白いビルが素敵

# HOTEL

# ホテルリスト

## ○ 落ち着いた雰囲気でアメニティが充実
### レ・スイーツ 台北 チンチェン
台北商旅慶城館 Les Suites Taipei Ching-cheng
タイペイシャンリューチンチョングワン
南京復興駅 MAP 付録P.8 B-3
☎02-7706-0808 Ⓜ文湖線／松山新店線・南京復興駅から徒歩約3分
Ⓟ台北市慶城街12号 Ⓣ5200元～ 客数83 ⒽⓅwww.suitetpe.com

## ○ 広々としたヨーロピアン調の五ツ星ホテル
### パレ・デ・シン・ホテル
君品酒店 Palais de Chine Hotel
ジュンピンジウディエン
台北駅 MAP 付録P.6 C-3
☎02-2181-9999 Ⓜ淡水信義線／板南線・台北車站から徒歩約5分
Ⓟ台北市承徳路一段3号 Ⓣ1万3000元～ 客数277
ⒽⓅwww.palaisdechinehotel.com ⒿⒺ□

## ○ 最上階の屋上プールが自慢の高級ホテル
### シャングリ・ラ ファーイースタン 台北
台北遠東香格里拉 Shangri-La Far Eastern,Taipei
タイペイユエンドンシャングーリーラー
六張犁駅 MAP 付録P.12 C-3
☎02-2378-8888 Ⓜ文湖線六張犁駅から徒歩9分 Ⓟ台北市敦化南路
二段201号 Ⓣ1万9200元～ 客数420 ⒽⓅshangri-la.com/
taipei/fareasternplazashangrila/ ⒿⒺ□

## ○ リーズナブルながらサービスや設備も十分
### ブラザー・ホテル
兄弟大飯店 Brother Hotel
ションディーダーファンディエン
南京復興駅 MAP 付録P.8 B-3
☎02-2712-3456 Ⓜ文湖線／松山新店線・南京復興駅からすぐ Ⓟ台
北市南京東路三段255号 Ⓢ3500元～ Ⓣ4500元～ 客数250
ⒽⓅwww.brotherhotel.com.tw ⒿⒺ□

## ○ 高級感とコスパが両立した機能的洋風ホテル
### ミラマー・ガーデン台北
美麗信花園酒店 Miramar Garden Taipei
メイリーシンホアユエンジウディエン
忠孝新生駅 MAP 付録P.8 A-4
☎02-8772-8800 Ⓜ中和新蘆線／板南線・忠孝新生駅から徒歩15
分 Ⓟ台北市民大道三段83号 Ⓢ6050元～ Ⓣ6490元～ 客数203
ⒽⓅwww.miramargarden.com.tw ⒿⒺ□

## ○ 中山駅からすぐの好立地で日本人客にも人気
### ロイヤル・イン台北南西
老爺會館台北南西館 Royal Inn Taipei Nanxi
ラオイエホエイグワンタイペイナンシー
中山 MAP 付録P.15 B-4
☎02-2531-6171 Ⓜ淡水信義線／松山新店線・中山駅から徒歩2分
Ⓟ台北市南京西路1号8F Ⓣ3500元～ 客数76
ⒽⓅwww.hotelroyal.com.tw ⒿⒺ□

## ○ スタイリッシュな内装で日本語対応も◎
### Kホテルズ台北松江
柯達大飯店 台北松江 K Hotels Taipei SongJiang
クーダーダーファンディエン タイペイソンジャン
行天宮駅 MAP 付録P.7 F-1
☎02-2515-9999 Ⓜ中和新蘆線・行天宮駅から徒歩すぐ Ⓟ台北市松
江路251号 Ⓣ3950元～ 客数85 ⒽⓅsongjiang.khotels.com.tw
ⒿⒺ□

## ○ シックでモダン、日本人向けのサービス充実
### タンゴ・ホテル台北林森
天閣酒店台北林森 The Tango Hotel Taipei Linsen
ティエングージウディエンタイペイリンセン
中山 MAP 付録P.7 D-3
☎02-2531-9999 Ⓜ淡水信義線／松山新店線・中山駅から徒歩10分
Ⓟ台北市中山北路一段83巷15号 Ⓣ3700元～ 客数65 ⒽⓅwww.
tango-hotels.com ⒿⒺ□

## ○ 並木通りにあるおしゃれなバーが人気のホテル
### マディソン台北ホテル
慕軒飯店 Madison Taipei Hotel
ムーシュエンファンディエン
信義安和駅 MAP 付録P.12 C-2
☎02-7726-9090 Ⓜ淡水信義線・信義安和駅から徒歩7分 Ⓟ台北市
敦化南路一段331号 Ⓣ1万元～ 客数124 ⒽⓅwww.madisontaipei.
com ⒿⒺ□

## ○ 台湾製品にこだわりのデザイナーズホテル
### ホーム・ホテル信義
逸寛文旅信義館 Home Hotel XINYI
イークワンウェンリューシンイーグワン
信義 MAP 付録P.13 F-2
☎02-8789-0111 Ⓜ淡水信義線・象山駅から徒歩5分 Ⓟ台北市信義
区松仁路90号 Ⓣ6000元～ 客数121 ⒽⓅhomehotel.com.tw
ⒿⒺ□

## ○ 西門エリアの観光に便利な高級ホテル
### 台北ガーデン・ホテル
台北花園大酒店 Taipei Garden Hotel
タイペイホアユエンダージウディエン
西門駅 MAP 付録P.10 A-2
☎02-2314-6611 Ⓜ松山新店線／板南線・西門駅から徒歩約7分
Ⓟ台北市中華路二段1号 Ⓣ9000元～ 客数240
ⒽⓅwww.taipeigarden.com.tw ⒿⒺ□

## ○ 行き届いた設備と洗練されたインテリア
### シンプル・ホテル
馥華商旅敦北館 Simple Hotel
フウホアシャンリュードゥエンベイグワン
南京復興駅 MAP 付録P.8 B-3
☎02-6613-1300 Ⓜ文湖線／松山新店線・南京復興駅から徒歩約3分
Ⓟ台北市敦化北路4巷52号 Ⓣ2900元～ 客数73
ⒽⓅwww.simplehotel.com.tw ⒿⒺ□

# TRAVEL INFORMATION
# 旅の基本情報

## 旅の準備

### パスポート（旅券）
旅行の予定が決まったら、まずはパスポートを取得。各都道府県、または市区町村のパスポート申請窓口で取得の申請をする。すでに取得している場合も、有効期限をチェック。台湾入境時には、パスポートの有効残存期間が滞在日数分以上必要となる。

### ビザ（査証）
台湾入境に際して、3カ月以内の観光目的で、出境用航空券があれば、ビザは不要。ビザ免除の場合、入境後の滞在期間の延長は不可。

### 海外旅行保険
海外で病気や事故に遭うと、思わぬ費用がかかってしまうもの。携行品の破損なども補償されるため、必ず加入しておきたい。保険会社や旅行会社の窓口やインターネットで加入できるほか、簡易なものであれば日本出国直前でも空港にある自動販売機でも加入できる。クレジットカードに付帯しているものもあるので、補償範囲を確認しておきたい。

---

 **日本から台湾への電話のかけ方**

010 → 886 → 相手の電話番号

国際電話の識別番号 ／ 台湾の地域番号 ／ ※最初の0は不要

### 荷物チェックリスト

| | | |
|---|---|---|
| ◎ | パスポート | |
| ◎ | パスポートのコピー（パスポートと別の場所に保管） | |
| ◎ | 現金 | |
| ◎ | クレジットカード | |
| ◎ | 航空券 | |
| ◎ | ホテルの予約確認書 | |
| ◎ | 海外旅行保険証 | |
| ◎ | ガイドブック | |
| | 洗面用具（歯磨き・歯ブラシ） | |
| | 常備薬・虫よけ | |
| | 化粧品・日焼け止め | |
| | 着替え用の衣類・下着 | |
| | 冷房対策用の上着 | |
| | 雨具・折り畳み傘 | |
| | 帽子・日傘 | |
| | サングラス | |
| | 携帯電話・スマートフォン／充電器 | |
| | デジタルカメラ／充電器／電池 | |
| | メモリーカード | |
| | ウェットティッシュ | |
| △ | スリッパ | |
| △ | アイマスク・耳栓 | |
| △ | エア枕 | |
| △ | 筆記具 | |

◎必要なもの　△機内で便利なもの

163

TRAVEL INFORMATION

# 入境・出境はあわてずスマートに手続きしたい！

台北の空の玄関口は、桃園国際空港と台北松山空港。近年手続きのオンライン化が進み、ますます便利に。

## 台湾入境

### ① 入境審査

機内で入國登記表（ARRIVAL CARD）を記入。空港に到着後、サインに従い入境審査所へ向かう。審査官にパスポートと帰りの航空券、出入国カード、税関申告書を提出し、親指の指紋を機械で読み取る。滞在期限が記されたスタンプが押されたパスポートを受け取ったら、手荷物の受け取りへ進む。

### ② 預けた荷物の受け取り

モニターで自分の搭乗便を確認。該当のターンテーブルで、預けた荷物を受け取る。もし荷物が出てこない場合は、バゲージクレーム・タグを係員に見せ手続きを行う。

### ③ 税関手続き

申請するものがなければ緑の通路へ。申告するものがあれば、赤の通路の係員に申請する。生の果物や肉類、加熱式・電子たばこなど日本国内では問題ないものも持ち込み禁止となっているものがあるため注意しよう。そのほか、偽ブランド品や偽造通貨、刀剣類や鉄砲といった武器類、麻薬類などはもちろん持ち込み禁止。

#### 台湾入境時の免税範囲

| アルコール類 | 1ℓまで |
|---|---|
| たばこ | 紙たばこ200本まで、または葉巻25本まで、または刻みたばこ454gまで |
| その他物品 | 2万元相当以下のもの |
| 現金 | 課税されないが、10万元以上、または外貨US$1万相当を超える場合は申請が必要 |

※アルコール類は18歳以上、たばこは20歳以上のみ
※2024年にその他物品の額は変更の可能性あり

いよいよ台湾に入境！

## 入國登記表（ARRIVAL CARD）の記入例

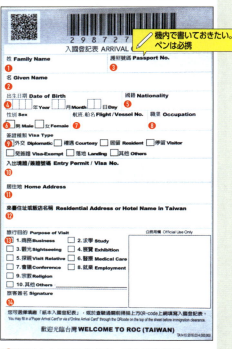

機内で書いておきたい。ペンは必携

❶ 姓（パスポートと同じスペルをブロック体の大文字で記入）
❷ 名（パスポートと同じスペルをブロック体の大文字で記入）
❸ パスポート番号
❹ 生年月日（西暦・月・日） ❺ 国籍
❻ 性別（男性：Male・女性：Female）
❼ 入境時の搭乗便名
❽ 職業
❾ ビザの種類（取得した場合のみ）
❿ ビザの番号（取得した場合のみ）
⓫ 現住所 ⓬ 滞在先（ホテル名）
⓭ 滞在目的（観光は3）
⓮ 自筆サイン

## オンライン入境申請

インターネットで事前に入境申請ができる。入境審査時にパスポートを提出し、オンライン入境申請済みであることを申告すればOK。
https://oa1.immigration.gov.tw/nia_acard/acardAddAction.action

## 出発前に確認しておきたい!

### Webチェックイン
搭乗手続きや座席指定を事前にWebで終わらせておくことで、空港で荷物を預けるだけで済み大幅に時間を短縮することができる。一般的に出発時刻の24時間前からチェックインが可能。パッケージツアーでも利用できるが、一部対象外となるものもあるため、その際は空港カウンターでの手続きとなる。

### 飛行機機内への持ち込み制限
⦿**液体物** 100㎖(3.4oz)を超える容器に入った液体物はすべて持ち込めない。100㎖以下の容器に小分けにしたうえで、縦横の辺の合計が40㎝以内のジッパー付きの透明なプラスチック製袋に入れる。免税店で購入したものについては100㎖を超えても持ち込み可能だが、乗り継ぎの際に没収されることがある。

⦿**刃物** ナイフやカッターなど刃物は、形や大きさを問わずすべて持ち込むことができない。
⦿**電池・バッテリー** 100Whを超え160Wh以下のリチウムを含む電池は2個まで。100Wh以下や本体内蔵のものは個数制限なし。160Whを超えるものは持ち込み不可。モバイルバッテリーなどの予備電池は、預入荷物に入れることはできないため機内へ持ち込む。
⦿**ライター** 小型かつ携帯型のものを1個まで。

### 荷物の重量制限
預入荷物の制限は航空会社によって異なるが、エコノミークラスの場合おおよそ20～23㎏以下、3辺の合計158～203㎝以下、個数は2個まで。超過料金を避けるため、事前に確認を。

### 注意が必要な持ち込み品
アイコスなどの加熱式たばこの持ち込みは禁止されている。また、リキッド式の電子たばこはニコチンの有無を問わず全面禁止。肉製品はソーセージなどの加工品も含め持ち込めない。滞在日数分の常備薬、コンタクトレンズの持ち込みはできる。

### リピートするなら常客証が便利
1年間に3回以上台湾を訪れたことがあれば、常客証を申請することができる。入境手続きを専用レーンで速やかに済ませられるので、何度も台湾を訪れるなら利用すると便利。

## 台湾出境

### ① 空港へ向かう
桃園国際空港は搭乗する航空会社によってターミナルが違うため、事前によく確認したい。チェックインがまだであれば2時間前、Webチェックインを済ませていても1時間前には到着が理想。営業税還付 ➡P.96 を申請する場合は、さらに早めの到着を。

### ② チェックイン
チェックインがまだであれば、カウンターでパスポートと搭乗券(eチケット控え)を提示。預ける荷物をセキュリティチェックに通し、バゲージクレーム・タグを受け取る。営業税還付を申請するものがあれば、それまでに手続きを行うか、機内持ち込みにする。

### ③ 出境審査&搭乗
パスポートと搭乗券を審査官に提示。入境時に指紋を登録していれば、自動ゲートを利用できる。搭乗ゲート前で手荷物のセキュリティチェックがあるため、早めに到着しておきたい。

**日本帰国時の免税範囲**

| | |
|---|---|
| アルコール類 | 1本760㎖程度のものを3本 |
| たばこ | 紙巻きたばこ200本、葉巻たばこ50本、その他250g、加熱式たばこ個装等10個のいずれか |
| 香水 | 2oz(約28㎖。オーデコロン、オードトワレは含まない) |
| その他物品 | 海外市価1万円以下のもの。1万円を超えるものは合計20万円まで |

※アルコール類、たばこは20歳以上のみ

**日本への主な持ち込み制限品**

| | |
|---|---|
| 持ち込み禁止品 | 麻薬類、覚醒剤、向精神薬など |
| | 拳銃などの鉄砲、弾薬など |
| | ポルノ書籍やDVDなどわいせつ物 |
| | 偽ブランド商品や違法コピー |
| | DVDなど知的財産権を侵害するもの |
| | 家畜伝染病予防法、植物防疫法で定められた動物とそれを原料とする製品 |
| 持ち込み制限品 | ハム、ソーセージ、10㎏を超える乳製品など検疫が必要なもの |
| | ワシントン国際条約の対象となる動植物とそれを原料とする製品 |
| | 猟銃、空気銃、刀剣など |
| | 医療品、化粧品など |

## 台北駅でチェックイン
桃園機場捷運(MRT)台北車站(台北駅)の地下1階では桃園国際空港の事前チェックインができる。現在エバー航空など数社のエアラインに対応。受付は6時～21時30分(航空会社により異なる)。対象は当日の出発便で、9時以降、出発時間が3時間前までの便。荷物を預けてX線検査を確認したら完了だ。

# TRAVEL INFORMATION

## 桃園国際空港
### TAOYUAN INTERNATIONAL AIRPORT

台湾のメインとなる空港で、国際線の多くのフライトが発着している。2つのターミナルがあり、第1ターミナルは主にLCCが、第2ターミナルはJAL・ANA・チャイナエアライン・エバー航空が発着。台北駅までのMRTが開通しており、一部のエアライン利用者は台北駅で事前チェックインを行うこともできる。2026年に第3ターミナルが完成予定。

← ターミナル間は専用のバスか電車で移動可能

← レストランやショップも充実している

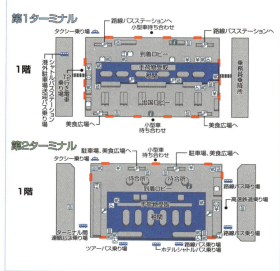

## 台北松山空港
### TAIPEI SONGSHAN AIRPORT

規模は小さいが、台北市内に近い利便性の高さが魅力。日本からは羽田空港発着便のみで、JAL・ANAなど4社が就航。国際線は第1ターミナルから発着。みやげ物屋や飲食店が揃い、台湾内の航空便への乗り換えも可能。

← コンパクトで移動も最小限で済む

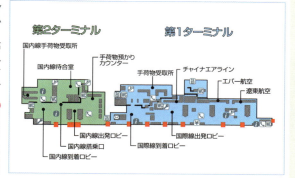

## ✓ 空港でしておきたいこと

☐ **両替**
レートは市内とさほど変わらないので、空港到着時の両替が無難。桃園国際空港には24時間営業の両替所も。
➡ P.168

☐ **SIMカードの購入**
SIMフリーのスマートフォンなら、現地の空港などでSIMカードを購入して使うこともできる。
➡ P.171

☐ **悠遊卡の購入**
日本の交通系ICカードとほぼ同じ役割。MRTの駅窓口やコンビニで購入・チャージが可能。運賃割引もあり。
➡ 付録P.18

166

# 空港からホテルへはスムーズにアクセスしたい！

台北中心地への移動手段はさまざま。状況に合わせて都合のいいほうを選択したい。

## 桃園国際空港から中心部へ

空港からの移動手段は大きく3種類。MRTは料金が安く早いが、荷物が多い場合や深夜はタクシーがおすすめ。

###  MRT

| 所要 | 約35～40分 |
|---|---|
| 料金 | 150元 |

第1ターミナル、第2ターミナルいずれも地下2階にそれぞれ機場第一航廈駅、機場第二航廈駅がある。6時頃～23時30分頃まで快速列車・普通列車が約15分間隔で運行。快速と普通の運賃は同一で、台北車站（台北駅）までの所要時間は快速が約40分、普通が約55分。桃園機場捷運（MRT）の終点台北駅から、MRT淡水信義線や板南線に乗り換え可能。車内は大きな荷物を置くスペースは少なめ。

###  タクシー

| 所要 | 約45分～1時間 |
|---|---|
| 料金 | 1100～1500元 |

各ターミナル1階到着ロビーの西側出口に、タクシー乗り場がある。空港に認定されたタクシーのみが待機しているので、安心して利用できる。料金はメーター制だが、別途高速道路使用料、時間によっては深夜料金がプラスされる。24時間利用でき、大きな荷物を運べるのも利点。

###  リムジンバス

| 所要 | 約50～90分 |
|---|---|
| 料金 | 90～160元 |

※台北市内まで、現金での料金

各ターミナルから台北市内まで、3社のバスが運行。駅や主要ホテルに停車する。24時間、15～65分間隔で運行。台北駅行きの国光客運1819路線が定番。

## 台北松山空港から中心部へ

空港が市内に近いため、MRTでもタクシーでも比較的安く目的地に到着できる。バスの利用は難易度が高め。

###  MRT

| 所要 | 約5～15分 |
|---|---|
| 料金 | 20～25元 |

第1ターミナル1階、到着ロビーを出てすぐにMRT文湖線・松山機場駅がある。6時頃～翌0時30分頃まで、約2～12分間隔で運行。台北市街へは動物園駅行きに乗る。

###  タクシー

| 所要 | 約10～30分 |
|---|---|
| 料金 | 135～250元 |

第1ターミナルの到着ロビーを出たところに、タクシー乗り場がある。空港自体が台北市内にあるため、タクシーでも台北中心部へはリーズナブルに行くことができる。料金はメーター制で、大きめのワゴン車でも料金は同じ。あらかじめ行き先を漢字で書いた紙を用意すると安心。

###  路線バス

| 所要 | 約15～50分 |
|---|---|
| 料金 | 15～30元 |

第1ターミナルの到着ロビーを出てすぐに乗り場がある。路線が多く、料金も安いのが特徴だが、大きな荷物の持ち込みが難しく、乗り方も少し複雑。初心者は利用を避けよう。

空港→市内中心部 アクセスマップ

TRAVEL INFORMATION

# 台湾のお金のことを知っておきたい！

通貨単位は元。市場や公共交通機関はカードが使えないので、現金とカードを上手に使い分けたい。

## 通貨

通貨は台湾元で、ニュー台湾ドル(NT$)とも呼ばれる。元は「圓」表記や「塊」呼びをすることもあるが、値段は同じ。

**1元 = 約4.74円**
(2024年4月現在)
**1万円 = 約2100元**

紙幣は100〜2000元まで5種類あるが、よく見かけるのは1000元まで。硬貨は1〜50元の5種類だが、20元硬貨はあまり流通していない。市場などでは20元硬貨、200元、2000元紙幣の使用は嫌がられることもある。

**紙幣**　　　**硬貨**

100元

1元

200元

5元

500元

10元

1000元

20元

2000元

50元

## 両替

### どこで両替をすればいい？

日本円を持参し、現地で両替するほうがレートが良い。繁華街やショッピングセンターでレートの良い両替店が見つかるが、空港もそれほど差はないので、空港で当面必要な金額を両替して、足りなくなったら街なかで両替するのがおすすめ。レートが悪かったり使い勝手が良くない部分もあるが、ホテルや銀行でも両替できる。

🖉 日本円からの両替はBUYING

**レート表の見方**

| CURRENCY(通貨) | UNIT | SELLING | BUYING |
|---|---|---|---|
| JAPANESE YEN | 100 | 22.00 | 21.00 |
| US DOLLAR | 1 | 32.80 | 31.80 |

日本円は100円に対するレート　／　台湾元を日本円に両替するときのレート　／　日本円を台湾元に両替するときのレート。この場合、1万円が2100元の換算

※数値は実際のレートとは異なります

### クレジットカードでキャッシング

キャッシングによる現地通貨の引き出しは、利息が発生するが、帰国後すぐに繰上返済すれば、現金での両替よりもレートが有利になることもある。事前にキャッシングの可否やPIN(暗証番号)の確認を忘れずに。

### 海外トラベルプリペイドカード

プリペイドカードを利用してATMで現地通貨を引き出すのも便利。事前に入金しておいた分しか引き出せないので、使いすぎる心配がなく、盗難・紛失にあった際のリスクもクレジットカードに比べて少ない。

### クレジットカード

台湾では、屋台や小さな飲食店、一部のタクシーなどを除けば多くのショップやレストランでクレジットカードが利用できる。また、レンタサイクルのYouBike ➡付録P.23を利用したいなら必携だ。多額の現金を持ち歩くのは危険なので、うまく組み合わせて利用したい。ホテルで保証金代わりに求められることもあるので、1枚は持っておきたい。円払いは店側で多額の手数料をかけられることが多いので、現地通貨払いを選択しよう。カードを利用した際は毎回利用明細を確認し、不正決済を防ぐことも忘れずに。

# ATM の使い方

## 暗証番号を入力 ENTER PIN
ENTER PIN(暗証番号を入力)と表示されたら、クレジットカードの4ケタの暗証番号を入力し、最後にENTER(入力)を押す

## 取引内容を選択 SELECT TRANSACTION
クレジットカードでのキャッシングも、国際キャッシュカードやデビットカード、トラベルプリペイドカードで引き出すときもWITHDRAWL(引き出し)を選択

## 取引口座を選択 SELECT SOURCE ACCOUNT
クレジットカードでキャッシングする場合はCREDIT(クレジットカード)、トラベルプリペイドカードなどで預金を引き出す場合はSAVINGS(預金)を選択

## 金額を選択 SELECT AMOUNT
引き出したい現地通貨の金額を選ぶ。決められた金額以外の場合はOTHER(その他)を選ぶ。現金と明細書、カードを受け取る。

## 物価
安いといわれていた台湾の物価だが、近年は日本と同程度まで近づいている。公共交通機関は安価に抑えられているほか、夜市や小さな食堂などで安く済ませることも可能。

MRT初乗り
20元(約100円)
悠遊卡では16元(約80円)

タクシー初乗り
85元(約400円)

ミネラルウォーター(500ml)
15元(約70円)

タピオカドリンク
100〜130元(約500〜600円)

牛肉麺
200元前後(約950円)

小籠包(10個)
250元前後(約1200円)

## 予算の目安
公共交通を利用すれば日本よりも比較的安く済む。観光客向けのレストランや雑貨の値段は日本と同じくらいだ。

**宿泊費** 一般的なホテルの価格帯は3000元〜1万5000元程度で、宿泊費は日本のホテルに泊まる際と同程度と考えるとよい。1万元以上なら立地や設備も含め、高級でかなり質のよいサービスが受けられる。

**食費** ローカルグルメなら100元以下のメニューも多い。高級料理やおしゃれなカフェ、豪華なスイーツを楽しみたいなら、それなりの予算を考えよう。

**交通費** MRTの初乗りは20元で、公共交通機関の料金は日本より安い。タクシーも初乗り1.25kmまで85元、以降200mごとに5元加算と割安。

## チップ
台湾にはチップの習慣はないため、特に意識する必要はない。高級レストランやホテルでは、あらかじめ精算の際にサービス料が含まれる。特別なサービスを受けたときは、小銭を渡したり、おつりを受け取らないなどで、感謝の気持ちを伝えよう。

### 金額の目安

| | |
|---|---|
| ホテル | 50元 |
| タクシー | 運賃の端数を切り上げる |
| 高級レストラン | サービス料が含まれていなければ10%程度 |

TRAVEL INFORMATION

# 滞在中に知っておきたい台湾のあれこれ！

喫煙ルールや公共交通機関での飲食は日本より厳しいので、うっかり忘れないよう心がけたい。

## 飲料水

台北の水道水は軟水だが、水道設備の問題などで飲用には適さないとされる。歯磨きや洗顔には問題ないが、ホテルの内外を問わず、ミネラルウォーターを持ち歩きたい。ミネラルウォーターは500mlのペットボトルが10〜20元程度で購入できる。屋台のドリンクなどに使われる氷もたいていは問題ないが、お腹を壊しやすいなら避けたほうがよい。

## トイレ

市街地では、ショッピングセンターやMRT駅で清潔で無料のトイレを利用できる。紙が流せないトイレの場合は、備え付けられたゴミ箱に紙を捨てる。トイレットペーパーがない場合もあるので、常にポケットティッシュを持ち歩くよう心がけたい。

## 各種マナー

### 路上で
たばこの吸殻を捨てたり、みだりにつばを吐いたり、禁煙区域での喫煙などに多額の罰金が科せられる。

### 公共交通機関で
MRT構内や路線バスでの飲食は禁止。ガムを噛むことや、ペットボトルから水分補給をすることも禁止されている。違反すると1500元以上7500元以下の罰金を科されることもあるので、紛らわしい行為も避けるようにしたい。

### レストランで
麺は音をたててすすらない。どんぶりや大きなお椀を持ち上げるのもNG。食べ残しは頼めば持ち帰り用に包んでもらえる。ローカルな食堂ではお茶や水が出されないこともあるが、飲み物の持ち込みが許可されている。

### 写真撮影
「禁止照相」と書かれた場所は撮影不可。また、軍事施設の撮影は禁止。空港でも一部で撮影を禁止している場所がある。

## 度量衡

日本と同じcm(センチ)、g(グラム)、ℓ(リットル)などのメートル法が使われている。「公斤」はkg、「公克」はgを表す。市場の量り売りなどでは「1斤(約600g)」や「1両(約37.5g)」、「1升(約1.8ℓ)」も使われることがある。

## 服装・ドレスコード

高級レストランや高級ホテル以外では、基本的にドレスコードはなし。上記のような場所でも、特別な行事などがなければスマートカジュアルでOK。短パン・サンダルといったよほどラフな服装でなければ断られることはない。

## 電化製品の使用

### 電圧は日本とほぼ同じの110V

日本とほぼ同じで、電圧は110Vで周波数は60Hz(日本は電圧は100Vで周波数は50〜60Hz)。近年の携帯電話やデジタルカメラ、パソコンの充電器は、さまざまな電圧に対応しているため変圧器は必要はないが、事前に対応電圧を確認しておきたい。そのほかの日本の電化製品も問題なく使用できることが多いが、ドライヤーなどの発熱する機器は海外用を用意するか現地のものを利用するのが無難。

### プラグは日本と同じA型が主流

日本とほぼ同じA型が主流で、基本的には変換プラグは必要ない。まれに丸い穴が2つのCタイプや穴が斜めのOタイプのプラグがあるが、ホテルであれば大抵変換プラグを貸し出している。

A型プラグ

## 郵便

### はがき／手紙

日本へ航空便で送る場合、所要5〜7日ほど。はがきは10元、封書は10gまで13元、10gごとに9元加算(2kgまで)。「AIRMAIL」と「JAPAN」と記載しておけば、宛名は日本語でも可。ポストへ投函する場合は赤と緑の2色があるが、国際便・速達専用の赤のポストへ。

### 小包

郵便局で送る場合、航空便で500gまで425元、500gごとに55元加算(30kgまで)。EMSは所要2〜3日。500gまで450元、500gごとに50〜80元加算(最大30kgまで)。

## 飲酒と喫煙

飲酒は18歳、喫煙は20歳から。

### 公共の場での飲酒

台湾では、飲酒についての厳しいルールやマナーはないが、泥酔するほど飲まないのは基本。

### 喫煙は喫煙スペースで

屋内は喫煙スペース以外では全面禁煙。レストランやホテルも例外ではない。歩きたばこも禁止されており、違反者には2000〜1万元の罰金が科せられる。アイコスなどの加熱式たばこや電子たばこは台湾内への持ち込み自体が禁止されている。

# 電話／インターネット事情を確認しておきたい!

外国人観光客向けのサービスが整っているが、情報収集、緊急連絡のためにも、通信手段は頭に入れておきたい。

## 電話をかける

📝 日本の国番号は81、台湾の地域番号は886

###  台湾から日本への電話のかけ方

**ホテル、公衆電話から**

ホテルからは外線番号 → 002 → 81 → 相手の電話番号
（国際電話の識別番号）（日本の国番号）
※固定電話・携帯電話とも市外局番の最初の0は不要

**携帯電話、スマートフォンから**

0または＊を長押し → 81 → 相手の電話番号
※機種により異なる （日本の国番号）
※固定電話・携帯電話とも市外局番の最初の0は不要

### 固定電話からかける

**ホテルから** 外線番号(ホテルにより異なる)を押してから、相手先の番号をダイヤル(市内なら02なしの8桁)。たいていは国際電話もかけることができる。

**公衆電話から** ショッピングセンターや空港で見つけることができる。テレホンカードはコンビニなどで購入できる。悠遊卡が使用可能なものも。

###  日本へのコレクトコール

緊急時にはホテルや公衆電話から通話相手に料金が発生するコレクトコールを利用しよう。

● **KDDIジャパンダイレクト**
☎ **00801-81-0051**
オペレーターに日本の電話番号と話したい相手の名前を伝える

### 📞 携帯電話／スマートフォンからかける

国際ローミングサービスに加入していれば、日本で使用している端末でそのまま通話できる。滞在中、台湾の電話には10桁の番号をダイヤルするだけでよい。日本の電話には、＋を表示させてから国番号＋相手先の番号(最初の0は除く)。同行者の端末であっても日本で契約したものならば、国際電話として日本の国番号からダイヤルする必要がある。

**海外での通話料金** 日本国内での定額制は適用外となり、着信時にも通話料が発生するため、料金が高額になりがち。ホテルの電話やIP電話を組み合わせて利用したい。同行者の携帯電話にかけるときも日本への国際電話料金が適用される。

**IP電話を使う** インターネットに接続されていれば、Skype、Viberなどの通話アプリやLINE、Instagramなどの通話機能を利用することで、無料で通話することができる(データ通信料は別)。SkypeやViberは有料プランで台湾の固定電話にもかけられる。

## インターネットを利用する

ほとんどのホテルでWi-Fiが利用できる。パスワードが必要なときはフロントに尋ねれば教えてもらえる。有料のこともあるので予約時に確認を。街なかのWi-Fiスポットも充実しており、「iTaiwan」「Taipei free」という旅行者向けのWi-Fiスポットが主要観光地・MRT各駅で使用できる。無料Wi-Fiが利用可能なコンビニやチェーン店も多い。

● **iTaiwan** ● **Taipei Free**
台湾全土の「iTaiwan」、台北市内の「Taipei Free」ともに事前の手続きは不要。Wi-Fiに接続し、規約に同意すればインターネットに接続することができる。利便性、安全性の面で、これらのみに頼るのはおすすめしない。

###  インターネットに接続する

海外データ定額サービスに加入していれば、1日1000～3000円程度でデータ通信が行える。通信業者によっては空港到着時に自動で案内メールが届くこともあるが、事前の契約や手動での設定が必要なこともある。定額サービスに加入せずにデータ通信を行うと高額な料金となるため、機内モードやモバイルデータ通信をオフにしておきたい。

### 🌐 SIMカード／レンタルWiFiルーター

頻繁に利用するならば、現地SIMカードの購入や海外用Wi-Fiルーターのレンタルも検討したい。SIMロックされていない端末なら、空港やショッピングセンターで購入できるSIMカードを差し込むだけで、インターネットに接続できる。5日間利用で500元など。購入にはパスポートが必要。Wi-Fiルーターは複数人で共有できるのが魅力。料金はさまざまだが大容量プランで1日500～1500円ほど。

|  | カメラ／時計 | Wi-Fi | 通話料 | データ通信料 |
|---|---|---|---|---|
| 電源オフ | × | × | × | × |
| 機内モード | ○ | ○ | × | × |
| モバイルデータ通信オフ | ○ | ○ | $ | × |
| 通常モバイルデータ通信オン | ○ | ○ | $ | $ |

○ 利用できる　$ 料金が発生する

###  オフラインの地図アプリ

地図アプリでは、地図データをあらかじめダウンロードしておくことで、データ通信なしで利用することができる。機内モードでもGPS機能は利用できるため、通信料なしで地図アプリを利用できる。

TRAVEL INFORMATION

# 病気、盗難、紛失…。トラブルに遭ったときはどうする?

**警戒していても不慮の事故は避けられない場合もある。トラブルに遭った際は速やかに連絡を。**

## 治安が心配

台湾は治安の良い国だが、観光客はスリや置き引き、ひったくりに狙われやすい。油断せずに、荷物から目を離さないなど十分な注意を払おう。

## 緊急時はどこへ連絡?

台湾では大使館の役割を公益財団法人日本台湾交流協会が担っている。

警察 ☎110
消防・救急 ☎119

**窓口機関**
内政部移民署(西門町)
小南門駅 MAP付録P10 A-2
公益財団法人日本台湾交流協会 台北事務所
南京復興駅 MAP付録P8 B-2
☎02-2713-8000(代表) 住 台北市慶城街28号 通泰商業大樓

**病院**
台北馬偕医院
雙連駅 MAP付録P15 B-2
☎02-2543-3535 住 台北市中山北路二段92号
台安医院
南京復興駅 MAP付録P8 C-4
☎02-2771-8151 住 台北市八徳路二段424号

## 病気・けがのときは?

海外旅行保険証に記載されているアシスタンスセンターに連絡するか、ホテルのフロントに医者を呼んでもらう。海外旅行保険に入っていれば、提携病院で自己負担なしで安心して治療を受けることができる。

## パスポートをなくしたら?

① 最寄りの内政部移民署に届け、顔写真(4.5×3.5cm)2枚を用意し、紛失証明書を発行してもらう。

② 公益財団法人日本台湾交流協会の領事窓口で、紛失証明書と顔写真(4.5×3.5cm)1枚、ある場合は本人確認用の証明書、旅券の写しを用意し、旅券の紛失届を行う。

③ パスポート失効後、「帰国のための渡航書」の発行を申請。顔写真(4.5×3.5cm)2枚、本籍地が記載された住民票か個人(または全部)事項証明のいずれか一通を用意し、渡航書発給申請書を提出する。発行の手数料は570元、所要1~2日。
※手数料は毎年為替レートに合わせて変更される

新規パスポートも申請できるが、発行に約2週間、戸籍謄本(抄本)の原本が必要となる。手数料は、5年有効が2510元、10年有効が3650元。

## クレジットカードをなくしたら?

不正利用を防ぐため、カード会社にカード番号、最後に使用した場所、金額などを伝え、カードを失効してもらう。再発行にかかる日数は会社によって異なるが、翌日~3週間ほど。事前にカード発行会社名、紛失・盗難時の連絡先電話番号、カード番号をメモし、カードとは別の場所に保管しておくこと。

## 現金・貴重品をなくしたら?

現金はまず返ってくることはなく、海外旅行保険でも免責となるため補償されない。盗難の場合荷物は補償範囲に入っているので、警察に届け出て盗難・紛失届出証明書(Police Report)を発行してもらい、帰国後保険会社に申請する。

 **外務省 海外安全ホームページ&たびレジ**

外務省の「海外安全ホームページ」には、治安情報やトラブル事例、緊急時連絡先などが国ごとにまとめられている。出発前に確認しておきたい。また、「たびレジ」に渡航先を登録すると、現地の事件や事故などの最新情報が随時届き、緊急時にも安否の確認や必要な支援が受けられる。

### 旅のトラブル実例集

## スリ

**事例1** MRT駅構内や路上でコインやハンカチを落としたり、背中に飲み物やクリーム状のものを付けられたりなど、気を取られている隙に、後ろにいた共犯者から財布や貴重品を抜き取られる。

**事例2** MRT車内や買い物中に、背後からカミソリなどでバッグを切り裂き、中身を抜き取られる。

**対策** 多額の現金や貴重品はできる限り持ち歩かず、位置を常に意識しておく。支払いのときに、財布の中を他人に見えないようにする。バッグはいつも腕にかけてしっかりと抱え込むように持つ。

## 置き引き

**事例1** 夜市で料理を購入するときやビュッフェ形式の食事中に、席に置いていた荷物を盗まれる。

**事例2** ホテルのチェックイン、チェックアウトのときに、足元に置いていた荷物を盗まれる。

**対策** 決して荷物からは目を離さない。席取りには、なくなってもいいポケットティッシュなどを置く。2人以上の場合は、必ず1人はしっかりと荷物の番をする。トートバッグなど蓋のないカバンは使用しない。

## ぼったくり

**事例1** タクシーでメーターが動いていなかったり、メーターと異なる金額を請求された。

**事例2** レストランやショップの会計で、注文していないものや買っていないものが請求された。

**対策** 悪質なタクシードライバーは少ないが、メーターがきちんと動いているかは確認しておく。特別料金が最後に加算されるため、悪質な請求と勘違いすることも。納得できなければレシートを求め、タクシー会社に連絡する。レストランでは、有料のおしぼりやつまようじが出されることがある。必要なければ、はっきりと断ること。飲食や買い物の際には、レシートをよく確認する。

# INDEX インデックス

## 旅を豊かで楽しくするスポット

### ◆ 観光

- **あ** 占い横丁 ････････････････ 49
- **か** 華山1914文創園区 ････････ 44
  - 関渡宮 ･･････････････････ 48
  - 希望広場 ････････････････ 51
  - 行天宮 ･･････････････････ 49
  - 孔子廟 ･･････････････････ 49
  - 国父紀念館 ････････････ 137
  - 国父史蹟館 ････････････ 138
  - 国立故宮博物院 ･･････････ 54
  - 国立故宮博物院南院 ･･････ 57
  - 国立台湾大学 ･･････････ 139
  - 国立台湾博物館 ･･･････ 138
  - 国立台湾博物館鉄道部園区 ･･ 13
- **さ** 四四南村 ････････････････ 45
  - 司法大廈 ･･････････････ 139
  - 饒河街観光夜市 ･･････････ 25
  - 松山文創園区 ････････････ 40
  - 士林夜市 ････････････････ 22
  - 新富街文化市場 ･･･････ 129
  - 西門紅楼 ･･････････････ 127
  - 総統府 ････････････････ 139
  - 双連朝市 ････････････････ 50
- **た** 台大医院 旧館 ････････ 139
  - 台北101 ････････ 13／133
  - 台北市霞海城隍廟 ････････ 48
  - 台北市オープントップバス ･･ 138
  - 中正紀念堂 ････････････ 136
  - 忠烈祠 ････････････････ 137
  - 長春朝市 ････････････････ 51
  - 東三水街市場 ････････････ 51
- **な** 南機場夜市 ･･････････････ 24
  - 南門市場 ････････････････ 13
  - 二二八和平公園 ･･･････ 138
  - 寧夏夜市 ････････････････ 25
- **は** 剥皮寮 ････････････････ 129
  - 保安宮 ･･････････････････ 49
- **や** 榕錦時光生活園区 ････････ 13
- **ら** 龍山寺 ･･････････････････ 46

### ◆ グルメ

- **あ** アーバン331 ･･･････････ 132
  - 阿宗麺線 ････････････････ 69
- アルケミー・バー ･････････ 132
- 頤宮 ･････････････････････ 76
- 園爐 ･････････････････････ 82
- 永康牛肉麺 ･･････････････ 69
- 永康刀削麺 ･･････････････ 68
- 王記府城肉粽 ････････････ 73
- 温州街羅蔔絲達人 ････････ 73
- **か** 可蜜達 ･･････････････････ 52
- 冠京華 ･･････････････････ 36
- 丸林魯肉飯 ･･････････････ 70
- 奇福扁食 ････････････････ 69
- 饗・ア・ジョイ ･･････ 13／133
- 京鼎楼 ･･････････････････ 38
- 姜包子 ･･････････････････ 72
- 金色三麦 京站店 ････････ 84
- 金蓬莱 ･･････････････････ 77
- 欣葉 台菜創始店 ････････ 74
- 元気広式腸粉 ････････････ 51
- 高記 ･････････････････････ 39
- 香宮 ･････････････････････ 79
- 好公道 ･･････････････････ 37
- 杭州小籠湯包 ････････････ 35
- 故宮晶華 ････････････････ 57
- 国賓中餐庁 ･･････････････ 78
- **さ** 済南鮮湯包 ･･････････････ 38
- 山海楼 ･･････････････････ 77

- 三希堂 ･･････････････････ 57
- 慈聖宮小吃街 ････････････ 85
- 上海郷村 ････････････････ 79
- 晶華軒 ･･････････････････ 78
- 小小樹食 ････････････････ 80
- 掌門精醸啤酒 永康店 ････ 84
- 祥和蔬食 ････････････････ 80
- 秦家餅店 ････････････････ 72
- 真珠 ･････････････････････ 75
- 人和園雲南菜 ････････････ 79
- 盛園絲瓜小籠湯包 ････････ 36
- 請客楼 ･･････････････････ 76
- 青葉台湾料理中山店 ･･････ 75
- 赤峰街無名排骨飯 ････････ 71
- **た** 大隠酒食 ･･････････････ 122
- 長白小館 ････････････････ 83
- 鼎泰豊 新生店 ･･････････ 34
- 鼎泰豊(台北101) ･････ 133
- 天津葱抓餅 ･･････････････ 72
- 点水楼 ･･････････････････ 38
- 天天利美食坊 ････････････ 71
- 東雅小厨 ････････････････ 81
- 東門餃子館 ････････････ 122
- 度小月 ･･････････････････ 68
- ドラフトランド ･･･････････ 132
- ドリフトウッド ･････････････ 85

※順番は日本語の音読みの五十音順になっています

173

# INDEX

**は** 梅子餐庁 ‥‥‥‥‥ 74
ピア5 大稲埕碼頭河岸特区 ‥ 85
富錦樹台菜香檳 ‥‥‥‥ 135
富錦樹台菜香檳 101旗艦店 ‥ 13
阜杭豆漿 ‥‥‥‥‥‥ 53
豊盛号 ‥‥‥‥‥‥‥ 52
**ま** My灶 ‥‥‥‥‥‥‥ 70
妙口四神湯 ‥‥‥‥‥ 73
民生炒飯 ‥‥‥‥‥‥ 71
民楽旗魚米粉湯 ‥‥‥ 117
無老鍋 中山店 ‥‥‥‥ 82
明福台菜海産 ‥‥‥‥ 77
問鼎・皇上吉祥宮廷火鍋 ‥ 83
**や** 養心茶楼蔬食飲茶 ‥‥ 81
**ら** 来来豆漿 ‥‥‥‥‥‥ 53
楽天皇朝 ‥‥‥‥‥‥ 39
梁山泊小籠湯包 ‥‥‥ 37
犁園湯包館 ‥‥‥‥‥ 39
劉媽媽飯糰 ‥‥‥‥‥ 53
両喜号魷魚焿 ‥‥‥‥ 128
林合発油飯店 ‥‥‥‥ 117
六品小館 本店 ‥‥‥‥ 75

## ◆ スイーツ＆カフェ

**あ** 唖舎永康 ‥‥‥‥‥‥ 120
阿斌芋圓 ‥‥‥‥‥‥ 30
永康階 ‥‥‥‥‥‥‥ 120
永富氷淇淋 ‥‥‥‥‥ 129
ASW by WOSOM ‥‥‥ 118
**か** 窩窩Wooo ‥‥‥‥‥‥ 91
学校咖啡館 ‥‥‥‥‥ 121
金鶏母 ‥‥‥‥‥‥‥ 26
光一 一個時間 ‥‥‥‥ 90
康青龍 東門永康店 ‥‥ 32
幸福揺揺 ‥‥‥‥‥‥ 33
咖啡 小自由 ‥‥‥‥ 121
コーヒー・スタンド・バイ・ミー
‥‥‥‥‥‥‥‥‥‥ 93
黒岩黒砂糖刨氷 ‥‥‥ 28
**さ** 再睡5分鐘 ‥‥‥‥‥‥ 32
June 30th ‥‥‥‥‥‥ 29
春水堂 光南店 ‥‥‥‥ 33
春美氷菓室 ‥‥‥‥‥ 28
庄頭豆花担 ‥‥‥‥‥ 31
昭和浪漫洗濯屋 ‥‥‥ 94
嶼人カフェ ‥‥‥‥‥ 12
森高砂咖啡館 ‥‥‥‥ 93

シンプル・カッファ・ザ・
コーヒー・ワン ‥‥‥‥ 91
シンプル・カッファ・ソラ ‥ 13
スターバックスコーヒー
保安門市店 ‥‥‥‥ 92
スターバックス（台北101）133
青田七六 ‥‥‥‥‥‥ 121
川流之島 ‥‥‥‥‥‥ 91
双連圓仔湯 ‥‥‥‥‥ 31
**た** 台一牛奶大王 ‥‥‥‥ 28
大苑子 ‥‥‥‥‥‥‥ 33
大人小学 古文具 ‥‥‥ 12
炭波波喫茶 ‥‥‥‥‥ 94
陳記百果園 ‥‥‥‥‥ 29
東区粉圓 ‥‥‥‥‥‥ 30
**は** 八拾捌茶輪番所 ‥‥‥ 127
氷讃 ‥‥‥‥‥‥‥‥ 29
氷霖古早味豆花 ‥‥‥ 31
フィカ・フィカ・カフェ ‥ 92
Fujin Tree Cafe 富錦樹咖啡店 ‥ 135
蜂大咖啡 ‥‥‥‥‥‥ 126
**ま** Mr.雪腐 ‥‥‥‥‥‥ 27
明星咖啡館 ‥‥‥‥‥ 94
**ら** 来特氷淇淋 ‥‥‥‥‥ 30

## ◆ 茶芸館

永楽春風茶館 ‥‥‥‥ 119
開門茶堂 ‥‥‥‥‥‥ 135
紫藤廬 ‥‥‥‥‥‥‥ 87
青田茶館 ‥‥‥‥‥‥ 89
竹里館 ‥‥‥‥‥‥‥ 88
茶苑 CHA-EN ‥‥‥‥‥ 88
南街得意 ‥‥‥‥ 89／119
老茶缶 ‥‥‥‥‥‥‥ 89

## ◆ ショッピング

**あ** 愛美麗工作坊 ‥‥‥‥ 98
A.mour ‥‥‥‥‥‥ 126
意一堂国医薬行 ‥‥‥ 146
一番屋 ‥‥‥‥‥‥‥ 113
易文堂 ‥‥‥‥‥‥‥ 114
ウェア・プラクティス ‥ 125
右翔進口傢飾布 ‥‥‥ 98
烏覓馬 ‥‥‥‥‥‥‥ 110
雲彩軒 永康店 ‥‥‥‥ 123
永久号 ‥‥‥‥‥‥‥ 110
永興農具工廠 ‥‥‥‥ 116

永楽布業商場 ‥‥‥‥ 98
エキスポ ‥‥‥‥‥‥ 42
エキスポ・セレクト ‥‥ 43
エブリデイ・ウェア・アンド・コー
‥‥‥‥‥‥‥‥‥‥ 124
**か** 海辺走走 ‥‥‥‥‥‥ 42
佳徳糕餅 ‥‥‥‥‥‥ 113
薑心比心 ‥‥‥‥‥‥ 105
嶢陽茶行 長春旗艦店 ‥ 106
グッドオールドデイズ好老日 100
グリーン＆セーフ ‥‥‥ 108
元銀手作 ‥‥‥‥‥‥ 123
紅烏龍合作社 ‥‥‥‥ 41
好,丘 ‥‥‥‥‥‥‥ 101
合芸埕 ‥‥‥‥‥‥‥ 119
弘茂 ‥‥‥‥‥‥‥‥ 111
厚里 ‥‥‥‥‥‥‥‥ 123
古漾 ‥‥‥‥‥‥‥‥ 130
**さ** ザ・ナイン ‥‥‥‥‥ 112
三芳毛刷行 ‥‥‥‥‥ 103
参楼研製所 ‥‥‥‥‥ 125
16工房 ‥‥‥‥‥‥‥ 127
手天品 ‥‥‥‥‥‥‥ 113
松菸風格店家 ‥‥‥‥ 41
小花園 ‥‥‥‥‥‥‥ 99
小器生活 公園店 ‥‥‥ 125
小芸埕 ‥‥‥‥‥‥‥ 118
生元薬行 ‥‥‥‥‥‥ 146
小日子商店 ‥‥‥‥‥ 45
蒸餾室 ‥‥‥‥‥‥‥ 45
ジョージア ツァオ ‥‥ 124
沁園 ‥‥‥‥‥‥‥‥ 107
新光三越ダイヤモンド・タワーズ
‥‥‥‥‥‥‥‥‥‥ 12
信成麻油廠 ‥‥‥‥‥ 111
薪伝手芸館 ‥‥‥‥‥ 114
神農生活×食習 ‥‥‥ 109
smile微笑蜜楽 ‥‥‥‥ 41

| | | |
|---|---|---|
| 聖欣布行 | 98 | |
| 誠品R79 | 43 | |
| 誠品書店 | 42 | |
| 誠品生活松菸 | 42 | |
| 誠品生活新店 | 43 | |
| 誠品生活南西 | 43 | |
| 設計点／デザイン・ピン | 41 | |
| 然後 ファーザーモア | 125 | |
| 泉発蜂蜜 | 104 | |
| た 大華行 竹木造咖 | 117 | |
| 台北101ギフトショップ | 133 | |
| 台北101購物中心 | 133 | |
| 台湾宜龍 | 123 | |
| 台湾物産 | 118 | |
| 多宝格 | 57 | |
| 地衣荒物 | 102 | |
| 知音文創 | 45 | |
| 茶籽堂 | 105 | |
| デイリリー | 105 | |
| 天和鮮物 | 109 | |
| 陶一二 | 119 | |
| な 你好我好 | 101 | |
| 日星鋳字行 | 103 | |
| 二和珍 | 128 | |
| ネット | 131 | |
| は バオ・ギフト | 100 | |
| バット、ウィ・ラブ・バター | 134 | |
| パパブブレ | 114 | |
| 微熱山丘 | 112 | |
| 百事合 | 119 | |
| BUWU布物設計 | 100 | |
| 富山蒸籠専売店 | 102 | |
| 布調 | 99 | |
| ま マージョリー | 131 | |
| 未来市 | 45 | |
| 民芸埕 | 119 | |
| モマ | 131 | |
| や ユアン | 104 | |
| 遊山茶訪 台北永康門市 | 107 | |
| ら 来好 | 101 | |
| 李氏手工房 | 99 | |
| 里仁 | 109 | |
| 李製餅家 | 113 | |
| 李日勝 | 110 | |
| リマ | 103 | |
| 良友翠玉専門店 | 114 | |
| 林華泰茶行 | 107 | |
| 林豊益商行 | 117 | |
| レルボフロール | 105 | |

## ◆ ビューティ＆ヘルス

| | |
|---|---|
| アイフォト・スタジオ | 148 |
| アンスリープ | 147 |
| ヴィラ・ライク悦禾荘園スパ | 143 |
| 夏威夷養生館 | 144 |
| スパ・アット・マンダリン | |
| オリエンタル 台北 | 142 |
| 知足健康 | 144 |
| 中華世界刀療協会 | 145 |
| 陳聖聞耳腔清理 | 145 |
| 魔法写真 Magic・s | 148 |
| ミー・ジャパン | 147 |
| 沐蘭SPA | 143 |

## ◆ ワンデー・トリップ

| | | |
|---|---|---|
| あ 阿婆寿司 | 159 | |
| 阿妹茶楼 | 63 | |
| 阿蘭草仔粿 | 61 | |
| アンクル・カフェ | 153 | |
| 威叔茶荘 | 12 | |
| ヴィラ32 | 157 | |
| 芋仔蕃薯 | 62 | |
| 鶯歌陶瓷博物館 | 159 | |
| か 菓風小舗 | 61 | |
| 基山街 | 60 | |
| 旧台鉄新北投駅舎 | 156 | |
| 九份茶坊 | 62 | |
| 九份老麺店 | 60 | |
| 漁人碼頭 | 153 | |
| 豎崎路 | 61 | |
| 紅毛城 | 153 | |
| 紅楼 | 153 | |
| 胡家天燈 | 64 | |
| さ 子士小舗 | 159 | |
| 指南宮 | 155 | |
| 茹縁 | 61 | |

| | | |
|---|---|---|
| 新旺集瓷 | 159 | |
| 水心月茶坊 | 63 | |
| た 台北市河浜自行車租借站 関渡站 | 153 | |
| 地熱谷 | 157 | |
| 張記伝統魚丸 | 60 | |
| 朝日夫婦 | 153 | |
| 天恩宮 | 155 | |
| 天元宮 | 152 | |
| ま 猫空カフェ巷 | 155 | |
| 猫空ロープウェイ | 154／付録22 | |
| 北投温泉親水公園露天温泉 | 157 | |
| 北投温泉博物館 | 157 | |
| 北投市場 | 157 | |
| ま 曼琳工房 | 60 | |
| や 邀月茶坊 | 155 | |
| ら 頼阿婆芋圓 | 61 | |

## ◆ ホテル

| | |
|---|---|
| ウォーターフロント・ | |
| ボウテック・ホテル | 161 |
| オリジン・スペース | 161 |
| Kホテルズ台北松江 | 162 |
| シャングリ・ラ | |
| ファーイースタン 台北 | 162 |
| シンプル・ホテル | 162 |
| スウィオ・ホテル大安 | 161 |
| 台北ガーデン・ホテル | 162 |
| タンゴ・ホテル台北林森 | 162 |
| トマトT.T.T. | 160 |
| バレ・デ・シン・ホテル | 162 |
| ブラザー・ホテル | 162 |
| ホーム・ホテル信義 | 162 |
| マディソン台北ホテル | 162 |
| ミラマー・ガーデン台北 | 162 |
| レ・スイーツ 台北 チンチェン | |
| | 162 |
| ロイヤル・イン台北南西 | 162 |

# STAFF

● 編集制作 Editors
K&Bパブリッシャーズ K&B Publishers

● 取材・執筆 Writers
山口美和 Miwa Yamaguchi
大原扁理 Henri Ohara
新崎理良子 Riyoko Arasaki
藤井千加 Chika Fujii

遠藤優子 Yuko Endo
伊藤麻衣子 Maiko Ito
加藤由佳子 Yukako Kato

● 撮影 Photographers
山口美和 Miwa Yamaguchi
張哲倫 Tetsurin Chang
安田真樹 Maki Yasuda

● カバー・本文デザイン Design
山田尚志 Hisashi Yamada

● 地図制作 Maps
トラベラ・ドットネット TRAVELA.NET
山本眞奈美(DIG.Factory) Manami Yamamoto
フロマージュ Fromage

● 表紙写真 Cover Photo
PIXTA

● 写真協力 Photographs
PIXTA
iStock.com

● 取材協力 Special Thanks to
華日語学人材顧問有限公司
Everbright Language Consulting and Professional Services Co Ltd
国立故宮博物院
National Palace Museum

● 総合プロデューサー Total Producer
河村季里 Kiri Kawamura

● TAC出版担当 Producer
君塚太 Futoshi Kimizuka

● エグゼクティヴ・プロデューサー Executive Producer
猪野樹 Tatsuki Ino

おとな旅プレミアム
台北（タイペイ）

2024年7月8日　初版　第1刷発行

| 著　　　者 | TAC出版編集部 |
| --- | --- |
| 発 行 者 | 多 田 敏 男 |
| 発 行 所 | TAC株式会社 出版事業部<br>（TAC出版）<br>〒101-8383 東京都千代田区神田三崎町3-2-18<br>電話　03(5276)9492(営業)<br>FAX　03(5276)9674<br>https://shuppan.tac-school.co.jp |
| 印　　　刷 | 株式会社　光邦 |
| 製　　　本 | 東京美術紙工協業組合 |

©TAC 2024　　Printed in Japan　　　ISBN978-4-300-11272-4
N.D.C.292　　　　　　　　　落丁・乱丁本はお取り替えいたします。

本書は、「著作権法」によって、著作権等の権利が保護されている著作物です。本書の全部または一部につき、無断で転載、複写されると、著作権等の権利侵害となります。上記のような使い方をされる場合には、あらかじめ小社宛許諾を求めてください。

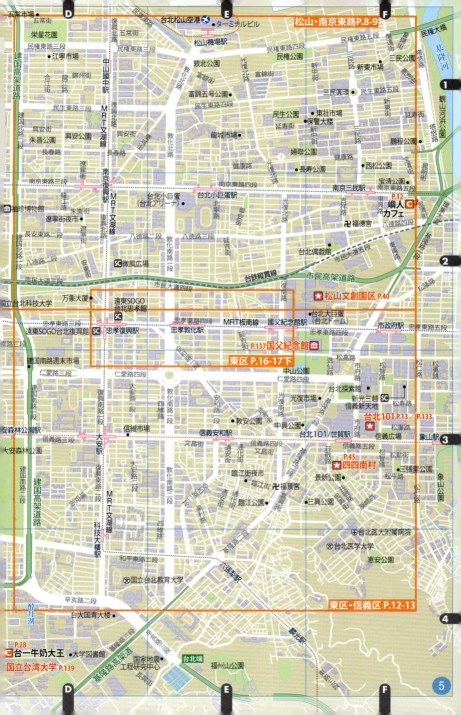

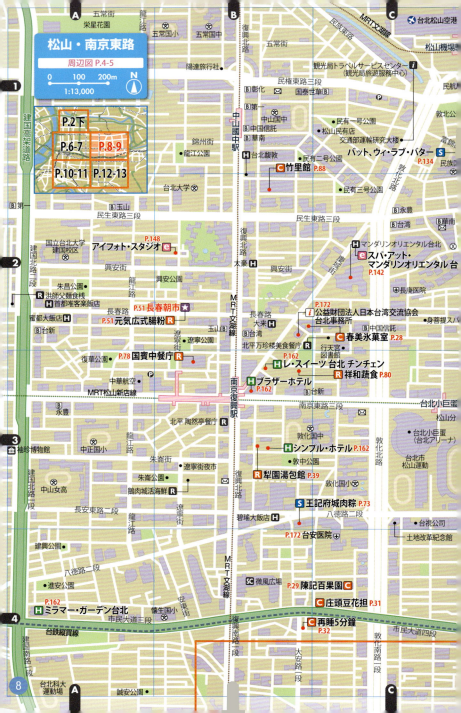

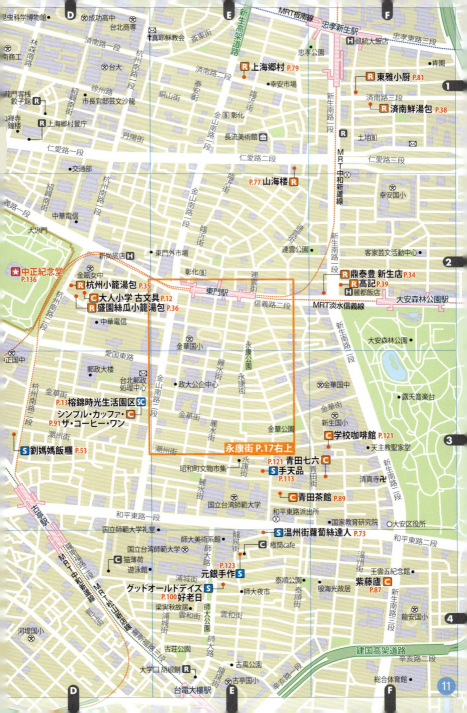

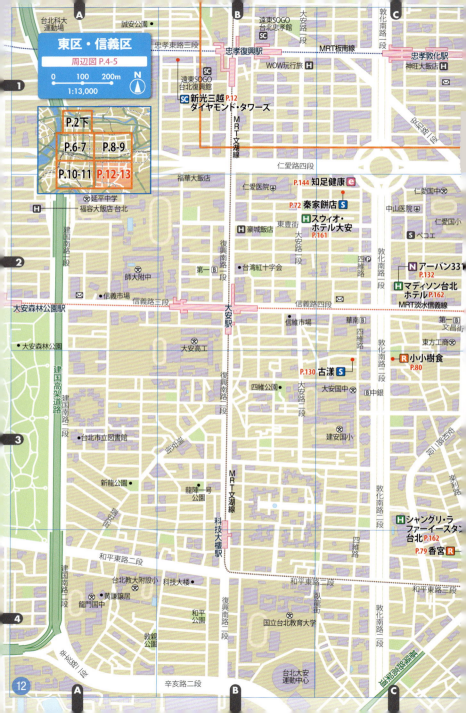

# TRAFFIC INFORMATION
## 台北の市内交通

台北市内移動の中心はMRT（台北捷運）。主要観光地を網羅している。
タクシーも日本より料金が比較的安い。自由に動きたいならシェアサイクルもひとつの手。

### これだけで、街歩きは自由自在

 **MRT** Mass Rapid Transit 台北捷運

台北全体を結んでいて、旅行者の基本的な移動手段となる。路線は色分けされているためわかりやすい。桃園国際空港と台北駅を結ぶ桃園機場捷運（MRT）もある。

#### チケットの種類

基本は2種類。5歳以下の子どもは無料。

**コイン式の乗車券**

| 片道乗車券 | Single-Journey Ticket |

台湾の片道乗車券はトークンというコイン形の乗車券を採用している。ICカードと同じように自動改札にかざして入場、出場の際は自動改札に入れれば回収される。

| 購入場所 | 券売機、MRT各駅にある案内窓口。 |
| 初乗り | 20元〜。5歳以下は無料。乗り越し精算は改札にある窓口で行う。 |

**公共交通機関で使えるプリペイド式カード**

| 悠遊卡 | Easy Card ヨウヨウカー |

MRT、バスなどの公共交通機関のほか、猫空ロープウェイ、コンビニや飲食店、コインロッカーでも利用することができるプリペイド式交通カード。乗車のたびに券売機に並ばずに済み、料金も割安になるため、頻繁にMRTに乗車するならお得。

| 購入場所 | MRT窓口、悠遊卡のマークがあるコンビニなど。 |
| デポジット | カード代が100元必要。 |
| チャージ | MRTの窓口や券売機、コンビニなどで行う。チャージ金額は窓口で払い戻しが可能。返金の手数料は20元。 |
| 初乗り料金 | 16元〜。残高が足りなくても改札を出ることができるが、次に改札を入場する際にその分が差し引かれる。 |

### 自動券売機の使い方

#### 片道乗車券

**① 運賃を確認し、タッチパネルを操作する**

券売機上部の運賃表で目的地までの金額を確認し、券売機で「購買單程票」を選択。

🖉 右下のトークンの絵柄をタッチ

**② 運賃、枚数を選択**

「選擇票價及張數」のタッチパネルから、必要な運賃を選択。複数枚買う場合は、先に下の枚数を選択してから運賃を選択する。

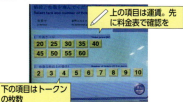

🖉 上の項目は運賃。先に料金表で確認を

🖉 下の項目はトークンの枚数

**③ 運賃を入れる**

表示された金額を投入する。販売機の下部から出てきたトークンを受け取る。

🖉 画面が変わるとトークンが出てくる

### よく使うMRTの路線

| 路線名 | 色 | 路線の概要 | おもな乗り換え駅 |
|---|---|---|---|
| 文湖線<br>Wenhu Line | | 台北東部を走り、南港展覧館駅から南京復興駅、忠孝復興駅、大安駅を経由し、動物園駅に至る。全自動運転の路線。 | 大安駅、忠孝復興駅、南京復興駅 |
| 淡水信義線<br>Tamsui-Xinyi Line | | 新北市で北部の淡水駅から台北中心部の主要駅を通り、台北東部の象山駅までを結ぶ。 | 大安駅、東門駅、中正紀念堂駅、台北駅、中山駅 |
| 松山新店線<br>Songshan-Xindian Line | | 南部から西門駅、中山駅、中正紀念堂駅などの主な観光地を通り、台北東部までを結ぶ。 | 中正紀念堂駅、西門駅、中山駅、松山南京駅、南京復興駅 |
| 中和新蘆線<br>Zhonghe-Xinlu Line | | 西部の郊外と台北市内を結ぶ。大橋頭駅から蘆洲と迴龍駅に向かう支線に分かれる。 | 東門駅、忠孝新生駅、松江南京駅 |
| 板南線<br>Bannan Line | | 新北市の頂埔駅から西門駅、台北駅を経由し、南港展覧館駅まで、台北を東西に横断する。 | 西門駅、台北駅、忠孝新生駅、忠孝復興駅 |
| 桃園機場捷運（MRT）<br>Taoyuan Airport MRT | | 台北駅と桃園国際空港第一ターミナル・第二ターミナルを結ぶ。桃園国際空港以降は桃園市内へ至る。 | 台北駅、三重駅、機場第一航廈駅、機場第二航廈駅 |

## 悠遊卡

### 1 タッチパネルを操作
タッチパネル右部「ICカードチャージ」をタッチし、カードリーダーにカードを置く。

📝 最初に日本語表記を選択

### 2 支払い方法と金額を選ぶ
残高が表示されたら、現金を投入。チャージ内容を画面上で確認したら「次へ」を選択。

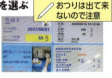

📝 おつりは出て来ないので注意

## 📍 おトクな乗り放題チケット

### 一日票
**One-day Pass** イーリービャオ

MRTが1日乗り放題になるパス。使用開始日を自由に選択できる。桃園機場捷運（MRT）、バスには使用できない。

| 購入場所 | MRT各駅にある案内窓口。 |
|---|---|
| 料金 | 150元。 |
| 有効期限 | 使用開始した改札のゲートから当日の終電まで。使用開始から24時間有効の24時間券180元〜もある。 |

### 北北基好玩卡
**Taipei Fun Pass** ベイベイジーハオワンカー

MRT、台北市・新北市内のバスが、期間内乗り放題になるパス。4桁番号のバスを除く。猫空ロープウエイの乗車券を含む1日券350元もある。

| 購入場所 | MRT各駅にある案内窓口。 |
|---|---|
| 料金 | 1日券180元、2日券310元、3日券440元、5日券700元。 |
| 有効期限 | 使用を始めた日から数えて、期限日の23時59分まで使用可。 |

## MRTの乗り方

### 1 チケットを買う
自動券売機で片道乗車券（トークン）を購入するか、チャージを行う。

### 2 ホームへ向かう
自動改札機のICリーダーにトークン、またはICカードを近づけるとゲートが開く。目的の路線のホームへ向かう。

### 3 乗車する
電子掲示板に次の列車の出発時刻が表示される。列車が到着するとホームドアが自動的に開く。

こちらは列車到着までの時間が表示

### 4 降車する
アナウンスをよく聞いて、目的地に着いたら車両を降りる。トークンは自動改札機の投入口に入れる。ICカードの場合はICリーダーに近づけるとゲートが開く。乗り換える場合は表示板の矢印に従い、次のホームへ進む。

### MRTでの禁止事項
車両内のほか駅構内でも飲食は不可。「進入本區禁止飲食」と書かれた黄色いラインより内側は飲食ができない。飲み物を飲むことのほか、ガムも違反対象となる。そのほか喫煙も禁止されていて、違反すると高額な罰金が設定されている。

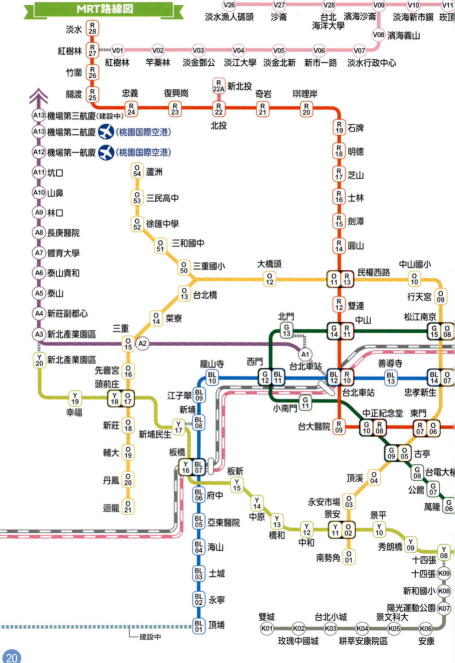

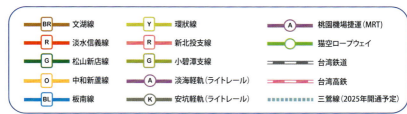

※環状線は2024年4月に発生した地震の影響で、一部不通区間があります

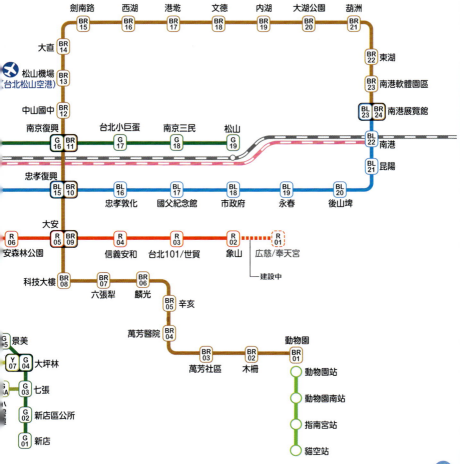

## 流しでも乗り場でもつかまえられる

# タクシー　Taxi 的士

### 自動車配車アプリを活用
近年、世界的に普及している自動車配車アプリ。台湾ではUberが利用でき、値段はタクシーとほぼ同程度。日本ではあまり普及していないためなじみがないが、中国語で目的地を告げる必要がない、乗車前に料金がわかる、クレジットカードでの支払いが可能と利点は多い。タクシー配車アプリ「台湾大車隊55688」もある。

### どこから乗る?
台北には流しのタクシーが多く、移動にはうまく活用したい。空港、主要な観光地や大きなホテルの前にはタクシー乗り場があるところもある。

*黄色の外装が目印*

### 料金はどのくらい?
日本に比べて安くで利用できる。メーター制だが、出発時にメーターが動いているかの確認を。ボックス車でも料金は同じ。

**通常期のタクシー料金**

| | |
|---|---|
| 1.25kmまで | 85元 |
| 以降、200mごと | 5元加算 |
| 停車時間を含む時速5km以下の走行1分ごと | 5元加算 |
| 23:00〜翌6:00 | 深夜料金で20元加算 |

春節とその前後は割増料金として30元加算される。細かいおつりは不足する場合もあるので、あらかじめ小銭や小額紙幣を用意しておくのがベター。

## タクシーの乗り方

### ① タクシーを拾う
空車のタクシーはフロント部に「空車」の表示。客待ちをしているタクシーはぼったくりのリスクがあるため、避けたほうが無難。

*なるべく外装のきれいなタクシーを選ぼう*

### ② タクシーに乗る/降りる
ドアは自分で開け閉めする。後部座席もシートベルト着用が義務付けられている。行き先は漢字で紙に書いて渡すと良い。メーターは通常料金が表示されていて、春節期間や深夜など特別料金が必要な場合は、精算時に加算される。

*トランク利用もチップは必要なし*

---

## 台北市内を一望できる長距離ロープウェイ

# 猫空ロープウェイ　Maokong Gondola　貓空纜車

MRT文湖線・動物園駅と猫空駅を結ぶロープウェイ。全長約4km、所要時間は30分と長距離で、途中、動物園南駅と指南宮駅の2つの駅を経由する。

- 交 M文湖線・動物園駅から乗り場まで徒歩5分
- 時 9:00〜21:00 (土・日曜、祝日は〜22:00)
- 休 第2〜4月曜 (祝日の場合は営業)
- 料 70元〜

*床がガラス張りのゴンドラもある*

*景色は壮観! 台北101も望める*

## 台北市内を自由自在に移動

### シェアサイクル YouBike 微笑單車

台北市内に1400以上のステーションがあり、MRT駅近くなど街のいたるところでステーションを見つけることができる。スマホアプリを使うYouBike2.0となり、台湾全土で共通のシステムとなっている。利用にはインターネット接続が必要。以前のYouBike1.0も新北市など一部に残っている。

#### どこから乗る?

ステーションがあればどこでも乗り降り可能。ステーションの場所は www.youbike.com.tw やアプリで確認できる。

白と黄色のデザインが目印

#### 料金はどのくらい?

台北では、最初の30分までの利用は10元、以降30分ごとに料金が加算される。

**レンタル料金**

| 4時間以内 | 30分ごとに10元加算 |
|---|---|
| 4〜8時間 | 30分ごとに20元加算 |
| 8時間以上 | 30分ごとに40元加算 |

旅行者はクレジットカードを利用するシングルレンタルがおすすめ。クレジットカード登録時に3000元のデポジット料金を支払うが、利用期間終了後に返金される。会員登録すれば、悠遊卡でもレンタルができるが、現地の携帯電話の番号が必要。

## 台北市内を駆け巡る市民の足

### 市内バス Bus 公車

路線が複雑なうえ、運賃の支払い方法もさまざまで乗りこなすには難しいが、使うことができれば九份などMRTが通らない場所にも便利に行くことができる。

行き先と路線番号が正面に表示される

#### 料金はどのくらい?

悠遊卡か現金での支払いが可能。料金は距離によって一段15元、二段30元、三段45元と加算されていく。現金払いの場合、おつりは返却されない。

#### バス利用の注意点

MRTと同じく公共交通機関なので、飲食は禁止。タピオカドリンクなどのストローの刺さった飲み物も乗車前に飲み切ってしまおう。

## YouBike2.0の使い方
※シングルレンタルの方法

### 1 利用登録

スマホアプリ「YouBike」をダウンロードする。メニューから「Login/Register」→「Single Rental」を選択。メールアドレスやクレジットカードを登録する。登録から5日間利用可。カードの種類によっては登録できないことがあるので、あらかじめ用意しておきたい。

### 2 ステーションを見つける

アプリを起動すると近くにあるステーションが表示される。緑がレンタル、返却とも可能、茶色はレンタルのみ可能、オレンジは返却のみ可能。両方不可はグレー表示。

### 3 自転車を選ぶ

ステーションでレンタルする自転車を選ぶ。タイヤに空気が入っているか、両ブレーキが効くかなど車両を点検。サドルが反転している自転車は故障中を表すので、選ばないようにする。もしレンタル後に故障に気がついた場合は、5分以内に元のステーションに返却すれば料金は返却される。

### 4 レンタルする

ハンドルに付いている機械でオレンジの「Rent via QR code」ボタンを押す。表示されたコードをアプリでスキャンをするか、4桁の認証番号を入力したらレンタルスタート。自転車をステーションから引き出す。

#### 自転車利用の注意点

台湾では、自転車は車道の右側を通行する。日本と車道の向きが逆なので逆走しないように注意。大きな道で左折する時は二段階で曲がる。

### 5 鍵をかける

一時停車する際は、カゴに入った鍵を利用する。ハンドルを右に切り鍵穴を合わせて、ピンを差し込み「臨停上鎖成功」と表示されたらOK。開ける時はレンタル時と同じ操作で。

### 6 自転車を返却する

空いているステーションを見つけ、レンタル前と同じように固定する。画面に「還車成功」と表示されたら返却は完了。

カチッと音がするまではめ込む

# 旅の台湾華語＋英語
### TAIWAN MANDARIN & ENGLISH CONVERSATION

台湾は比較的日本の漢字も伝わりやすく、行き先や商品など漢字を書いた紙を見せても効果的。

## 基本フレーズ

☐ をください（お願いします）。
**Please ☐ .**
プリーズ ☐

我想要 ☐ 。
Wǒ xiǎng yào ☐ 。　ウォー シャン ヤオ ☐

**ex.** これをください。
**I'll take this, please.**
アイル テイク ディス プリーズ

我想要這個。
Wǒ xiǎng yào zhège.　ウォー シャン ヤオ ヂョーグ

---

☐ をしていただけますか。
**Could you ☐ ?**
クッジュー

你能 ☐ 嗎？
Nǐ néng ☐ ma？　ニー ノン ☐ マ

**ex.** 地図を書いていただけますか。
**Could you draw me a map?**
クッジュー ドロー ミァ マップ

你能畫一張地圖嗎？
Nǐ néng huà yìzhāng dìtú ma？
ニー ノン ホア イーヂャン ディートゥー マ

---

☐ はどこですか。
**Where is ☐ ?**
ウェア イズ

☐ 在哪裡？
☐ zài nǎlǐ？　☐ ザイ ナーリー

**ex.** 地下鉄の駅はどこですか。
**Where is the subway station?**
ウェア イズ ザ サブウェイ ステーション

捷運站在哪裡？
Jiéyùnzhàn zài nǎlǐ？ジエユンヂャン ザイ ナーリー

---

☐ はありますか。
**Do you have ☐ ?**
ドゥ ユー ハヴ ☐ ？

有 ☐ 嗎？
yǒu ☐ ma？　ヨウ ☐ マ

**ex.** 烏龍茶はありますか。
**Do you have Oolong tea?**
ドゥ ユー ハヴ ウーロン ティー

有烏龍茶嗎？
Yǒu wūlóngchá ma？　ヨウ ウーロンチャー マ

---

☐ をしてもいいですか。
**Can I ☐ ?**
キャナイ

我可以 ☐ 嗎？
Wǒ kěyǐ ☐ ma？　ウォー クーイー ☐ マ

**ex.** 写真を撮ってもいいですか。
**Can I take a picture?**
キャナイ テイクァ ピクチャー

我可以拍照嗎？
Wǒ kěyǐ pāizhào ma？ウォー クーイー パイヂャオ マ

---

☐ は何時ですか。
**What time is ☐ ?**
ホワット タイム イズ

幾點 ☐ ？
Jǐdiǎn ☐ ？　ジーディエン ☐

**ex.** 次の電車が到着するのは何時ですか?
**What time is the next train?**
ホワット タイム イズ ザ ネクストゥ トレイン

下一班火車幾點到達？
Xià yìbān huǒchē jǐ diǎn dàodá？
シアイーバン フオチョー ジーディエン ダオダー

---

☐ が見つかりません。
**I lost ☐ .**
アイ ロスト

☐ 不見了。
☐ bújiàn le.　☐ ブージエン ラ

**ex.** 切符が見つかりません。
**I lost my ticket.**
アイ ロスト マイ チケット

車票不見了。
Chēpiào bújiàn le.　チョーピャオ ブージエン ラ

---

☐ 個ください。
**I'd like ☐ .**
アイドゥ ライク ☐

我要 ☐ 個。
Wǒ yào ☐ ge.　ウォー ヤオ ☐ グ

**ex.** 3個ください。
**I'd like three of these.**
アイドゥ ライク トゥ スリー オブ ズィーズ

我要三個。
Wǒ yào sānge.　ウォー ヤオ サング

## 街なかでの会話

トイレはどこですか。
**Where is the Restroom ?**
ウェア イズ ザ バァスルーム
**洗手間在哪裡？**
Xǐshǒujiān zài nǎlǐ ?
シーショウジェン ザイ ナーリ

空席はありますか。
**Do you have any seats available ?**
ドゥ ユー ハヴ エニィ シーツ アヴェイラボー
**有空位嗎？**
Yǒu kòngwèi ma ?
ヨウ コンウェイ マ

すみません。
**Excuse me.**
エクスキューズ ミー
**不好意思。**
Bù hǎoyìsi.
ブーハオイースー

写真を撮ってください。
**Could you take our pictures?**
クッジュー テイク アワ ピクチャーズ
**可以幫我拍照嗎？**
Kěyǐ bāng wǒ pāizhào ma ?
クーイー バンウォー パイチャオ マ

私のです。
**It's mime.**
イッツ マイン
**我的。**
Wǒ de.
ウォーダ

記載してください。
**Please write it down.**
プリーズ ライティット ダウン
**請寫一下。**
Qǐng xiě yíxià.
チン シエ イーシア

大丈夫です。
**No problem.**
ノー プロブレム
**沒關係。**
Méi guānxi.
メイ グアン シー

わかりません。
**I can't understand.**
アイ キャント アンダースタンド
**聽不懂。**
Tīng bu dǒng.
ティン ブドン

入ってもいいですか。
**May I come in this room?**
メアイ カミン ディス ルーム
**可以進去嗎？**
Kěyǐ jìnqù ma?
クーイー ジンチュー マ

## ショッピングでの会話

いくらですか。
**How much is it ?**
ハウ マッチ イズィット
**多少錢？**
Duōshǎo qián ?
ドゥオシャオ チエン

これは何ですか。
**What is it ?**
ホワット イズィット
**這是什麼？**
Zhè shì shénme ?
ヂョーシー シェンマ

試着してもいいですか。
**Can I try it on ?**
キャナイ トゥライット オン
**可以試一下嗎？**
Kěyǐ shìyíxià ma ?
クーイー シーイーシア マ

もっと大きい(小さい)サイズはありますか。
**Do you have a bigger(smaller) one ?**
ドゥ ユー ハヴァ ビッガー(スモーラー) ワン
**有沒有大(小)一點的？**
Yǒu méiyǒu dà (xiǎo) yìdiǎnde ?
ヨウメイヨウ ダー(シャオ) イーディエンダ

カードは使えますか。
**Do you take credit cards ?**
ドゥ ユー テイク クレジットカーズ
**可以信用卡嗎？**
Kěyǐ xìnyòngkǎ ma ?
クーイー シンヨンカー マ

袋をください。
**Can I have a bag ?**
キャナイ ハヴァ バッグ
**給我袋子。**
Gěi wǒ dàizi.
ゲイウォー ダイズ

少し安くしてもらえませんか。
**Could you please give me a discount?**
クッジュー プリーズ ギヴミー ア ディスカウント
**能算便宜點嗎？**
Néng suàn piányi diǎn ma ?
ノン スワン ピエンイー ディエン マ

いります。/いりません。
**Yes, please. / I don't need it.**
イェス プリーズ / アイ ドントゥ ニーディット
**要。／不用。**
Yào. ／ Búyòng.
ヤオ／ブーヨン

おつりが足りません。
**I think you gave me the wrong change.**
アイ スィンク ユー ギヴミー ザ ウロング チェンジ
**找錯了。**
Zhǎo cuò le.
ヂャオ ツオ ラ

25

## レストランでの会話

メニューを見せてください。

**Can I see a menu ?**
キャナイ スィー ア メニュー

**請給我看一下菜單。**
Qǐng gěi wǒ kàn yíxià càidān.
チン ゲイ ウォー カンイーシア ツァイダン

日本語のメニューはありますか。

**Do you have a Japanese menu ?**
ドゥ ユー ハヴァ ジャパニーズ メニュー

**有沒有日文的菜單 ?**
Yǒu méiyǒu rìwén de càidān ?
ヨウ メイヨウ リーウェンダ ツァイダン

おすすめ料理はありますか。

**What do you recommend dish?**
ホワット ドゥ ユー リコメンド ディッシュ

**有推薦的菜嗎 ?**
Yǒu tuījiàn de cài ma ?
ヨウ トゥェイジエンダ ツァイマ

パクチー抜きでお願いします。

**No coriander, please.**
ノー コリアンダー プリーズ

**不要香菜。**
Búyào xiāngcài.
ブーヤオ シャンツァイ

あまり辛くしないでください。

**Not too spicy, please.**
ノット トゥー スパイシー プリーズ

**不要太辣。**
Búyào tài là.
ブーヤオ タイラー

頼んだ料理がまだ来ません。

**My order hasn't come yet.**
マイ オーダー ハズント カム イェット

**我點的菜還沒來。**
Wǒ diǎn de cài hái méilái.
ウォー ディエンダ ツァイ ハイ メイライ

紙ナプキンをください。

**Could you have a napkin?**
クッジュー ハヴァ ナプキン

**請給我餐巾紙。**
Qǐng gěi wǒ cānjīnzhǐ.
チン ゲイウォー ツァンジンチー

ビールをもう1杯ください。

**May I have another one, please?**
メアイ ハブ アナザワン プリーズ

**請再來一杯啤酒。**
Qǐng zài lái yìbēi píjiǔ.
チン ザイライ イーベイ ビージウ

店の中で食べます。／テイクアウトします。

**For here. / To go.**
フォー ヒア ／ トゥー ゴー

**內用。／外帶。**
Nèi yòng. ／ Wàidài.
ネイヨン／ワイダイ

おいしい!

**Delicious !**
デリシャス

**很好吃!**
Hěn hǎochī !
ヘン ハオチー

お腹いっぱいです。

**I'm stuffed.**
アイム スタッフト

**我吃飽了。**
Wǒ chībǎo le.
ウォー チーバオ ラ

会計をお願いします。

**Check, please.**
チェック、ブリーズ

**請結帳。**
Qǐng jié zhàng.
チン ジエチャン

領収書をください。

**Can I have a receipt ?**
キャナイ ハヴァ レシート

**請給我一張發票。**
Qǐng gěi wǒ yìzhāng fāpiào.
チンゲイウォー ファー イーチャン ファーピャオ

## レストランで使う単語

| お箸 | 予約 |
|---|---|
| **筷子** | **訂位** |
| kuàizi | Dìng wèi |
| クワイズ | ディンウェイ |
| フォーク | 注文 |
| **叉子** | **點餐** |
| chāzi | Diǎn cān |
| チャーズ | ディエン ツァン |
| スプーン | お皿 |
| **湯匙** | **盤子** |
| tāngshi | Pánzi |
| タンシー | パンズ |
| ストロー | 看板メニュー |
| **吸管** | **招牌** |
| xīguǎn | zhāopái |
| シーグワン | チャオパイ |
| メニュー | セットメニュー |
| **菜單** | **套餐** |
| càidān | Tàocān |
| ツァイダン | タオツァン |
| 食べ放題 | 先払い |
| **吃到飽** | **先付款** |
| chī dào bǎo | xiān fùkuǎn |
| チー ダオ パオ | シエン フークワン |